전국 언론 자랑

전국 소멸 지도

윤유경 지음

'소멸'이 아니라
'삶'을 담는

지역 언론 이야기

사□계절

일러두기

① 이 책은 2022년 7월부터 2024년 10월까지 〈미디어오늘〉에 연재된 '전국 언론 자랑' 기사를 바탕으로 추가 취재와 인터뷰, 조사를 진행하여 완성한 것이다.

② 본문에 등장하는 인물들의 직업, 소속, 나이 등은 모두 취재 시점의 정보이다.

③ 본문에 사용한 사진 가운데 지역 언론사나 지역 주민이 제공한 사진에는 출처를 표기했다. 별도의 표기가 없는 사진은 저자가 직접 촬영한 것이다. 자료 제공에 협조해준 분들께 감사드린다.

④ 사진 하단의 설명에서 인물의 이름을 소개할 때는 사진 왼쪽에 있는 인물부터 차례로 적었다.

들어가며

'지역 언론'은 내가 스물다섯 살에 처음 기자가 되었을 때 받아든 '출입처' 중 하나였다. 내가 소속 기자로 일하고 있는 〈미디어오늘〉은 일반적인 언론사와는 다른 '미디어 비평 전문' 매체로 미디어 관련 이슈를 중심으로 취재를 한다. 기자들의 출입처도 정치·사회·문화·법조 등 분야에 따라 각 기관으로 정해지는 게 아니라, 언론사나 언론 관련 기관으로 배정된다. 그토록 바라던 기자 생활을 시작한 나는 다른 언론사에 더해 '지역 언론'이라는 출입처를 하나 더 맡게 되었다. 지역 언론과의 첫 만남은 이렇게 시작되었다.

지역 언론은 〈미디어오늘〉에서 큰 비중을 차지하는 출입처는 아니었다. 지역 언론 관련 '사건'이 터지면 관심 있는 기자 한 명이 맡아서 그 사건을 취재하는 정도였다. 모든 인프라가 집중된 서울, 서울에 집중된 언론 환경에서 미디어 전문지조차 소위 '중앙' 언론을 중심으로 취재할 뿐 지역 언론에는 큰 관심이 없었다는 뜻이다.

　수도권에 살면서 서울의 언론사 입사를 준비해온 내게도 지역 언론은 낯선 분야였다. 〈미디어오늘〉에서 이전에 썼던 기사를 찾아보고, 선배들이 전해주는 제보를 바탕으로 취재하며 일관된 패턴을 발견했다. 첫째로 비리, 부패, 사이비 언론이라는 단어로 요약되는 '지역 언론 기자와 지역 유지 간의 비윤리적 유착 관계'에 대한 기사, 둘째로는 지역 언론이 생존을 위협받고 있다는 '위기'에 대한 기사였다. 이 두 가지로 지역 언론에 대한 기사 대부분을 분류할 수 있었다. 서울중심주의에 대한 비판적 시각이 부족했던 나에게조차 이런 상황은 편견으로 보였다. KBS나 MBC 혹은 〈조선일보〉, 〈중앙일보〉, 〈한겨레〉 등에 대해서는 그렇게 보도하지 않으니 말이다. 중앙 언론에 대해서는 비평의 층위도 훨씬 다양했고, 무엇보다 기사 수부터 압도적으로 많았다. 좋은 기사와 기자를 조명하는 리뷰나 인터뷰 기사도 많았다. 미디어 전문지조차 획일적인 시각으로 지역 언론을 바라보고 있다는 걸 확인할 수 있었다.

　이런 기울어진 상황에 대한 문제의식으로, 건강한 지역 언론을 직접 찾아가 짧으면 1박 2일, 길면 2박 3일간 기자들의 취재에 동행하며 관찰하고 경험한 바를 기사로 쓰는 '전국 언론 자랑'이라는 기획을 추진하기로 했다. 물론 이는 취재 아이템 발제가 인생 최대 난관이었던 신입 기자의 긴박한 고민에서 나온 기획이기도 했다. 발제 걱정에 새벽 4시까지 잠 못 이루며

웹서핑을 하던 중 〈경남신문〉에서 심부름센터를 시작한다는 기사를 발견했던 일이 계기가 되었으니 말이다. 심부름센터는 기자들이 소외된 지역에 가서 주민들의 심부름을 해주고 이야기를 듣는 기획이었다. '당신의 취재에 동행하고 싶다'는 갑작스러운 연락에 화답해준 〈경남신문〉 기자들 덕분에 '전국 언론 자랑'의 문을 열 수 있었다.

이후 3년이 넘는 기간 동안 지역 언론 기자들의 현장은 곧 나의 현장이 되었다. 몸으로 부딪치며 하는 취재가 제일 잘할 수 있는 일이라 여기던 신입 기자 시절이었고, 기자라면 늘 현장에 있어야 한다고 생각했기에 틈날 때마다 지역으로 달려갔다. 그곳에서 지역이라는 현장과 지역민이라는 독자를 중심에 두고 취재하는 수많은 풀뿌리 지역 언론인들을 만났다. 그들은 소위 찍어내는 기사, 수백수천 개의 언론사에서 취재도 없이 똑같이 베껴 쓰는 기사들과는 다른, 직접 발로 뛰며 쓰는 기사를 통해 '저널리즘은 무엇을 지향해야 하는가'를 깨닫게 해주었다.

'지역'이라는 관점은 이제 내 삶의 일부가 되었다. 많은 사람들이 별다른 인식 없이 지역과 지방을 섞어서 말하곤 하는데, '지역'과 '지방'은 엄연히 다른 뜻을 가진 말이다. 지역의 사전적 의미는 '하나의 독립된 일정한 구역'이다. 반면 지방은 '서울 이외의 지역, 중앙의 지도를 받는 하위 단위의 조직'을 이르는 말이다. 이 정의에 따르면 서울도 하나의 지역이다. 그러나 많은 사람들이 서울은 '중앙'이라 여기고, 나머지 지역은 '지방'이라고 부르며 서울의 하위 단위로 취급한다. '지역'을 '지방'으로 보면 서울과 동등한 차원에서 논의하기가 어렵다. 그럼에도 나는 이 책에서 서울에 본사를 두고 전국 단위의 취재를 하는 언론을 '중앙 언론'으로 표기하고자 한다. '지역 언론'에 대비되는 표현은 '전국 언론'일 텐데, 이들이 실제로 전국을 골고루 취재하지 않고 서울 외 지역을 비중 있게 다루지 않기 때문에 비판적 의미를 담아 '중앙 언론'이라는 표현을 사용하려 한다.

나는 '전국 언론 자랑'을 통해 어디에서 무엇을 취재하든 기자라면 '지역'을 인식하고 고려해야 한다는 걸 배웠다. 일례로, 2024년 12월 3일 윤석열의 불법 계엄 이후 광장에 모인 시민들의 힘으로 대통령 탄핵이 이루어지고 이어서 조기 대선을 치르는 과정에서 광장의 목소리, 특히 20~30대 여성의 목소리가 지워졌다는 지적이 계속되었다. 이에 나는 그들의 목소리를 공론장으로 끌어내기 위해 서울과 비수도권 지역의 20~30대 여성 유권자 13명을 인터뷰해 분석한 기사를 준비했다. 섭외한 사람들 가운데는 비수도권 지역의 유권자가 더 많았다. 그러나 당시 유사한 주제로 청년 유권자의 목소리를 실은 중앙 언론의 기사를 보니 애초 '지역'이라는 개념 자체가 없었다. 이들 기사에서는 인터뷰 대상자의 거주 지역을 밝히지 않았다. 섭외한 청년 전부가 다 서울에 사는 사람일 수도 있는 것이다. 물론 아닐 수도 있지만, 언론이 이를 밝히지 않았으니 독자로서는 알

도리가 없다. 대선이라는 전국적인 이벤트에서 유권자의 목소리를 듣는 게 목적이라면 당연히 지역 안배가 필요했다. '지역'에 대한 관점이 빠진 기사는 부족할 뿐만 아니라 부적절한 기사다.

만약 내가 지역 언론이라는 출입처를 배정받지 않았다면, 그래서 지역 언론인들을 만나지 않았다면 4년 경력인 지금 어떤 기사를 쓰고 있을지 조금은 아찔하다. 현장에서만 들을 수 있는 목소리, 가까이 가야만 볼 수 있는 진실이 있음을 아마 알지 못했을 것이다. 수많은 언론사가 있고, 그 안의 수많은 기자들이 똑같은 기사를 써내는 '기사가 공해가 되는 시대'에 중요한 건 '어떤 언론사의 기자가 될 것인가'가 아니라 '어떤 기사를 쓰는 기자가 될 것인가'가 아닐까. 사람을 만나고, 소중한 이야기와 목소리를 기록하고, 오래 남을 기사를 쓴다는 건 얼마나 가치 있는 일인가. 전국 각지의 지역 언론이 쓰는 유일무이한 기사, 그 기사를 쓰는 유일무이한 기자들을 소개하는 이 책이 잊고 있던 기사의 가치, 언론의 역할을 되새기는 계기가 되리라 믿는다.

아울러 이 책이 독자들에게 서울중심주의에 가려져 있던 각 지역의 고유한 사정을 이해하고, 내 목소리와 내 이웃의 이야기가 실리는 지역 언론의 중요성을 발견하는 기회가 된다면 좋겠다. 이 책에서 소개한 전국 각지의 지역 언론사들은 포털 사이트에 노출되는 정치·경제·법조 기사만이 뉴스가 아니라 우리의 삶 자체가 뉴스가 될 수 있음을 증명해 보이고 있다. 중앙 언론이 '소멸 위기'라고 경고만 할 뿐 별다른 관심을 두지 않는 곳에서 이들은 오늘도 '소멸'이 아닌 '삶'의 이야기를 길어 올리고 있다. 지역 언론 기자들은 '기자가 이런 일까지?'라고 묻기보다는 '기자라면 무엇이든지'라는 자세로 지역 곳곳을 분주하게 누빈다. 지역민이 있는 곳이라면 어디든 소중한 삶의 이야기가 있고, 기자라면 그것을 기록할 의무가 있다고 믿기 때문이다. 이들의 활약을 보면서 독자들은 기자의 역할이 어디까지 넓어질 수 있는지 놀라움 속에서 확인하게 될 것이다. 덕분에 이들이 쓰는 기사는 역사로 남는 기록이 되기도 하고, 문제 해결의 방법이자 연대의 계기가 되기도 한다.

끝으로 작은 욕심을 내자면, 이 책이 '편견에서 벗어나기 위한 도전'으로도 읽힐 수 있다면 좋겠다. 독자들도 아마 일상에서, 혹은 각자가 일하는 분야에서 종종 편견 앞에 무력해지는 경험을 할 것이다. 편견을 답습하지 않기 위해 시도한 '지역 언론 취재'라는 나의 도전은 예상했던 것보다 훨씬 더 큰 가치로 되돌아왔다. 이 경험이 독자 여러분께 작은 도움이나 영감이 된다면 더 바랄 게 없겠다.

2025년 10월

윤유경

목차

들어가며 5

1부 지역 신문, 나와 내 이웃의 이야기가 실리는 곳

진안신문 19
80대 어르신도, 발달장애 청소년도
기자가 될 수 있다

경남신문 51
심부름 값은 이야기로 받아요

부산일보 77
산복빨래방, 빨래보다 높이 쌓인 이야기들

태안신문 95
끝까지 추적해 보도하는 지역 문제의 전문가들

특집 〈진안신문〉과 함께한 5박 6일 자전거 여행 121

2부 가까이 더 가까이, 지역 신문의 생존법

옥천신문   133
풀뿌리 지역 언론의 인큐베이터

주간함양   163
함양에서 인턴 기자로 한 달 살기

뉴스민   185
주민이 지키는 독립 언론

당진시대   207
유료 구독자 수 전국 3위의 비결

경인 지역 신문   227
수도권 언론의 생존 대작전

특집 풀뿌리 지역 언론의 대명사   245
〈옥천신문〉 황민호 대표

3부 세상에 이런 신문이!

어쩌다 특종! 253
괴산 송면초등학교 어린이 신문

중도일보 277
지역 문화 발굴을 위해 수중 다이빙까지?

거제신문 293
지역사의 초고를 쓰다

원주투데이 309
신문사 일의 30퍼센트는 공익사업에 할애한다

달그리안 325
섬 속의 섬에도 신문이 온다

특집 지역 신문 창간하는 방법   346

이 책에 소개된 지역 언론사들

1부 지역 신문, 나와 내 이웃의 이야기가 실리는 곳

진안신문

**80대 어르신도, 발달장애 청소년도
기자가 될 수 있다**

전라북도에 있는 대다수 지역 일간지는 전주에 본사를 두고 있다. 지역 일간지에서는 주로 전주시, 군산시, 익산시 등의 소식을 보도한다. 진안군, 무주군, 장수군처럼 전라북도 안에서도 인구가 적은 지역은 취재의 중심이 되지 않는다. 이처럼 한 지역 안에서도 소외되어 취재나 관심의 대상이 되지 못하는 것을 '지역의 이중 소외 현상'이라고 한다.

지역 안에 더 소외되는 지역이 있는 것처럼, 지역민들 가운데도 목소리를 듣기가 더 어려운 사람들이 있다. 진안의 풀뿌리 지역 주간지 〈진안신문〉은 공론장에서 배제되어 있던 사람들을 공론장 안으로 끌고 오기 위해 직접 나선 지역 신문이다. 〈진안신문〉의 류영우 편집국장은 글을 배울 기회가 없어 목소리를 낼 수 없었던 지역의 노년 여성들, 발달장애 청소년들의 목소리를 듣기 위해 직접 글쓰기 교육을 하고 있다.

류 국장은 소외된 사람들의 목소리에 귀 기울이는 것에서 나아가 그들이 스스로 목소리를 낼 수 있게 한다. 그리고 그 목소리를 〈진안신문〉의 지면에 고정적으로 싣는다. 보통의 기자들은 취재원이 글을 모르거나 소통이 어려운 사람이라면 대개 당사자가 아닌 그의 대리인과 인터뷰를 한다. 하지만 〈진안신문〉은 '당사자의 목소리를 들어야 한다'는 생각으로 그들을 공론장으로 끌어내고 있다.

글 배울 기회 없던 노년 여성, 목소리를 찾다

처음 〈진안신문〉을 취재해야겠다고 결심한 이유는 따로 있다. 2022년 지역신문발전위원회에서 주최하고 한국언론진흥재단에서 주관하는 지역신문컨퍼런스에서 지역의 노년 여성들, 발달장애 청소년들을 위한 글쓰기 수업을 하고 있다는 류영우 국장의 발표를 들었다. 지역신문컨퍼런스는 매년 전국의 지역 언론인들이 모여 각자 의미 있었던 보도와 활동을 공유하는 자리다. 컨퍼런스에서 류 국장의 발표를 듣고는 그 글쓰기 수업 현장에 직접 가보고 싶다는 생각을 했다.

인력이 부족한 지역 신문에서 일하는 것만으로도 바쁠 텐데, 편집국장이 매주 글쓰기 수업을 한다니 그 자체로 너무나 놀라운 일이었다. 게다가 학생들의 글은 교실 밖으로 나와 〈진안신문〉 지면에도 실리고 있었다. 수업을 얼마나 주기적으로 하는

지, 류영우 국장이 하는 수업은 몇 개나 되는지, 이 일을 왜 시작했는지 궁금한 게 많았다. 류영우라는 사람의 생각이 알고 싶었고, 그가 이끌고 있는 〈진안신문〉에 대한 궁금증도 덩달아 커졌다.

  그렇게 나는 진안으로 향했다. 진안에 도착한 직후 첫 일정도 류 국장의 '할머니 글쓰기 수업'에 동행하는 것이었다. 타지역 신문과의 총선 연대보도 기획 회의를 마치고 사무실에 도착한 류 국장은 내게 서두르라고 손짓했다. 진안의 가장 외곽에 위치한 동향면에서 매주 수요일 오후 1시 할머니들의 글쓰기 수업이 있다. 동향면은 류 국장이 2009년부터 줄곧 수업을 해온 곳으로, 진안 시내에 위치한 사무실에서 차로 30분 거리였다. 류 국장은 15년 넘게 꾸준히 수업을 하다 보니 이제는 일주일에 한 번 얼굴 보러 가는 거나 마찬가지라며 환한 웃음을 지었다. 나는 차로 이동하는 30분 동안 그에게 글쓰기 수업에 대해 궁금했던 것을 이것저것 물었다.

  류 국장이 글쓰기 수업을 시작한 것은 충청북도 옥천군에 위치한 〈옥천신문〉에 근무하던 2007년부터이니 어느덧 햇수로 18년째다. 이후 〈진안신문〉으로 옮겨 온 그는 동향면 할머니들과 한글 수업을 시작했다. 수업을 시작할 무렵 30대였던 류 국장은 50대가, 60대였던 학생들은 80대가 되었다. 그간 세상을 떠나거나 요양병원에 간 학생도 있고, 아파서 도시에 사는 자녀 집에 가서 생활하는 학생도 있다. 현재 수요일 동향면 수

위   진안군 동향면에서 진행되는 류영우 국장의 할머니 글쓰기 수업 현장.
가운데   글쓰기 수업에 참여한 배덕임, 권정이 어르신.
아래   공책 한 바닥을 가득 채워 쓴 글을 보여주는 최한순 어르신.

업의 학생 수는 다섯 명, 화요일 마령면 수업의 학생 수는 일곱 명 정도라고 한다.

류 국장은 〈오마이뉴스〉의 '시민 기자 제도'를 보며 글쓰기 수업을 하기로 결심했다. 인터넷 매체 〈오마이뉴스〉는 2000년 창간 당시부터 '모든 시민은 기자다'를 모토로 시민 개개인이 자신이 하고 싶은 이야기를 글로 써서 뉴스로 싣는 시민 기자 제도를 운영하고 있다. 이를 관심 있게 지켜본 류 국장은 지역에는 '모든 시민은 기자다'라는 말로부터도 배제되어 있는 사람들이 있다고 생각했다. 글을 모르는 할머니나 어린이들은 공론장에서 멀어질 수밖에 없기 때문이다. 그는 이들의 목소리를 지면에 담아보자는 생각으로 할머니, 청소년, 결혼 이주 여성 등과 함께 글쓰기 수업을 시작했다.

평생 글을 익힐 기회가 없었던 노년 여성들이 한글을 배우고, 〈진안신문〉은 이들이 쓴 글을 그대로 신문에 싣는다. 글을 몰라 신문을 읽을 수조차 없었던 노인들이 지역 신문의 기자가 된 것이다. 이들의 글은 매주 〈진안신문〉 7면의 '어울림' 코너에 실린다. 처음에는 글을 몰라 창피하다며 한두 줄 쓰기도 힘들어하던 할머니들이 이제는 앉은 자리에서 A4 용지 한 장을 거뜬하게 써낸다.

류 국장에게는 세 가지 수업 철칙이 있다. '맞춤법 신경 쓰지 말고 자신 있게 쓰자', '하고 싶은 말을 세상에 전하자', '내가 쓰는 글이 지역 사회를 바꾸는 힘이 된다'. 나 혼자 힘들면 되지 괜히 안 좋은 얘기를 쓰면 지역 사람들이 불편해진다며 걱정하던 할머니들에게 류 국장은 나서서 말하지 않으면 다 같이 힘들게 된다, 안 좋은 걸 고쳐서 개선이 되면 우리 모두가 행복해진다고 이야기해왔다. 평생 공론장에 목소리를 내지 못했던 할머니들은 글쓰기 수업을 통해 내 이야기를 하는 방법을 배웠다. 이런 변화를 이끌었는데도 글쓰기 수업에 새로 들어오는 학생은 별로 없다. 글 모르는 걸 창피하게 여기기 때문이다. 30분을 달려 어느새 차가 동향면에 들어설 무렵 류 국장이 나지막이 말했다.

"글 모르는 분들을 많이 만나다 보니 알게 된 게 있어요. 버스 터미널에서 동향 가는 버스를 타시는 분들 중에서 버스에 동향면이라고 쓰여 있는데도 '이거 동향면 가는 버스 맞지요?'라고 물어보는 분들은 거의 다 글을 모르는 분들이에요. 그 창피함만 깨고 뛰어넘으면 농협 가서 자기가 직접 돈도 찾을 수 있고, 여러 가지 도움 되는 점이 많은데 같이 공부하러 가자고 해도 그렇게들 안 오시네."

지역의 변화를 이끈 할머니 기자들

동향면에 들어서자마자 류 국장은 버스 정류장에 나란히 앉아 있던 할머니 두 분을 차에 태웠다. 87세 정이월 어르신과

81세 권정이 어르신이다.

"점심은 드셨어요?"

"쌔가 빠지게 바빠서 점심도 못 먹었다."

"숙제하셨어요?"

"기사만 쓰라더니 시키는 게 많다."

권정이 어르신이 호탕하게 웃으며 답한다. 동향면의 교회 옆 작은 공간에는 할머니들의 글쓰기 교실이 마련돼 있다. 할머니들이 걸어서 오기에는 다소 거리가 있어 류 국장이 할머니들을 직접 차에 태워서 온다.

이번 주 숙제는 '올해 반드시 이뤄야 할 것 쓰기'. 할머니들은 저마다 공책 한 장씩을 꽉 채워 왔다. 서울에서 온 젊은 기자인 나를 반기는 할머니들 가운데 최한순 어르신이 교실에 도착하자마자 숙제로 써 온 글을 읽어보라며 내게 보여주었다. 봉곡박물관 방문기였다.

옛날 태레비전도 있고 풍구도 있고 쟁기도 있고…… 한심하지요. 내가 쓰던 도구통도 있고 도구때도 있들마 한심하지요. …… 거기다 쌀 빠시서 떡도 해 먹고 거기다 벼리찌서 밥도 해 먹고 살았다.

자꾸만 반복되는 "한심하지요"라는 문장이 눈에 밟힌다. 왜 한심하다고 쓰셨는지 묻자 어르신은 "내가 평소에 쓰던 물건

들인데…… 그걸 몰랐으니 한심하지"라고 답한다. 최한순 어르신은 이날 간식으로 준비한 시루떡 두 접시 중 한 접시 반을 내 앞에 놓고는 "많이 먹으라" 하며 내 입에 떡을 넣어주었다. 정이월 어르신은 선생님에게 편지를 썼다.

> 2024년 새해가 밝았는데 왜 내 몸은 더 아플까요. 어떻게 하면 좋을까요. 아무것도 할 수 없는 인생인 것 같아요. …… 선생님이 잘 가르쳐주셔서 신문에 글도 냈고 시 낭송도 해보고 감사합니다. 내 마음엔 더 많이 하고 싶은데 할 수가 없으니 안타깝씁니다.

할머니들의 글은 매주 지면과 온라인에 실린다. 85세 배덕임 어르신의 글은 팔순이 되던 해에 자녀들이 모아서 책으로 출간했다. 권정이 어르신의 아들은 〈진안신문〉 기사에 댓글을 단다. 한 주라도 기사가 안 올라오면 어디가 아픈가, 무슨 일이 있나 전화가 온다. 처음 글쓰기 수업을 시작했을 때 류 국장에게 '경남 진주'를 종이에 써달라던 한 할머니는 글씨를 보곤 한참을 울었다. 그는 "글씨만 알았어도 버스를 타고 엄마에게 가는데, 저 글씨를 몰라 이 나이가 되도록 친정에 못 갔다"라며 울었다. 노년 여성들에게는 글을 몰라 한恨이 된 이야기가 많고도 많았다.

그렇게 목소리를 낸 할머니들이 진안을 바꾸기 시작했다.

2011년 8월 당시 74세였던 정이월 어르신은 여름날 버스를 놓친 이야기를 글로 써서 냈다. 어르신이 쓴 글은 2011년 8월 29일 〈진안신문〉에 「사람 태우지 않는 버스」라는 제목으로 실렸다. 진안의 가장 외곽에 위치한 동향면에는 버스가 한쪽에만 선다. 맞은편 승차장에 버스가 온 것을 본 정이월 어르신이 뛰어나갔지만 버스는 그냥 지나가버렸다. 대도시에는 5분에 한 대씩 버스가 오지만, 동향면에서는 몇 시간 만에 겨우 오는 버스다.

국민건강보험공단에서 암 검진을 바드라는 열락을 바닸다. …… 아침식사도 않고 20일 토요일날 아침 7시 50분 버스로 동향면 학선리 을곡마을 앞에 승강장에서 버스가 오기에, 손을 들고 흔들며 소리쳤다. 버스는 그양 지나간다.
　김생년 할아버지도 소리쳤다. 봉곡 이창순이가 올라오다가 할아버지 소리치는 소리를 듯고, 버스를 잡아 줄라고 손을 들고 스라고 해도 안 스고 가버렸다.
　버스가 왜 사람을 안 태우고 가? 나쁜 사람이지, 어찌 그럴 수가 있을까? 그래서 다음 11시 버스로 가서 검진을 받는데, 늙은이는 허기 나서 죽는 줄 알았다. 늙은이들이라고 이렇게 골탕 주어도 되는 건가?
　너무하다. 그 기사도 엄마가 있을 것인데, 이래도 되는 건가? 자기가 잘했는지, 잘못했는가 생각해보고, 뉘우치고 반성하라고 이 글을 올렸다.

진안신문
2010년 4월 19일 월요일 제407호 11

동향면에 2시 버스가 다시 들어와요
주민들, 손뼉치며 환영하고 좋아합니다

4월13일, 동향에 가서 볼 일이 있고, 농협에서 돈도 차자야 할 것 갔다. 오후 1시 버스로 가면 시시 30분 버스로 와야 겟구나 생각하고 갈 예정이었다.

오전 일을 마치고 오후 1시 버스로 동향 농협에 가서 돈을 찾고 인는데 불쑥 아주머니 한 분이 "2시 버스 다녀"라고 말했다.

그 소리를 듯는 순간 귀가 번쩍 들였다.

"언재부터냐"고 했더니 "어재부 티 다녀"해서 참 기뻤습니다.

미장원에 가서 "2시 버스가 다닌되요"라고 했더니 사람이 댐이 있는데 그분들도 "2시버스가 없어지고 참 불편했는데 잘 됏다"하면서 기뻐하겠습니다.

미용사가 하는 말이 "어트게 2시 버스가 다니지"해서 "우리가 2시 버스 느 달라고 신문기사 썻지요"라고 했더니 "아, 그랫군요. 좋은 점도 있네요"했습니다.

내 마음에도 즐겁고 기뻤습니다.

2시 버스를 타고 왔지요. 기쁜 마음으로 학교에 가서 선생님과 학생들에게도 손뼉을 치면서 "2시 버스 다녀"하고, 소리 질럿다.

선생님과 학생도 환영하고 좋와했습니다.

우리 동내 와서도 내가 "2시 버스 타고 왔어"하고 사람들에게 알려주니까 모두 다 좋아했습니다.

군수님께 감사드립니다. 고맙습니다.

정이월(73, 동향 학선리 출곡)

위, 가운데 글쓰기 수업에 참여한 정이월 어르신이 선생님에게 쓴 편지를 읽고 있다.
아래 정이월 어르신이 직접 쓴 〈진안신문〉 2010년 4월 19일 자 기사.

"사람 태워라" 소리치며 쫓아가던 정이월 어르신을 본 봉곡댁도 밭일하다 쫓아가고, 김생년 할아버지도 소리쳤지만 버스는 떠났다. 보도 이후 버스 회사는 고소하겠다고 으름장을 놓았지만, 봉곡댁의 증언과 진안군의 조사로 진실이 밝혀져 결국 사과할 수밖에 없었다. 정이월 어르신이 자신의 경험을 공론장에 공유하며 목소리를 내자, 이 사건은 아무 일 없었던 듯 지나가지 않을 수 있었다. 버스를 이용하는 이들이 억울한 일을 겪게 될 가능성도 줄었다. 스스로 목소리를 내는 일이 얼마나 중요한지 보여주는 사례다.

노년 여성들의 글이 지역을 바꾼 사례를 한 가지 더 소개한다. 동향면에는 오전 9시 반과 오후 4시 반 두 번밖에 버스가 오지 않았는데, 할머니들이 오후 2시 버스가 하나 더 있어야 한다는 기사를 썼더니 버스가 생겼다. 이들의 기사 덕분에 동향면 전체 주민이 반나절을 아끼게 된 것이다. 변화가 생기면서 할머니들은 글의 힘을 느끼기 시작했다. 지역에서도 이들의 목소리를 더 귀 기울여 듣기 시작했다. 2010년 4월 19일 당시 73세였던 정이월 어르신의 기사 「동향면에 2시 버스가 다시 들어와요」에는 그가 느낀 글의 힘과 보람이 모두 담겨 있다.

> 미용사가 하는 말이 "어트게 2시 버스가 다니지?" 해서 "우리가 2시 버스 느 달라고 신문기사 썻지요"라고 했더니 "아, 그랫군요. 좋은 점도 있내요" 했습니다.

내 마음에도 즐겁고 기뻤습니다. 2시 버스를 타고 왔지요. 기쁜 마음으로 학교에 가서 선생님과 학생들에게도 손뼉을 치면서 "2시 버스 다녀" 하고 소리 질렀다.

지역 사회가 다 함께 돌보는 발달장애 학생들

오후 2시 할머니들의 글쓰기 수업을 끝낸 류 국장이 바삐 움직였다. 다시 30분을 운전해 발달장애 어린이, 청소년의 방과 후 돌봄과 배움을 담당하는 비영리 민간단체 보듬센터로 향하는 길이다. 오늘은 글쓰기 수업이 있지는 않지만, 학생들이 체육 수업에 가기 전 잠시 류 국장과 만나기로 약속한 날이다. 보듬센터는 지역 사회가 발달장애 학생들을 돌봐야 한다는 뜻을 가진 사람들이 모여 2019년에 만든 사회적협동조합이다. 류 국장은 설립 초기부터 이곳에서 글쓰기 수업을 하고 있다. 그는 중국집 간판을 가리키며 "뭐라고 쓰여 있는 거예요?"라고 묻는 중학교 3학년 발달장애 학생을 보고 수업을 하기로 결심했다. '이 아이가 학교를 졸업하고 사회로 나오면 어떻게 살아가야 하나'라는 생각이 처음으로 크게 다가온 순간이었다. 2025년 10월 현재는 총 18명의 학생들이 보듬센터에서 활동한다. 이곳에서는 학교를 졸업하고 성인이 된 발달장애인들도 계속해서 가르치고 돌보고 있다.

현재 진안군 인구는 2만 4000여 명, 그 가운데 장애인 수는 약 2700명이다. 그중 약 280명이 발달장애인이고, 유치원과 초중고 발달장애 학생은 40여 명이다. 지역에서 살아가는 발달장애 학생들은 학교가 끝나면 갈 곳이 없어서 시내를 배회한다. 국가 기관인 지역아동센터에서는 중학교 2학년까지만 수용하기 때문에 중학교 3학년부터 고등학생까지의 발달장애 학생들은 '없는 아이들'이 되어버린다. 이런 상황에 문제의식을 느낀 사람들이 다 함께 발달장애 학생들을 돌보자며 뜻을 모아 보듬센터를 만들었다.

학교에서 배제된 아이들은 보듬센터를 통해 사회에서 머물 자리를 찾고, 지역 주민들과 융화된다. 보듬센터에서는 학생들이 사회에서 대면해야 하는 일들을 가르친다. 예를 들면 경제 수업에서는 복잡한 수식이 아니라 돈 계산하는 방법을 가르친다. 3000원을 주고 마트에 들어가서 2500원어치 물건을 사고 500원을 거슬러 오는 숙제를 내는 식이다. 또 장애인기능경기대회에 출전시키기 위해 자전거 수리도 가르친다. 이 밖에도 보듬센터는 바둑 교실, 과학 교실, 수영 교실, 요가·아로마 교실, 미디어 교육, 텃밭 수업 등 개개인에게 실질적으로 필요한 수업을 계속해서 새로 개설하고 있다. 재활 운동을 위해 시작한 수영 교실에서 재능을 발견해 전북장애인체육대회 수영 부문 종합 1위를 한 학생도 있다.

무언가를 배우고 성취할 수 있게 되자, 학생들에게는 자연스레 꿈이 생겼다. 수영을 배워서 안전 요원이 되겠다거나 바리스타 자격증을 따서 카페에서 일하고 싶다는 학생도 있다. 보듬센터를 다니며 고등학교를 졸업하고 도서관, 면사무소 등에 취업해 사회 활동을 하고 있는 학생들도 있다. 일례로 한 발달장애 청년은 2024년 장애인 일자리 사업을 통해 진안에 있는 푸른꿈작은도서관에 취업했다. 직장 생활을 시작한 그에게는 미래에 대한 희망이 생겼다. 그는 류 국장에게 "돈을 모아서 내 집을 갖고 싶어요. 아파트가 아닌 마당이 있는 집에서 살고 싶어요. 예쁜 옷도 사고, 맛있는 것도 사 먹고, 내가 좋아하는 것들을 많이 하고 싶어요"라고 말했다. 보듬센터에서 한 경험은 그가 평생을 살아갈 수 있는 원동력과 꿈을 만들어주었다.

보듬센터 글쓰기 수업 학생들이 쓴 글도 매주 〈진안신문〉 7면의 '청소년 마당'에 실린다. 보듬센터는 이 글을 모아 2020년부터 매년 책으로도 출판하고 있다. 덕분에 이곳 학생들은 지역 신문 기자도 되고, 나아가 책의 저자가 된다. 2020년에 출간된 1권에서는 길어야 두 줄 정도였던 글이 2023년에 출간된 4권에서는 한 사람당 한 장을 넘겼다. 글의 내용도 달라졌다. 있었던 일을 단순히 서술하는 데 그치던 글에 점차 학생들의 감정과 의견이 들어가기 시작했다. 류영우 국장은 "배우는 과정은 조금 느리지만 가르쳐보니 되더라고요"라고 말했다.

류 국장은 나를 만날 때마다 진안의 발달장애인이 몇 명인

위 2025년 7월 〈진안신문〉이 함께한 '내 고향 바로 알기 5박 6일 여름캠프'에서 진안 지역의 장애/비장애 청소년, 청년들이 함께 자전거를 타고 있다.

아래 보듬센터 벽에 붙어 있는 발달장애 학생들의 글.

지, 그중 어린이와 청소년은 몇 명인지를 이야기했다. 지역 사회에 분명 존재하지만 적극적으로 권리를 행사하지 못하는 사람들의 숫자를 늘 파악하고 있는 것이다. 이를 통해 〈진안신문〉이 지역 언론으로서 하는 역할이 무엇인지 분명히 알 수 있었다. 〈진안신문〉은 학교에서 소외되고 사회에서 방치된 발달장애 학생들이 글을 읽고 쓰게 만들고, 나아가 그들에게 신문의 지면까지 내주었다. 〈진안신문〉의 이런 노력으로 학생들은 자기 삶을 주체적으로 살 수 있게 되었다. 지역 신문이 발달장애 학생들에게 공적인 글쓰기 공간을 열어주는 것은 미래 세대에 대한 지원이자 그들이 어울려 살아갈 공동체를 마련하기 위한 준비 작업이다. 보듬센터에서 함께 자전거를 타고 산을 오르며 학교에서 배우지 못한 단체 활동과 사회생활을 배운 학생들은 〈진안신문〉이 열어준 공적인 말하기의 장을 통해 '나도 사회의 구성원'이라는 사실을 비로소 실감하게 되었다.

 〈진안신문〉은 학생들에게 '글을 읽고 쓰는 것은 너의 권리'라는 걸 알려주었다. 행정 기관이나 복지 시설이 이런 역할을 충분히 할 수 있을까? 이것이야말로 지역 신문만이 할 수 있는 일이라는 생각이 들었다. 〈진안신문〉이 증명해 보였듯이 지역 신문은 사회에서 소외된 아이들이 성장하는 모습, 성인이 되어 사회 곳곳에서 활동하는 모습을 지면에 담아 이들이 지역 사회에서 함께 살아가는 동료 시민임을 보여줄 수 있다. 오랜 시간 어린이, 청소년, 장애인, 노년 여성의 목소리를 공론장에 내보내온 류 국장은 "신문 지면에 성인 남자의 목소리가 대부분이고 아이들, 어르신들의 목소리가 담기지 않는 건 언론의 직무유기"라고 말했다.

"사람이, 지역이 변화하는 게 보여서"

왜 이렇게 열심히 하는 걸까? 류영우 국장의 이야기를 들으며 머릿속을 떠나지 않는 생각이었다. 그는 청소년 기자단 글쓰기, 푸른꿈작은도서관 아이들 글쓰기까지 포함해 일주일에 다섯 개의 글쓰기 수업을 한다. 취재 기자가 두 명뿐인 신문사에서 매주 8면 분량의 신문을 내려면 밤낮으로 뛰어도 모자랄 텐데, 매년 지역신문발전위원회 기획 취재 사업도 신청해 해외 취재도 나간다. 아무리 지역 신문 기자로서의 사명감이 동력이라 해도 그것만으로는 감당하기 어려운 양이다. 게다가 이런 생활을 거의 20년 동안 해오고 있지 않은가.

"변화가 보이니까요."

사뭇 진지한 나의 물음에 그는 명쾌하게 대답했다. 아이들과 어르신들이 글쓰기를 통해 스스로 변화하고 세상도 달라지는 게 보여서 수업을 놓지 못한다는 뜻이었다. 그는 애초 풀뿌리 지역 신문을 선택한 이유도 "작은 지역에서 변화를 일으키며 좀 더 큰 물결을 만들어가는 꿈을 꿨기 때문"이라고 설명했다.

지역 신문이 움직이면 실제로 지역이 바뀐다. 2010년대 초 류영우 국장이 〈진안신문〉과 충북 보은군의 풀뿌리 지역 신문 〈보은사람들〉 양쪽에 모두 몸담고 있을 때 보은군에서 학교 급식에 '정부미'를 사용한다고 해서 지역 사회에 큰 논란이 있었다. 해충 피해를 막기 위해 독한 약품으로 소독하고 열악한 창고에 보관하는 정부미를 학교 급식에 사용한다니, 심각한 문제라고 느낀 류 국장은 이 사실을 보도하고 학부모들과 연대해 이는 바람직하지 않은 정책이라는 여론을 만들어갔다. 이런 움직임은 이후 친환경 무상 학교 급식 지원에 관한 조례제정운동으로까지 이어졌다.

또 10여 년 전에는 건강하고 안전한 음식을 기부받아 전달하는 전국푸드뱅크에서 마령면 어린이들에게 학교 앞 문방구에서 파는 100원짜리 불량 식품을 주었던 일이 드러났다. 이를 발견한 어린이들이 〈진안신문〉에 "우리는 건강한 음식을 먹고 싶다"라며 글을 썼고, 전국푸드뱅크에서는 사과문을 냈다. 한 어린이가 쓴 글이 진안의 모든 어린이, 청소년에게 좋은 음식을 나누어줄 수 있는 계기가 된 것이다. 이것이 바로 류 국장이 강조하는 '지역을 바꾸는 힘'이다.

지역 신문이 하려는 일에 동참하는 주민도 나타났다. 나는 〈진안신문〉 취재를 마치기 전에 발달장애 학생들의 취업 교육을 돕기로 한 치킨집을 다시 찾아갔다. 전날 류영우 국장, 정도영 기자와 함께 저녁을 먹으러 방문한 곳이었다. 이 치킨집의

사장은 지난 2년간 류 국장을 따라 보듬센터에서 진행하는 '함께 걷는 길' 프로그램에 동행했다. 이 프로그램은 발달장애 학생들이 주민들과 지역의 산과 들을 같이 걸으며 끈기와 자존감을 기르는 활동이다. 그는 치킨집에서 발달장애 학생들이 직업 실습 교육을 받는 데 필요한 행정 절차를 밟고 있고, 이후 이 교육이 채용으로까지 이어지도록 할 계획이라고 말했다. 그러면서 장애인과 비장애인이 함께 사회에서 활동할 수 있으면 좋겠다는 바람을 전했다. 치킨집에서 한 경험을 바탕으로 발달장애 학생들이 지역 주민과 교류하며 사회생활을 익히기를 바란다는 그의 마음이 오늘도 지역 사회를 바꿔나가고 있다.

언론은 누구의 말에 귀 기울이는가

한창 이야기를 하던 류 국장이 갑자기 "기사에 사회복지사처럼 나가면 안 됩니다"라며 황급히 행정 관련 보도를 소개했다. 그 모습에 웃음이 났지만, 사실 그의 말은 많은 것을 함축하고 있었다. 어르신, 어린이와 청소년, 그 밖의 사회적 약자들이 지역 사회에서 고립되지 않도록 하는 것 또한 지역 언론의 역할이라는 사명감으로 매일같이 열정적으로 움직이면서도 자신이 언론인처럼 보이지 않으면 어쩌나 하는 노파심에 던진 말이었다. 그의 말에 언론의 역할이란 과연 무엇인지 나 또한 생각을 다시 정리해보게 되었다.

흔히 언론의 가장 중요한 역할은 '비판과 감시'라고 하지만, 다양한 사람들의 목소리를 비중 있게 담는 것도 언론이 해야 하는 공적 역할이다. 이는 '신변잡기 글'이라는 비판에도 불구하고 〈진안신문〉이 할머니와 어린이, 청소년의 글을 꾸준히 싣고 있는 이유이기도 하다. 〈진안신문〉 구성원들을 각자 따로 인터뷰했는데도, 모두 공통적으로 언론은 소외된 이들의 목소리를 들어야 한다고 강조했다.

〈진안신문〉이 이런 시도를 시작하던 초반에는 한 학교의 교장이 "맞춤법도 틀린 글을 싣는다"며 구독료를 내지 않겠다고 한 적도 있다. 〈진안신문〉 김순옥 대표는 그 교장에게 "유명한 사람의 글만 글이라고 생각하면 안 돼요. 이분들도 우리 주민이고, 이분들의 생각이 담긴 소중한 글이에요. 〈진안신문〉은 이분들의 신문도 되어야 합니다. 저는 선생님의 구독료를 포기하겠습니다"라고 말한 일화를 전했다. 초기에 실은 글 중에 용담댐 설치로 고향을 잃은 수몰민이 자신의 생각을 담아 쓴 글이 있었는데, 그 글을 읽은 한 80세 어르신이 신문사를 찾아왔다. 어르신은 얼마나 망설이며 손에 쥐고 있었던지 꼬깃꼬깃해진 종이를 호주머니에서 꺼냈다. 종이에는 시가 한 편 적혀 있었다. 〈진안신문〉은 이 시와 어르신의 사진을 지면에 실었다. 김순옥 대표는 "틀려도 좋고 부족해도 좋습니다. 기사는 진실성이 중요합니다. 잘난 사람만 더 잘살지 않게, 정의로운 사회를 만드는 게 지역 언론의 역할입니다"라고 말했다.

류영우 국장도 "그들이 바라보는 세상을 그들이 직접 표현해야 해요. 누가 대신해줄 수 없어요"라고 말했다. 언론은 여러 가지 어려움이 있더라도 당사자의 목소리를 직접 들어야 한다. 논리적으로, 그럴싸하게 말할 수 있는 대리인의 이야기를 듣는 게 여러모로 편리하겠지만 당사자의 목소리를 직접 듣고 전하는 게 시민들이 언론에 기대하는 역할일 것이다. 〈진안신문〉은 이런 기대에 가장 적극적으로 부응하는 언론사다.

언론계에는 입맛에 맞는 취재원을 골라 취재하는 관행이 있다. 소통이 수월하지 않은 사람일수록, 자기 이야기를 정리해서 잘 말하기 어려운 사람일수록 목소리가 배제되는 일이 많다. 가령 입시 문제를 취재할 때는 주로 학부모, 교사, 교육부 관계자 등을 인터뷰한다. 정작 당사자인 학생들의 이야기는 빠져 있다. 그들의 이야기는 다듬어 내용을 만들기 번거롭고, 연락해서 취재하는 일 자체도 어렵기 때문이다. 이러한 행태는 기사의 신뢰도를 떨어뜨린다.

〈진안신문〉은 당사자가 목소리를 낼 수 있도록 공부를 시켜가며 이야기를 담아낸다. 그래서 〈진안신문〉을 보면 지역 주민들이 어떻게 살고 있는지를 가장 정확히 알 수 있다. 이는 자연스럽게 〈진안신문〉에 대한 주민들의 신뢰로 이어진다. 이 신뢰는 단순히 보도 내용이 정확하리라는 믿음을 넘어, 이 신문사가 하는 활동 전반이 옳고 나는 이들을 지지한다는 의사까지 포함한 것이다. 중앙 언론사가 받는 신뢰와는 깊이와 범위가 다르다. 중앙 언론사들이 과연 독자들에게 이런 신뢰를 기대할 수 있을까?

'직접 취재하는 지역 신문'이라는 자부심

〈진안신문〉 기자들은 '현장에 가서 직접 취재한다'는 것에 자부심을 느낀다. 사소한 사항이라도 보도 자료만 보고 쓰는 게 아니라, 반드시 현장을 찾아가 사람을 만난다. 한번은 진안에서 '길거리 농구 대회'가 열렸는데 갑작스러운 비로 장소가 변경되는 일이 있었다. 다른 지역의 일간지에서는 보도 자료만 보고 기존의 장소에서 대회가 열렸다고 썼지만, 유일하게 현장에 있었던 〈진안신문〉 기자만이 바뀐 장소로 정확히 보도했다.

대다수 언론은 시·군청 등 행정 기관에서 낸 보도 자료를 사실상 그대로 복사해서 기사를 쓴다. 이는 언론의 신뢰도를 깎아먹는 여러 관행 중 하나다. '어떤 사안이라도 직접 발로 뛰어 사실을 전달한다'가 원칙인 〈진안신문〉은 늘 현장을 찾아가 주민들의 이야기를 듣고, 문제점이나 아쉬운 점은 없는지를 취재해 기사에 담는다. 이런 노력의 결과 진안 군민에게 신뢰받는 매체로 당당히 자리할 수 있었다. 이렇게 지역민의 생생한 목소리를 담은 신문이다 보니 김순옥 대표는 진안군수의 요청으로 군수가 이동할 때 이용하는 차량에 신문을 구비해준 적도 있다.

〈진안신문〉에 소속된 기자는 50대 류영우 편집국장과 20대 정도영 기자 둘뿐이다(2025년 10월 현재 20대 신지완 기자가 새로 입사했고, 정도영 기자는 〈장수신문〉으로 파견되어 일하고 있다). 정 기자는 젊은 기자가 한 명뿐인 언론사에서 외로움을 느끼기도 하고, 때로 높은 업무 강도에 지치기도 하지만 취재의 자율성이 보장되기 때문에 신문사를 떠나지 않을 수 있었다고 말한다. 수평적인 분위기와 취재 자율성. 내가 만난 청년 기자들이 꼽은 지역 언론을 떠나지 않는 가장 큰 이유다. 내 관점이 웃음거리가 될지도 모른다는 두려움 없이 어떤 의견이든 자유롭게 내놓을 수 있는 분위기가 그들이 애정과 사명감을 가지고 지역 언론을 지키는 동력이 되고 있다.

〈진안신문〉은 2006년부터 일찍이 온라인 기사를 유료화했다. 구독료는 한 달에 7000원, 자동 이체 등록을 하면 10퍼센트 할인된 6300원이다. 김 대표는 〈진안신문〉에 알찬 정보가 많이 실리기 때문에 군민의 입장에서 구독하지 않으면 손해라며 자신감을 드러냈다. 인구가 적고 고령화가 심각해 광고 시장이 작은 진안에서 유료화를 하지 않으면 승산이 없다는 판단도 그러한 결정에 영향을 미쳤다. "진안 군민이면 〈진안신문〉 한 부 구독은 의무입니다. 구독료를 받는 만큼 우리는 최선을 다합니다"라는 김 대표의 말에는 자신감과 책임감이 함께 깃

들어 있었다.

지역 언론의 생존에 유료화는 왜 중요할까. 원로 언론인 김중배 선생은 1991년 〈동아일보〉를 퇴사하면서 "언론은 이제 권력과의 싸움에서, 보다 원천적 제약 세력인 자본과의 힘겨운 싸움을 벌이지 않으면 안 되는 시기에 접어들었다"라고 말했다. 이른바 '김중배 선언'이다. 노무현 대통령도 2005년 '대·중소기업 상생 협력 대책 회의'에서 "이제 권력은 시장으로 넘어간 것 같다"라고 말했다. 실제로 민주화 이후 언론은 정치권력보다는 기업 광고주의 요구에 의해 편집권이 흔들리는 일이 많았다.

현시점에 언론의 독립은 결국 자본으로부터의 독립이다. 대기업 등 광고주의 압력에 논조가 흔들리지 않아야 한다. 특히 지역 언론은 광고주가 행정 권력, 즉 자본과 정치권력이 결합된 경우가 대다수라 더욱 취약한 구조다. 기초자치단체를 취재하는 언론사 중에는 사실상 재정 전체를 행정 권력에 의지하고 있는 곳도 많다. 그런 만큼 구독 시스템, 유료 회원, 후원회원이 중요하다. 〈진안신문〉을 비롯해 '전국 언론 자랑' 취재로 만난 지역 언론사 대부분이 광고주로부터의 독립을 위해 구독료나 후원으로 운영하고 있다. 언론사가 편집권을 지키며 지속가능하려면 이 방법이 최선이다.

"기자는 항상 자부심을 느끼며 자기 신문을 가지고 다녀야 합니다."

김 대표가 늘 기자들에게 강조하는 말이다. 김 대표의 이런 자부심은 어디서 나올까. 〈진안신문〉은 군청에서 받은 돈 때문에 군청을 비판하지 못하는 신문이 아니라는 것. 이 자부심으로 그는 독자들에게 자신 있게 우리 신문을 읽으라고 말할 수 있다.

"한 달에 7000원인 〈진안신문〉의 정보를 활용하면 7000만 원 가치의 정보를 만들 수 있습니다."

김 대표는 지역을 위한 여론을 형성하고 확산시킬 수 있다는 점에서도 유료 구독이 필요하다고 말했다. 최근 수년간 진안의 주요 의제는 개발과 보존을 둘러싼 갈등이다. 〈진안신문〉은 마이산 케이블카 관련 행정의 위법성을 연속 보도를 통해 감시해왔다. 진안군의 무리하고 위법한 케이블카 설치에 반대하는 지역민들의 목소리를 꾸준히 보도했고, 결국 케이블카 설치는 무산되었다. 이 과정에서 군과 산하 기관이 1년여간 광고를 끊는 방법으로 〈진안신문〉을 압박하는 일도 있었다. 그럼에도 〈진안신문〉은 군수의 이해관계 충돌 문제까지 지속적으로 조명하며 이후 벌어진 부당한 인사 개입, 선거법 위반 등의 사실을 밝혔다. 이와 같은 행정 권력 집중 감시 보도로 2019년 전북민주언론시민연합 민주언론상을 수상했다. 이 밖에도 〈진안신문〉은 진안군이 군의회에 보고도 하지 않고 추진한 '진안 IC-북부 마이산 연계도로 추진' 논란, 산사태 발생 장소 인근에 태양광 사업 개발 행위 허가를 내준 진안군의 잘못된 행정 등 보존과 개발 사이에서 추진되는 정책들이 올바른 길로 가고 있는지를 꾸준히 감시해왔다.

최근 전라북도가 '전북특별자치도'로 승격되면서 많은 권한이 중앙 정부에서 전북도로 넘어간 점도 〈진안신문〉이 예의주시하고 있는 부분이다. 정부를 통해 걸러야 할 문제들이 전북도 차원에서 그냥 넘어가는 일이 발생할 수도 있기 때문이다. 류 국장은 당장 케이블카 설치가 무산된 마이산에 모노레일을 설치해야 한다는 이야기가 나오는 상황이라며 〈진안신문〉에서 이 문제를 지속적으로 감시할 것이라고 말했다.

언론의 공정성이란

언론이 외치는 '공정한 보도'의 기준은 무엇일까. 언론사에서는 취재나 기사 작성 과정에서 '공정성'이라는 단어를 일주일에도 몇 번씩 쓴다. 그러나 나부터도 그 본래 의미가 무엇인지 무감각해져 있었다. 그런데 〈진안신문〉 기자들을 만나고 돌아온 후로 이 '공정성'이라는 말을 자꾸만 곱씹어보게 되었다. 〈진안신문〉은 공정한 보도를 위해 소외된 사람들 곁에 서는 언론을 지향하고 있었다.

"신문은 중립적이어야 한다고 하는데, 공정한 게임을 하려면 결코 중립적이면 안 되는 경우가 많아요. 군과 일반 주민이 대립할 때 군은 입장을 전할 통로가 충분한데 주민들은 호소할 곳이 없기 때문이에요. 그때 신문이 주민들의 다양한 목소리를 실어주어야 대등한 싸움이 될 수 있어요. 아무도 들어주지 않던 주민들의 목소리에 힘을 실어주는 것이 지역 신문 기자의 역할이라고 생각합니다. 그렇게 해야 지역에서 문제를 해결할 다양한 길이 생겨납니다."

류 국장이 생각하는 언론의 공정성이 무엇인지 엿볼 수 있는 말이다. 기성 언론에서 도통 들어주지 않는 주민들의 목소리에 더욱더 귀를 기울이고, 더욱더 많이 보도하는 것, 그렇게 해서 독자들이 다양한 의견 속에서 자기 생각을 정리해볼 수 있게 하는 것도 '공정성'일 수 있다.

양쪽을 똑같이 보도하는 것은 '언론의 공정성'이 아니다. 남성이 주류인 사회에서 여성의 목소리를 좀 더 적극적으로 싣는 것, 기성세대의 목소리가 넘치는 사회에서 어린이, 청소년, 청년의 목소리를 더 많이 듣고 전하는 것처럼 때로는 주류 담론과 다른 관점을 제시하는 것이 공정성일 수 있다. 나의 경우에 대입한다면 서울의 소식만 중요하게 다루는 한국 사회에서 지역의 이야기에 좀 더 귀를 기울이는 것, 지역 중에서도 광역 단위의 비교적 큰 규모의 지역 일간지 보도에만 주목하는 환경에서 풀뿌리 지역 언론의 이야기를 살피고 찾아나서는 것이 '공정성'의 실천일 것이다.

〈진안신문〉을 떠나는 날 아침, 류 국장과 함께 진안의 대표

명소인 마이산 삿갓봉에 올랐다. 전날 술을 진탕 마신 후 사무실로 가던 중 갑자기 차에 타라는 류 국장의 말에 끌려간 산행이었다. 삿갓 모양을 닮아 붙은 이름인데, 경사가 어마무시하게 높은 데다가 눈까지 얼어 있었다. "정상에 오르지 않으면 인터뷰를 해주지 않겠다"라며 우스갯소리를 하는 류 국장의 뒤를 따라 겨우 정상에 올랐다. 정상에서 내려다보는 진안의 풍경에 숨을 돌릴 수 있었다. 그곳에서 류 국장은 "사회복지사에 이어 산악인처럼 나오면 안 됩니다"라며 마이산 케이블카가 설치될 뻔한 곳을 가리키며 그때의 보도를 다시 한번 설명했다.

마이산 곳곳에도 〈진안신문〉의 역할이 숨어 있다. 〈진안신문〉은 장애인의 이동권 문제를 심층 보도하며 마이산도립공원에서 장애인들도 편리하게 이동할 수 있어야 한다는 주장을 담았다. 그 보도 이후의 조치들로 진안군은 2022년 문화체육관광부와 한국관광공사의 '열린 관광지 공모 사업'에 선정되어 국비 5억 원, 군비 6억 원 등 총사업비 11억 원을 투입해 열린 관광지 사업을 추진했다. 그 결과 마이산도립공원은 2023년 관광 지점별 진입로에서부터 주요 관광 시설까지 장애인은 물론 영유아, 고령자 등 관광 취약 계층 누구나 불편 없이 여행할 수 있는 환경이 조성된 '무장애 열린 관광지'로 인정받았다. 진안군은 무장애 관광 동선 조성은 물론 마이산 탑사 내에 마이산 모양을 그대로 본뜬 촉각 전시물과 점자 팸플릿을 설치해 시각장애인들이 이용할 수 있게 했고, 시각장애인을 위한 관광

해설 동행 프로그램도 개발했다. 류 국장은 장난스럽게 말했지만, 이처럼 진안군 곳곳에는 변화를 이끌어낸 〈진안신문〉의 역할이 숨어 있었다.

경남신문

심부름 값은
이야기로 받아요

기자는 타인의 정보, 발언, 전문성, 사례, 자료를 가져다 쓰는 직업이다. 취재 윤리상 그 대가를 제공할 순 없다. 그래서 기자는 항상 누군가에게 '빚지면서' 살아가는 사람들이다.

"〈경남신문〉심부름센터가 오지 마을을 찾아갑니다."

경남 지역의 일간지 〈경남신문〉은 지역 주민의 심부름을 해주고 그 삯으로 주민의 이야기를 듣겠다는 기획을 내걸었다. 〈경남신문〉 도영진 기자는 그 시작을 알리는 소개 기사에서 "소멸 위기 지역을 살릴 방법을 주민들로부터 귀담아듣고 전하는 것을 시작으로 가장 가까이 있는 경남 도민들의 삶을 깊이 있게 보여드리겠다"는 다짐을 밝혔다.

〈경남신문〉의 심부름센터 기획은 고향을 지키는 어르신들의 심부름을 하면서 지역의 현안과 가장 소외된 목소리를 심층 취재할 수 있는 기회를 확보하고, 동시에 누군가의 이야기를 공짜로 가져가지 않겠다는 실천도 할 수 있는 방법이었다. 도영진 기자의 첫 기사에서 지역과 사람에 더욱 밀착해 적극적으로 취재하면서 기자의 '빚'도 해소하겠다는 의지를 읽을 수 있었다. 이것이야말로 내가 찾던 지역 신문의 이야기였다.

20가구가 사는 입사마을

2022년 7월 21일 아침 6시 40분, 심부름센터 기자들과 나는 〈경남신문〉 차를 타고 입사마을로 출발했다. 오늘의 심부름꾼은 기획취재팀 도영진 기자와 김승권 사진 기자, 이솔희 VJ^{Video Journalist}, 이아름 인턴 VJ, 그리고 나까지 다섯 명이다. 목적지는 경남에서도 인구가 가장 적은 의령군, 그 안에서도 '소멸 위험 지수'가 두 번째로 높은 궁류면 운계2리 입사마을이다.

'소멸 위험 지수'는 20~39세의 가임 여성 인구수를 65세 이상 노인 인구수로 나눈 수치로, 이 지수가 낮을수록 인구 감소가 예상되므로 소멸 위험이 높다고 분류된다. 여성을 출산하는 도구로만 보는 성차별적 요소가 있는 표현이며, 인구 감소를 '지역 소멸'로 규정하는 폭력적인 시각이기도 하다. 박진도 충남대 경제학과 명예교수는 『강요된 소멸』이라는 책에서 '지방 소멸론'이 언젠가는 소멸할 지역에 인프라 정비 등 공공 투자를 하는 것은 세금 낭비라는 여론을 유도한다고 비판했다. 내가 '전국 언론 자랑'을 통해 취재한 지역들은 매일 새로운 일이 벌어지는 살아 숨 쉬는 곳이었다. 이런 곳들을 '소멸 지역'으로 표현하는 것에 반대한다.

기자들은 7월부터 세 달 동안 일주일에 두 번씩 입사마을을 찾아가기로 했는데, 이날은 세 번째 방문하는 날이었다. 기자들의 휴대폰에는 첫날 한 분 한 분께 여쭈며 저장해둔 마을 어르신들의 사진과 이름, 나이가 정리돼 있었다. 가는 길에 비가 추적추적 내리자 도영진 기자는 어르신들이 많이 나오지 않을까 봐 걱정하며, 어르신들을 많이 뵙고 심부름도 많이 할 수 있으면 좋겠다고 했다.

마을에는 오전 9시 반과 오후 3시 반, 하루에 두 번 마을버스가 다닌다. 기자들은 병원에 가거나 읍내로 이동해야 하는 어르신들의 발이 되기 위해 오전 8시 반에 입사마을에 도착했다. 그날 어떤 심부름을 하게 될지는 가기 전까지 모른다. 혹여나 불편을 끼치지 않을까 걱정했던 기자들의 우려와 달리 어르신들은 기자들을 반겼다. 지역 위기 한가운데서 마을을 지키고 있는 분들의 이야기와 마을의 역사를 듣고 싶다는 기자들에게 어르신들이 내준 대답은 간단했다.

"무슨 기사 쓸 끼 있다꼬 이 먼 데까지 왔는교?"

"편하게 취재하고, 마음껏 하게."

창원에 있는 〈경남신문〉 본사에서 차로 입사마을까지 가는 데는 한 시간 반이 걸렸다. 다행히 비는 그치고 날이 맑게 갰다. 날은 갰지만 입사마을로 가는 길에는 사람이 한 명도 없었다. 간간이 차만 몇 대 지나갈 뿐이었다. 수도권에만 살았던 나에게 이런 풍경은 생경했다. 양옆으로 쭉 이어진 논밭을 지나자 폐가가 즐비했다. 그곳에 살던 어르신들은 돌아가시고, 자녀들은 서울로 가면서 미처 처분하지 못한 집들이다.

입사마을에는 그나마 버스가 하루 두 번 다니지만, 면 전체를 통틀어 편의점은 한 곳도 없다. 과거 50가구가 넘게 살았던 마을을 지금은 절반도 남지 않은 20가구가 지키고 있다. 이마저도 절반가량은 도시와 마을을 오가는 사람들의 집이다. 도기자는 입사마을로 가다 보면 사람이 한 명도 없고 식당도 슈퍼마켓도 없어서 얼마나 심각한 상황인지 실감이 된다고 했다. 기자들은 입사마을에 도착하기 한 시간 전에 나오는 마지막 편의점에 들러 목을 축였다.

구불구불한 길을 지나 입사마을에 거의 다다랐을 무렵, 기자들이 차를 세우고 모두 내리더니 마주 오던 작은 트럭에 탄 사람들과 반갑게 인사를 나누었다. 입사마을 주민인 이미옥 씨(57세)와 박계수 씨(72세)다. 일하러 가던 이미옥 씨가 친정에 가는 박계수 씨를 태워다 주는 중이라고 한다. 기자들은 박계수 씨에게 돌아오실 때 태우러 가겠다며 얼른 심부름 하나를 얻어낸다. 주민들을 보는 기자들의 얼굴에 반가움이 묻어난다.

다시 차를 타고 이동하던 중 노란색 통학 버스 한 대가 지나갔다. 입사마을에는 유일한 초등학생이자 최연소 마을 주민인 신광재 학생이 산다. 당시 6학년이었던 신광재 학생은 의령군 궁류면 궁류초등학교에 다녔는데, 이 학교는 6학년 두 명, 3학년 세 명, 1학년 한 명 등 총 여섯 명이 전부인 작은 학교였다. 궁류면은 '학교 소멸 위기'에도 직면해 있었다. 병설 유치원은 입학할 아이가 없어 이미 폐원한 상태였다.

오전 8시 30분 입사마을에 도착했다. 기자들은 베이스캠프인 마을회관 옆 정자에 짐을 풀었다.

"어르신 저희 왔어요."

기자들의 말소리가 들리자 윤기연 어르신(80세)이 머리에 까만 염색약을 바른 채 집 밖으로 나와 "왜 안 오노, 언제 올랑카 카면서 몇 날을 기다렸는데, 인자사 왔네. 잘 왔다"라며 기자들을 맞이했다. 어느새 기자들에게 깊은 정을 준 듯한 말투였다.

윤기연 어르신의 손을 잡고 정자 바로 옆 마을회관에 도착해서 보니, 불이 꺼져 있는 마을회관 마루의 낮은 식탁에 〈경남신문〉이 한가득 놓여 있었다. 그제 궁류면사무소에서 "우리 마을이 신문에 실렸다"며 놓고 간 것이다. 심부름센터 기사가 실린 면은 따로 흑백으로 출력되어 식탁 한쪽에 놓여 있었다.

기자들은 어르신들과 함께 앉아 신문을 읽었다. "사진 너무 잘 나왔죠, 어르신. 신문 나오니 좋으시죠"라는 나의 물음에 빈달성 어르신(83세)은 "좋긴 뭐가 좋노!"라면서도 "신문 나온 건 좋지!"라며 환하게 웃었다. 그리고 기자들과 지난번에 백숙을 먹었던 이야기, 기자들이 고쳐준 노래방 기계를 사람이 오지 않아 사용하지 못했다는 이야기가 이어졌다. 한참 동안의

위 정자에 앉아 채소를 다듬는 윤유경, 도영진 기자와 빈달성 어르신.
가운데 냉면에 올릴 오이를 준비하는 빈달성 어르신과 도영진 기자.
아래 〈경남신문〉을 함께 보는 윤기연 어르신과 도영진 기자.

대화 끝에 기자들은 다시 베이스캠프인 정자로 향했다.

정자 앞에 서 있던 이솔희 VJ가 마을 전경을 찍기 위해 드론 카메라를 띄웠다.

"욕봤다. 참말로 똑똑하네. 어디까지 갔나."

빈달성 어르신은 멀리 날아가는 드론을 한동안 지켜봤다.

"내 좀 태아가 다니면 안 되나. 내도 훌훌 날아보면 좋겠다. 빠이빠이 잘 가그라."

어르신의 말이 한참을 머릿속에 맴돌았다.

주민들과 함께 깻잎 따며 듣는 지역 이야기

아직 점심시간이 한참 남은 오전 10시. 기자들이 갑자기 분주해졌다. 반찬거리가 없어 어르신들의 점심 메뉴가 라면이라는 것을 알게 됐기 때문이다. 머리를 맞대고 의논하다 직접 장을 봐서 요리를 해드리기로 했다. 30도를 웃도는 햇볕 쨍쨍한 여름, 점심 메뉴는 시원한 냉면으로 정했다.

장보기는 간단치 않았다. 입사마을과 가장 가까운 궁류시장에서 오일장이 열리지만, 장에 오는 사람이 없어 아침 일찍 상인 세 명이 잠깐 들를 뿐이다. 차로 5분 거리에 있는 지역 농협 하나로마트에도 육수가 함께 포장된 반제품 냉면은 없었다. 결국 기자들은 차로 약 40분 걸리는 읍내로 향했다. 냉면 8인분과 오이 두 개, 군만두 두 봉을 집어 들고 바쁘게 돌아왔다.

냉면을 사러 왕복 80분이 걸리는 길을 오가며 지역의 위기를 체감했다. 점심 한 끼 대접하기 위해 나선 길이었지만, 지역의 인프라 부족 문제를 여실히 느낄 수 있었다. 마을 주민들은 입사마을을 궁류면에서도 '오지 중의 오지'라고 불렀다. 궁류면, 유곡면 등 면 단위엔 병원, 약국, 편의점, 마트가 없어 어르신들은 가끔씩 큰마음 먹고 읍내로 나간다. 하지만 하루에 버스가 두 대뿐이라서 한 번 외출하면 반나절을 보내야 돌아올 수 있다.

의령군에서는 '농어촌버스' 미운행 지역, 대중교통 소외 지역 주민들의 교통 편의를 위해 '행복택시', 일명 '1000원 택시' 제도를 운영하고 있다. 1000원만 내면 콜택시를 불러 마을에서 읍면 소재지나 의령읍까지 갈 수 있다. 하지만 택시 한 대당 두 명 이상이 타야 하고, 다른 곳으로 갈 때의 초과 운임은 이용자가 내야 한다. 마을마다 월 이용 횟수도 정해져 있어서 어르신들은 급한 일이 있는 다른 사람이 쓸 수 있게 티켓을 아끼곤 했다.

〈경남신문〉 심부름센터 기사에는 기자들과 함께 장날에 읍내에 나간 어르신들의 모습이 나온다. 이날 윤기연 어르신은 심부름꾼들의 차를 타고 읍내로 나가 정형외과 진료를 받았는데, 병원 1층 대기실은 윤기연 어르신처럼 장날에 맞춰 진료를 온 어르신 20여 명으로 꽉 차 있었다.

처방전을 받아들고 어르신과 함께 오전 11시 50분께 들어간 읍내 한 약국.

"아이고, 내 약 좀 먼저 지어주소. 12시 버스 못 타면 다음 버스가 없는데, 우야꼬."

한 어르신이 발을 동동 구르십니다. 병원이 드물고 약국 숫자가 적고 버스편도 많지 않아 벌어지는 마음 아픈 현장, 지역 소멸을 피부로 느낄 수 있었던 순간입니다. ―《경남신문》 2022년 7월 31일 자 기사 「맨발의 청춘이다」에서

다시 냉면 준비. 냉면 고명으로 올릴 오이를 써는 도영진 기자를 걱정스러운 눈으로 바라보던 빈달성 어르신이 직접 팔을 걷어붙였다. 김승권 기자는 잠시 카메라를 내려놓고 새콤달콤한 오이무침 솜씨를 뽐냈다.

"여 맛있는 거 한다 하니 이리 오소."

어르신들이 각자 직접 재배한 방울토마토, 자두를 안고 하나둘씩 모였다. 그렇게 기자들과 어르신들이 함께 시원한 점심 한 상을 완성했다.

"맛이 괜찮으세요?"

"음, 대기업 맛이 나네!"

이렇게 기자들은 '점심 식사 대접'이라는 자발적 심부름을 마쳤다.

"아들네들 딸네들 더분데 고생시키네."

"이렇게 똑 떼면 된다."

식사 후 기자들은 빈달성 어르신과 창원에서 어머니를 뵈러 온 어르신의 막내아들 하상섭 씨(50세)를 따라 마을 중턱에 있는 들깨 밭으로 향했다. 깻잎 향을 솔솔 맡으며 가장 윗부분에 있는 얼굴만 한 깻잎을 차곡차곡 땄다. 기자들은 깻잎을 따며 마을의 고질적 문제인 '상수도 공사' 이야기를 들었다.

깻잎을 따고 내려와 오미자차로 더위를 식히던 기자들에게 하상섭 씨가 계곡 소풍을 제안했다. 이미옥 씨가 한 솥 가득 삶아 온 강원도산 알감자와 수박 반 통을 들고 산길을 따라 5분 남짓 올라가니 증삼골 조삼계곡이 나왔다. 이곳은 마을 주민들의 피서지로, 계곡으로 내려가 징검다리를 건너면 넓은 터가 펼쳐져 있다. 그곳에 돗자리를 깔고 둘러앉자 시원한 계곡물 덕에 더위가 금세 가신다. 옛날엔 다른 지역 사람들도 많이 놀러 오던 곳이지만, 지금은 주민들 말고는 찾는 사람이 없다.

수박을 먹던 하상섭 씨는 자녀 이야기를 꺼냈다. 하상섭 씨의 둘째 딸은 애견 훈련사가 되고 싶어 서울에 있는 애견 관련 학교에 합격했다. 내년 3월이면 서울로 가야 하는데, 자식들과 멀리 떨어지는 게 하상섭 씨에게는 아직 어렵다. 그는 "머리로는 독립시키는 게 맞는데, 나는 이상하게 그렇게 떨어지는 게 싫다. 내가 (딸한테) 제발 좀 가지 마라. 니 떨어져서 어찌 보내겠나 했다"라고 말했다.

"서울에는 일할 곳이 엄청 많아. 젊은 사람들한테는 집 구하

〈경남신문〉 제공

〈경남신문〉 제공

입사마을의 빈달성 어르신, 그의 막내아들 하상섭 씨, 이미옥 씨와 함께
증삼골 조삼계곡으로 소풍을 간 〈경남신문〉 기자들과 윤유경 기자.

라고 대출도 해주고. 그게 서울에는 진짜 잘 되어 있어"라는 이미옥 씨의 말에 하상섭 씨는 "여기는 안 돼 있고, 서울에만 편중되어 있으니까 젊은 사람들이 그걸 찾아서 위로 위로만 올라가잖아"라며 안타까워했다. 대화를 듣던 도영진 기자는 "따님이 아버님하고 안 떨어지고 창원이나 마산에서 공부할 수 있으면 좋을 텐데요. 지역에도 그런 게 잘 되어 있어야 하는데 말이에요"라며 하상섭 씨의 말에 호응했다.

청년들은 왜 수도권으로 이동하는 것일까? 한국의 모든 정책이 서울을 지향하기 때문이다. 교육 정책도 마찬가지다. 대학 입시를 통해 '인서울'을 해야 성공한 것이고, '지방대'에 가면 실패한 것이다. 각 지자체에서는 서울에 학사, 학숙이라는 기숙사를 지어 자기 지역 학생들이 서울의 대학에 진학하는 것을 지원한다. 양질의 일자리도 서울에 압도적으로 많다. 지방에서는 공무원, 공기업을 제외하면 마땅한 일자리를 찾기 힘든 게 현실이다. 지역의 신문, 방송도 서울의 뉴스를 보도하고, 동네 뉴스는 잘 담지 않는다. 이러한 요인들이 복합적으로 작용해 청년들은 악착같이 서울로 떠나야 한다고 생각할 수밖에 없다.

그럼에도 사람이 살고, 이야기가 있다

'심부름센터'는 2021년 창간 75주년 기획 '경남에도 사람이 산다', 2022년 창간 76주년 기획 '경남 소멸 리포트' 이후 〈경남신문〉의 세 번째 '지역 소멸 기획 시리즈'다. 구체적인 수치를 토대로 경남의 인구 감소가 얼마나 심각한지를 드러낸 이전의 진지하고 무거운 접근 방식과 달리, 이번에는 '소멸 위험 지역'이라 불리는 곳에서 삶을 꾸려나가는 주민들의 면면을 구체적으로 드러냈다. 기자들은 '소멸 위험 지수' 같은 서글픈 수치가 아니라, 그곳에서 자기 삶에 만족하며 열심히 살아가는 사람들의 모습을 생생하게 전하고 싶었다. 마을을 지키는 이들의 온기가 소멸의 서글픔을 감싸는 입사마을 주민들의 삶을 깊이 있게 보여주겠다는 기자들의 포부가 인상적이었다.

〈경남신문〉은 언론계에서는 보수 매체로 평가받는 곳이다. 진보적 목소리를 내는 같은 지역의 〈경남도민일보〉와 자주 비교 대상에 오른다. '보수 텃밭'으로 불리는 경남 지역이다 보니 〈경남신문〉을 '경남의 〈조선일보〉'라고 부르는 우스갯소리도 있다. 밖에서 보기에는 그저 보수적 논조를 앞세우는 매체로 평가할 수도 있지만, 〈경남신문〉에는 주민의 시선으로 지역을 바라보는 따뜻한 기사들도 많이 보도되고 있다.

지역민의 큰 사랑을 받은 심부름센터 기획은 의령군도 움직였다. 심부름센터 기사 마지막 편에 따르면, 〈경남신문〉과 의령군이 공동으로 주최한 '의령군 소멸 위기 극복 경로당 토론회'가 입사마을에서 열렸다. 의령군수가 처음으로 직접 입사마을 경로당을 찾아 주민들과 지역 위기 극복 방법을 논의했다. 의령군수는 〈경남신문〉의 심부름센터 기사를 통해 입사마을 어르신들 이야기를 접하고는 '이게 사람 사는 모습 아닌가' 싶었다며, 이를 계기로 소통 행정의 중요성과 지역 위기 극복의 절박함을 되새기게 됐다고 말했다.

이보다 더 의미 있는 일은 따로 있다. 심부름센터의 가장 큰 성과는 2022년 8월 28일 자 〈경남신문〉 기사 「또 보자, 건강하게 잘 지내레이」에 소개된 의령군 궁류면 미용실에서 오래전 연락이 끊긴 이웃 언니와 동생이 우연히 다시 만난 일이 아닐까. 심부름센터 개업 7주 차에 빈달성 어르신이 "파마할 때가 됐는데 한번 태워줄란교?"라며 심부름 예약을 했다. 어르신은 두 달에 한 번꼴로 미용실에서 파마를 하는데, 마을에서 왕복 8킬로미터라 전동 스쿠터로 다녀오기에는 부담스러운 거리였다. 하루에 두 대뿐인 버스로 다녀오기도 쉽지 않은 일이었다. 궁류시장에서 37년 동안 한자리를 지키고 있는 이 미용실은 더 이상 사람이 오지 않는 시장 대신에 만남의 광장 역할을 하고 있는 곳이었다.

기자들과 함께 간 미용실에서 빈달성 어르신은 우연히 결혼하기 전 유곡면 마장마을에서 함께 자란 두 살 터울의 옆집 언니를 만났다.

"자식은 몇이나 낳았노?"

"요새 농사는 쪼매 짓나?"

"그 할매는 아직 살아 계시제?"

둘은 서로 얼굴을 알아보고는 한참 동안 밀린 안부를 주고받았다. 어릴 때부터 "내나 한 새끼같이" 커오다가 결혼하면서 언니 최씨 어르신은 궁류면 토곡마을로, 빈달성 어르신은 입사마을로 떠났고, 이후로 65년의 세월이 흐르는 동안 그리워도 여간해선 만날 수 없는 사이가 되었다.

"근데 야들은 누고? 와 이래 사진을 자꾸 찍어샀노?"

"입사마을서 심바람해준다 안 카나. 일 좀 시킬라꼬."

의령군 토론회처럼 행정상의 가시적인 변화도 있지만, 이와 같은 사람과 사람의 만남이 누군가에게는 더 큰 변화일 수 있다. 빈달성 어르신과 최씨 어르신 두 분에게는 이날의 우연한 만남이 인생에서 대단히 의미 있는 일이었을 것이다.

"언니요, 먼저 간다."

"또 보자, 건강하게 잘 지내레이."

오랜만에 만난 어릴 적 동생과 헤어지기 아쉬웠던 최씨 어르신은 빈달성 어르신의 파마가 두 시간 걸려 끝난 뒤에야 미용실을 나섰다.

입사마을에 신문이 처음 배달된 날도 역사적인 순간이었다. 〈경남신문〉은 그날의 들썩이던 마을 풍경을 2022년 9월 25일 자 기사 「오래 살고 볼 일이다」에 실었다. 오지 마을인 입사마을에는 지금까지 한 번도 종이 신문이 배달된 적이 없는데, 심부름센터 프로젝트가 끝날 즈음에 〈경남신문〉에서 구독료를 내고 한 부씩 보내주기로 하면서 신문 배달이 시작되었다. 언론 환경이 디지털 중심으로 변하면서 종이 신문의 발행 부수가 감소하다 보니 신문을 배달하는 지국의 수도 많이 줄었다. 게다가 이 지역은 인구가 적다 보니 그나마 상대적으로 인구가 많은 편인 의령읍을 중심으로 당일 신문이 배달된다. 지국에서 멀고 인구가 적은 입사마을에는 일반우편으로 신문이 발송되기 때문에 발행 후 이틀이 지나서야 배달이 된다. 그런데도 경로당에 모인 입사마을 어르신들은 진하게 탄 믹스커피 한 잔씩을 손에 들고 1면부터 한 글자 한 글자 열심히 신문을 읽는다. 기자 입장에서는 이틀 지난 신문은 이미 '신문'의 생명을 다한 '구문'인데, 어르신들은 왜 그렇게 열심히 보는 것일까. 그에 대해 도영진 기자는 이렇게 말했다.

"이틀이나 늦게 배달되니 신문으로서 가치가 없을 것 같지만, 사람들이 모여서 펼치는 순간 가치는 살아납니다."

이날 신문 8면에는 입사마을 어르신들의 이야기가 전면으로 실렸다. 윤기연 어르신과 빈달성 어르신이 들뜬 얼굴로 대화를 나누었다.

"이기 언제고? 이빨 허여이 내놓고 뭣이 좋아서 이래 웃어샀노."

"좋으이 웃었지."

"살면서 언제 신문에 한번 나와 보노. 신문 보고 날로 보고는 촌띠기 아닌 거 같다 카더라."

도영진 기자는 지역 신문의 생명력은 지역을 떠나지 않고 지키는 사람들에게 있다고 말했다. 더 가까이에서 지역민들의 '삶의 온기'를 충실히 담는다면 조금 느려도 괜찮다는 말과 함께. 독자들이 지역 신문을 찾는 이유는 결국 우리 동네 소식을 가까이에서 상세히 전달해주기 때문이다. 하루이틀 늦는 것이나 '시의성'은 그다지 중요한 문제가 아니었다.

이날 기자들은 입사마을 최연소 주민인 초등학교 6학년 신광재 학생의 단짝 남예슬 학생의 생일을 축하하기 위해 궁류초등학교를 찾아 케이크를 전하기도 했다. 또, 마을의 정자인 입사정에서 주민들과 신상도 어르신의 생일잔치도 열었다. 모처럼 다 같이 모인 마을 주민들이 함께 박수를 치고 생일 축하 노래를 부르며 즐거워했다. 케이크에는 기자들과 마을 어르신들이 처음 만날 날의 사진이 옮겨져 있었는데 이를 본 빈달성 어르신은 "이기 누고? 내가? 신문에도 나오고, 테레비에도 나오고, 핸드폰에도 나오고, 케이크에도 나오네. 참말로 웃기라. 오래 살고 볼 일이다"라며 활짝 웃었다.

입사마을의 신영도(74세) 노인회장은 기자들에게 지역 신문의 존재 이유를 말해주기도 했다.

"지방(지역)에 있는 사람들은 왜 지방지(지역지)를 봐야 하느냐면 지방지를 봐야 어느 군, 어느 면에 어떤 소식이 있다 카더라 (자세히) 알 수 있어서 아닌교. 지방에 있으면서 조선이고 중앙이고 동아고 이런 서울 신문들만 보면 맨날 저 우에(위에) 서울 소식만 나오지 여(여기) 소식은 나오나예 어데. 경남에 작은 군에 아주 작은 마을에 이런 데 사람 사는 소식까지 잘 실어줘서 고맙고 계속 그래 해주이소. 그래야 계속 안 보겠나."

신문이 배달되지 않았던 지역에 신문이 들어오고, 그 신문에 지역 사람들이 나오는 것에 기뻐하며 함께 열심히 읽고, 주민들과 기자들이 서로 고마워하며 이야기를 주고받는 일. 신문 하나, 케이크 하나는 어쩌면 사소한 것일 수 있지만, 이렇게 언론과 주민이 교류하는 모습은 무엇보다 특별하고 가치 있는 변화처럼 보였다.

소멸 지역이 아닌 삶터

언론에서는 '평범한 사람들', 그중에서도 특히 노년 여성의 목소리를 찾기 어렵다. 권력을 가진 사람, 지위나 명예를 가진 사람이 대부분의 지면을 차지하며, 그들 대다수는 남성이다. 이와 달리 〈경남신문〉 심부름센터 기사는 지역에서 하루하루 충실하게 살아가는 어르신들의 목소리로만 채워졌다. 기자들은 그 목소리를 듣기 위해 매주 한 시간 반 거리의 입사마을을 찾았다.

취재를 마치고 오후 6시 창원으로 돌아가는 길에 노트북을 열어 그날 찍은 사진을 살펴보는 기자들의 얼굴에서 웃음이 떠나지 않았다.

"행복이 뚝뚝 묻어나는 기사가 되겠네요."

"소멸 위기라는 말을 들었을 때는 되게 우중충했는데, 주민분들이 다 밝으세요. 지역 소멸이라고 해서 무겁게 끌고 갈 이유가 없어요. 그런데 소멸이 되면, 이제 저런 정겨운 모습이 없어지는 거예요. 이걸 은은하게 기록해두고 싶어요."

〈경남신문〉 기자들은 2022년 10월 총 12편의 기사를 끝으로 심부름센터 영업을 마쳤지만, 그 후로도 종종 개인적으로 입사마을을 찾았다. 나도 도영진 기자의 제안으로 10월 말 심부름꾼들과 함께 다시 입사마을에 갔다. 3개월 만에 다시 만난 어르신들은 단번에 나를 알아봤다. 입사마을 한가운데 우뚝 서 있는 나무에 매달린 잘 익은 홍시를 기다란 나뭇가지로 따서 먹으며 어르신들과 못다 한 이야기를 나눴다.

'지역 소멸 지도'로 인터넷 검색을 하면 '소멸 위험 지역'이 새빨갛게 표시된 지도 이미지가 나온다. 소멸 정도가 심각할수록 지역 전체가 빨갛게 칠해져 있다. 행정적으로는 '위급하다'는 경고성 메시지를 줄 수 있겠지만, 이런 이미지는 대중에게 부정적인 인상을 남긴다. 사람도 없고 폐허가 된 곳, 재미없는 곳, 노인들만 있는 곳……. 그 지역에 살고 있는 사람들은 '위기'라고 낙인찍힌 지역에서 재미도 의미도 없이 살아가는 존재처럼 보인다. 서울 사람들의 관점에서 이런 곳들을 '빨간 지역'으로 규정해버리면 그 안에서 일상을 살아가는 이들의 삶은 보이지 않게 된다.

〈경남신문〉 심부름센터 기획을 통해 어떤 지역을 '소멸'이라는 단어로 묘사하는 일이 얼마나 무심하고 폭력적인 일인지 알게 되었다. 소멸되어가는 지역에도 사람이 살고 있었다. 한 명 한 명 재미있고 생동감 넘치는 인생을 살아가고 있었다. 나 역시도 지역 소멸의 이미지를 떠올리면 '나무와 풀이 모두 죽어 있는 공간'이 생각났는데, 직접 가보니 그런 곳이 전혀 아니었다. 입사마을은 각자의 사연과 이야기가 넘쳐나고 희로애락이 살아 숨 쉬는 곳이었고, 그곳을 취재하는 기자들 또한 서울에서는 볼 수 없는 인간미 넘치는 모습이었다. 저널리즘이 인간적인 모습을 할 수 있다면 바로 이런 형태이지 않을까.

지역 언론에는 늘 '위기'라는 단어가 꼬리표처럼 따라붙는다. 나는 그 말에 가려진 따뜻한 저널리즘을 조명하고 싶었다. '지역 소멸'로 요약할 수 없는 지역민의 이야기가 있듯이 '위기'로만 표현할 수 없는 건강한 지역 언론의 역할이 있다. 빈달성 어르신, 윤기연 어르신, 신영도 어르신, 신광재 학생은 지역에서 소멸되고 있지 않았다. 물론 〈경남신문〉도 소멸되고 있지 않았다. '지역 소멸'이라는 알맹이 없는 말 대신 우리는 '서울 중심주의', '실패한 지방 분권', '수도권과 비수도권 지역의 불균형'이라는 말을 써야 한다. 수도권을 중심에 둔 우리의 시선이 보지 못하고 있는 것은 없는지 돌아보아야 한다.

또 한 가지, 지금까지 기자 생활을 하면서 매일같이 다른 사람의 말과 이야기, 전문성을 가져다 쓰면서도 그 대가를 지불해야 한다는 생각을 해본 적이 없었다. 그 대가가 돈이 되어서는 안 되겠지만, '전국 언론 자랑' 취재를 하면서 이야기를 들려준 사람들에게 어떤 방식으로든 보답할 방법을 생각하는 것은 언론이 갖추어야 할 기본적인 태도임을 깨닫게 되었다. 많은 사람들이 언론과 기자를 불신하는 이유 가운데 하나는 당연하다는 듯이 정보를 요구하고, 기사에 오류나 왜곡이 있어도 쉽게 인정하지 않는 태도 때문이다. '공익', '공공성'을 명분으로 아무런 대가 없이 사회의 다양한 자원을 가져다 쓰는 일에 부채감을 느껴본 기자라면, 〈경남신문〉의 심부름센터 기획이 반가울 것이다. 기자는 항상 누군가에게 빚을 지며 살아가는 사람들인데, 〈경남신문〉 기자들은 지역 언론이 할 수 있는 방법으로 그 빚을 일부나마 갚은 것이다.

'전국 언론 자랑' 2주년 파티

〈경남신문〉 도영진 기자는 정이 많은 사람이다. '전국 언론 자랑' 기획의 시작을 함께한 사람이라 더 애틋하기도 하다. 기획 보도 아이템을 제출하라는 편집국장의 주문에 밤잠을 이루지 못하고 고민하던 어느 여름밤, 심부름센터를 연다는 〈경남신문〉의 기사를 보고는 곧바로 '전국 언론 자랑' 기획을 떠올렸다. 바로 다음 날 아침 편집국에 그 아이디어를 보고했고, 곧장 도영진 기자에게 전화해 입사마을 방문 날짜를 잡았다. 그리고 시간이 흘러 '전국 언론 자랑'의 첫 번째 기사가 공개된 날, 도영진 기자는 기사를 보고 감격에 겨워 운전하던 차를 잠시 세우고 눈물을 훔쳤다고 했다. 그가 어떤 사람인지를 잘 보여주는 일화다. 그 후로 나는 누군가에게 도영진 기자를 설명할 때면 이 '눈물' 일화를 말해주곤 한다.

나만큼이나 '전국 언론 자랑'에 대한 애정이 깊은 도 기자는 작년 여름 '전국 언론 자랑 2주년 깜짝 파티'를 열어주기도 했다. 여느 때와 마찬가지로 〈경남신문〉 기자들과 술 약속을 잡고 창원을 찾은 날, 갑자기 나를 카페로 부르더니 경남 지역의 타사 기자들까지 모아 2주년 파티를 열어준 것이다. 꿈에도 몰랐던 이벤트에 내가 이런 축하를 받아도 되는지 어안이 벙벙하면서도 가슴 벅찬 날이었다. 파티의 절정은 나의 입사 동기 친구이기도 한 박준혁 〈경남신문〉 기자의 발표였다. 박 기자는 '지역 언론이 본 〈미디어오늘〉 전국 언론 자랑'이라는 주제로 10분 남짓한 발표를 했다. "왜 지역 언론이 중요한지 알게 됐다", "지역 소멸 극복이라는 문제점을 해결하기 위해 뛰는 동료 기자들의 삶을 많이 배웠다", "지역의 목소리를 듣기 위한 다양한 취재 방식과 기획 기사를 알게 됐다", "어려운 신문사 형편 속에도 독자 중심의 경영 방식에 큰 충격을 받았다" 등 그가 동료들에게서 직접 취합해 온 평가에 나는 울컥하고 말았다. 늘 누군가의 기사를 보고 평가하는 〈미디어오늘〉의 기자로서 내 기사에 대한 동료 기자들의 평가는 더 큰 울림으로 다가왔다.

도영진 기자는 내가 취재했던 〈부산일보〉 '산복빨래방' 기자들의 축사 영상과 〈주간함양〉 최학수 PD의 축사도 받아 왔다. 명문으로 통하는 최학수 PD의 축사 일부분을 소개한다.

> 조명을 통해 변하는 것들이 있습니다. 〈주간함양〉이 그러합니다. 묵묵히 열심히 하던 일인데 '전국 언론 자랑'의 조명을 통해 다양한 사람들이 〈주간함양〉을 알게 됐고, 긍정적인 평가를 받게 됐습니다. 〈주간함양〉 활동이 자랑이 될 수 있었던 건 '전국 언론 자랑' 덕분입니다. 지역 신문에서 일하면서 보람을 느낄 수 있는 지점이 자주 찾아오지 않습니다. '전국 언론 자랑'은 그런 지점을 만들어준다는 점에서 정말 감사합니다.

그날 꽃다발과 함께 받은 케이크에는 입사마을에 처음 방문한 날의 내 모습과 '풀뿌리 언론과 함께한 2년, 감사합니다'라는 글귀가 나란히 새겨져 있었다. 감사 인사를 해야 할 사람은 나인데, 거꾸로 인사를 받다니. 이 자리를 빌려 그들에게 인사를 하고 싶다. 지난 3년간 귀찮은 내색 없이 늘 나를 반갑게 맞아주고 지역의 모든 이야기를 기꺼이 알려준 지역 언론인 여러분, 감사합니다.

부산일보

산복빨래방,
빨래보다 높이 쌓인 이야기들

2022년 5월 〈부산일보〉가 부산광역시 부산진구 범천동 산복도로 중턱에 있는 호천마을에 빨래방을 열었다. 빨래방 이름은 부산 근현대사의 질곡을 품은 대표적 장소인 '산복도로'의 이름을 딴 '산복빨래방'. 기자와 PD들이 직접 빨래방에서 어르신들의 빨래를 해드리고 세탁비 대신 이야기를 받아 이를 기사와 영상으로 옮기는 기획 보도를 위해서였다.

산복도로는 산허리를 지나는 도로, 즉 산을 둘러서 지나가는 모든 도로를 뜻하지만 부산에서는 조금 더 특별한 의미를 지닌다. 이곳은 한국전쟁 때 피란민들이 거처를 마련한 곳이자, 1970~80년대 산업화 시기에는 부산항을 중심으로 산업이 발달하면서 노동자들의 보금자리가 되었던 공간이다. 1990년대 후반 한국이 경제 위기로 휘청거릴 때도 서민들은 산복도로에 모였다. 그러나 그 후로 20여 년 동안은 젊은이들이 유입되지 않아 노인들만 남았다.

그동안 부산의 언론은 산복도로의 물리적, 문화적 환경을 어떻게 재생할지, 여기에 얼마의 예산이 투입되는지 등에 대한 보도는 많이 내보냈지만, 그래서 주민들은 무엇을 원하는지, 그들은 어떤 삶을 살아왔고 어떤 이야기를 가지고 있는지는 거의 보도하지 않았다. 〈부산일보〉의 기자와 PD들은 이런 문제의식에서 주민들과 일상적으로 소통할 수 있는 방법을 고민했다. 그 끝에 나온 아이디어가 빨래방이었고, 산복도로와 빨래방이 합쳐져 산복빨래방이 탄생했다. 그렇다면 왜 빨래방이었을까? 도시에서는 흔히 볼 수 있는 코인 빨래방이 동네에 하나도 없었기 때문이다. '이곳 주민들은 이불 빨래는 어떻게 하지?'를 생각하다 보니 어르신들에게 당장 필요한 것은 빨래방 같은 생활 시설이라는 점에 착안할 수 있었다. 실제로 동네에 운영 중인 빨래방이 없으니 누군가의 생업에 피해가 가지 않을까 조심하지 않아도 되었다.

기자와 PD들은 산복빨래방 기획으로 회사에서 2000만 원을 지원받았다. 이 돈으로 산복도로의 한 빈집을 리모델링해 빨래방을 지었다. 주민이 편하게 찾아올 수 있어야 하고, 인근에 살고 있는 주민에게 피해를 주어서는 안 된다는 생각에 내린 결정이었다. 가파른 계단을 올라가야 하는 산복도로의 언덕 중턱에 위치한 산복빨래방은 여섯 평 남짓의 작은 규모지만 세탁기 두 대, 건조기 두 대 등 어엿한 빨래방 시설을 갖췄다. 어르신들이 빨래를 기다리며 이야기를 나눌 수 있는 의자와 탁자도 마련했다.

산복빨래방의 이용료는 무료다. 고객들은 돈이 아닌 이야기로 세탁비를 지불한다. 한 명의 손님이 오래 머물기를 바라며 빨래가 마르는 동안 그들의 이야기를 듣는다. 기자와 PD들은 2022년 5월부터 매주 호천마을 어르신들의 이야기를 듣고, 이를 24편의 기사로 공개했다. 어르신들과 함께한 야외 에어로빅, 봄소풍과 고둥 캐기, 영화 관람기부터 50년 전 부산 삼화고무 공장에서 일한 어르신에게 들은 당시 여공들 이야기, 가족이 마실 물을 구하기 위해 물동이를 머리에 이고 산길 수 킬로미터를 오르내렸던 시절의 고생담까지 모두 기사에 담았다. 글로 다 하지 못한 이야기는 총 38편의 유튜브 영상에 담았고, 사진은 산복빨래방 인스타그램 계정에 업로드했다.

2030팀의 젊은 기자들과 PD들의 아이디어로 시작한 이 기획은 참신한 콘셉트와 회사의 과감한 투자로 큰 화제를 모았다. 지역 언론만이 시도할 수 있는 지역 밀착형 보도의 대표적인 사례로 언론인들 사이에서 한동안 회자되었다. 그런데 오가는 이야기를 지켜보면서 나는 의문을 품지 않을 수 없었다. 대개 지역민의 삶과 이야기를 담은 기사보다는 신문사에서 2000만 원이라는 큰 비용을 투자했다는 부분에 관심을 두었다. 그러나 나는 부산 지역 대표 종합 일간지인 〈부산일보〉가 시도한 산복빨래방은 우리에게 그보다 훨씬 더 많은 질문과 과제를 남겼다고 생각했다. 그 구체적인 내용을 확인하기 위해 산복빨래방 기획이 마무리되기 직전인 2022년 10월 직접 그곳을 찾았다.

호천마을이 시끌벅적해졌다

내가 산복빨래방을 찾아간 날, 기자와 PD들이 문을 열기도 전인 오전 9시 30분 다섯 어르신이 함께 빨래방에 들어섰다.
"느그 또 뭣이 먹고 싶노 말해라."
간식거리를 챙겨 온 어르신들이 기자들을 반갑게 껴안았다. 6개월의 시간을 함께하면서 서로 매우 가까워진 듯 보였다. 그날 산복빨래방을 처음 방문한 나에게도 젊은 기자와 PD들을 손주처럼 아끼는 어르신들의 마음이 바로 느껴질 정도였다.
내가 찾아간 날은 〈부산일보〉 사람들이 빨래방을 떠나기까지 4일이 남은 시점이었다. 이들이 운영하는 산복빨래방은 2022년 10월 31일에 문을 닫았고, 이후로는 호천마을 주민협의회에서 맡아서 운영하고 있다. 기자와 PD들은 그동안 기사를 통해 도시 재생을 위해 만든 시설들이 제대로 유지되지 않고 있다고 비판해온 만큼, 빨래방이 사라지지 않도록 이후의 운영에 대해 처음부터 주민협의회와 논의를 해두었다.
이날은 산복빨래방 기획의 취지를 좋게 본 유한양행이 제공한 1000회분의 세탁 세제를 어르신들께 나누어 드리는 날이

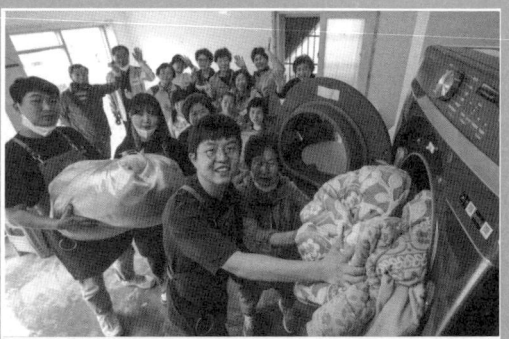

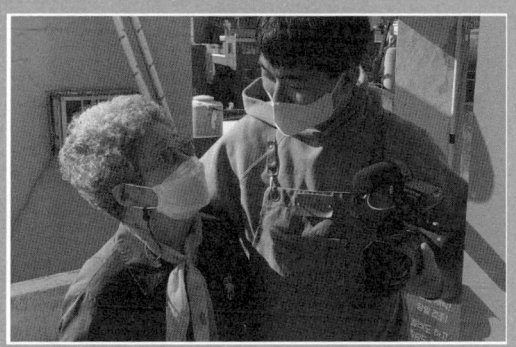
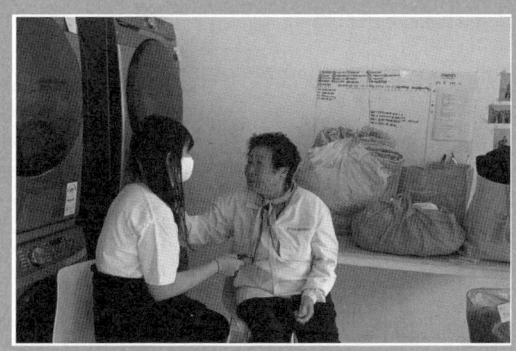

위 　산복빨래방에 모인 〈부산일보〉 기자와 PD, 그리고 호천마을 주민들.
가운데 　호천마을 어르신과 이재화 PD.
아래 　김보경 PD와 호천마을 어르신.

기도 했다. 기자와 PD들은 마을 주민들의 유일한 단체 소통방인 '호천마을 에어로빅 단체 카카오톡방'에 공지를 올렸다. 이상배〈부산일보〉기자는 빨래방 의자에 나란히 앉은 어르신들께 세제 사용법을 설명했다. 그러는 사이에 또 다른 어르신들이 삼삼오오 빨래방을 찾았다. 빨래방이 문을 여는 오전 10시가 되지도 않았는데, 어느새 50명이 넘는 어르신들이 빨래방을 찾았다.

어르신들은 카메라 앞에 앉아 마지막 인사를 전했다. 어르신들 눈에서 눈물이 멈추지 않는 걸 보며 그동안 이들이 얼마나 깊이 소통해왔는지 알 수 있었다. 한 어르신은 "야, 울지 마라! 나 눈물 나는 거 못 본다"라며 눈물에 잠시 말을 멈추기도 하고, 손으로 얼굴을 가리기도 했다. 한 번만 안아보자며 기자와 PD들을 안고 손등에 입을 맞추는 분도 계셨다. 기자와 PD들은 또 오겠다며 어르신들과 새끼손가락을 걸고 약속했다.

산복도로 주민들에게 빨래방은 단순히 빨래를 하러 오는 곳이 아니었다. 사람을 만나고, 이야기와 정을 나눌 수 있는 공간이었다. 한 어르신은 내게 "우리 엄마들이 처음에 톡에 31일까지 한다고 했을 때 다들 막 울었다니까. 마을에서 운영을 해도 사람한테 정이 든 거라. 기자들이 하는 거랑 천지 차이지. 정을 나누고, 웃음을 나누고, 이야기를 나누고…… 그러려고 오는 건데. 빨래하러 오는 게 아닌데"라고 말했다. 기자들도 '잘했다'는 어르신들의 말은 빨래보다는 서로 정을 나눈 일에 대한 칭찬인 것 같다고 말했다.

주민들의 이야기를 듣겠다는 목표는 성공적으로 이루었다. 월요일에 어르신이 오시면 이야기를 좀 듣고, 다음 주에 조금 더 듣고, "오늘은 얘기하기 싫다" 하시면 넘어가고……. 기자들은 그렇게 조금씩 어르신들에게 다가갔다. 정식으로 인터뷰를 하기까지 사전 취재에만 2, 3개월이 걸렸던 셈이다. 〈부산일보〉 김준용 기자는 "내가 기자 생활을 하면서 어느 취재원을 이렇게 깊이 알았을까 생각했어요. 그 과정이 빨래방을 한 이유이지 않나 생각합니다"라고 말했다.

어르신들은 기자들에 대해 "호천마을에 시끌벅적한 일을 자꾸 만들었다"라고 표현했다. 그러나 기자들의 입장에서는 기획을 준비하며 빼곡히 적어 간 '어르신들이 좋아할 만한 활동' 목록의 절반도 하지 못했다. 함께 무엇을 할지는 현장에서 어르신들과의 대화로 결정되었기 때문이다. 마지막으로 본 영화가 〈집으로...〉였다는 한 어르신의 이야기에 같이 영화를 보기도 하고, 사진이라고 하면 영정 사진만 떠올리던 어르신들과 함께 화사한 배경에서 밝은 표정으로 프로필 사진을 찍기도 했다. 어르신들이 이들을 부르는 호칭에서 어느새 '기자'라는 단어는 사라지고 손자, 손녀, 아들, 딸이 남았다.

〈부산일보〉 기자들은 빨래방에서 만난 어르신들의 이야기를 기사로 하나하나 풀어냈다. 그 가운데는 특히 산복도로에 터전을 잡고 살아온 여성들의 인생 이야기가 많았다. 〈부산일보〉

2022년 7월 19일 자 기사 「"고무신부터 나이키까지… 흙길 오르내리며 많이도 만들었지"」에는 삼화고무 공장에 다녔던 70대 현덕순 씨의 삶이 담겼다. 반세기 전, 산복도로는 고무공장으로 출근하는 '신발장이'들로 북적였다. 당시 부산에는 국제상사·태화고무·삼화고무 등 규모가 큰 고무공장이 모여 있었는데, 나이키·리복 같은 해외 브랜드 신발이 이들 공장에서 생산, 수출됐다. 50년 전 당시 23세였던 현덕순 씨도 고무공장에서 일하며 열 식구를 먹여 살렸다. 경남 양산에서 태어난 그는 남편, 시동생과 함께 부산에 와 범천동 '산만디', 즉 지금의 산복도로에 터를 잡았다.

> "고무공장 그만둔 뒤로 아직도 나이키를 안 신는다카이. 그때 시달린 기억이 너무 남아가지고. 나 포함해서 30명이서 하루에 신발 800족을 만들어야 했어. 근데 바이어^{buyer} 온다고 컨베이어 벨트 천천히 돌렸제, 불량 딱지 받은 신발은 전부 뜯어내서 다시 만들어야 하제. 평소 800족 만들 시간에 600족밖에 못 만드는 기라. 그러면 그날은 저녁 8시든 9시든 할당량 다 채우기 전까지는 퇴근 몬 하는 기라. 나중 되니까 여공들끼리 '그놈의 바이어 좀 오지 마라 캐라' 했다니까."

〈부산일보〉 김준용, 이상배 기자가 산복빨래방 취재기를 담아 엮은 책 『세탁비는 이야기로 받습니다, 산복빨래방』에도 현덕순 씨의 일화가 담겼다. 기자들은 "산복도로에서 만나고 싶었던 살아 있는 이야기 한 조각을 찾은 기분"이었다고 전했다. 이상배 기자는 책의 말미에 이렇게 썼다.

> 산복빨래방은 내가 지역을 바라보는 시선을 완전히 바꿨다. 속도 경쟁과 비판에 맞춰져 있었던 초점이 달라진 것이다. …… 그러면서 내린 나만의 결론이 있다. 지역 언론이 가장 빛날 때는 지역에 한없이 다가가는 순간이라는 점이다.

여전히 지역 곳곳에 살아 숨 쉬고 있는 지역민들의 삶을 듣고 기록하는 것, 그들의 삶을 지역의 역사로서 보존하는 것. 이것이 바로 단독이나 속보 경쟁, 조회 수 올리기에서 벗어나 지역 언론이 할 수 있고 해야 하는 일이 아닐까.

돈 이야기를 넘기 위해

〈부산일보〉가 이 기획을 시작하며 가장 많이 들은 말은 "〈부산일보〉가 빨래방에 2000만 원을 투자했대"였다. 2000만 원은 지역 언론이 기획 하나에 쓰기에는 적지 않은 비용이었기에 언론을 포함해 많은 사람들의 관심이 돈으로 쏠렸다. 〈부산일보〉는 빨래방의 인테리어 비용을 포함해 세제, 섬유유연제, 전

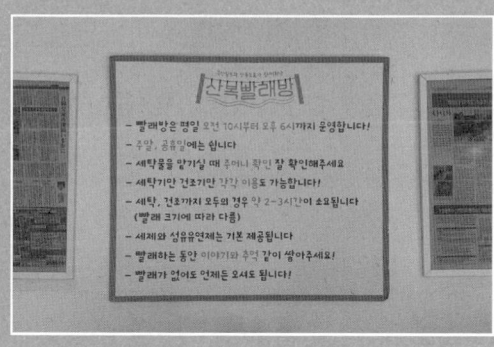

| 위 | 산복빨래방 벽에 붙어 있는 이용 안내문.
| 가운데 | 빨래방 다른 쪽 벽에 붙어 있는 〈부산일보〉기자와 PD, 그리고 어르신들의 사진.
| 아래 | 세탁을 마친 빨래들에 맡긴 사람의 이름과 번호가 적혀 있다.

기세, 수도요금 등을 모두 부담했다.

 돈은 분명 산복빨래방이라는 기획을 가능하게 했지만, 또한 기자와 PD들이 기획을 진행하며 넘어야 할 산이기도 했다. 지역 언론에서 네 명의 인력과 2000만 원이라는 비용은 큰 부담이 아닐 수 없었다. 자칫 이들이 전하고자 했던 지역민의 목소리는 가려지고, 돈만 부각될 수 있다는 우려도 있었다. 김준용 기자는 내게 "사람들은 그 안에서 무슨 이야기가 이어지고 있는지에는 딱히 관심이 없었어요. 그런 건 후순위였지요"라고 털어놓기도 했다.

 〈부산일보〉 내에서는 이렇게 큰 돈을 투자하는 것에 반대하는 의견도 있었고, 기업의 후원을 받아보자는 제안도 있었다. 그러나 기자들은 '기업의 손은 절대 타지 말자'는 확고한 원칙에 따라 결국 회사에서 돈을 투자받았다. '2000만 원이나 받았으니 그만큼의 결과물을 내놓아야 한다'는 생각은 이들의 어깨를 무겁게 했다. 그러나 산복빨래방 기획에 공감하는 독자가 늘어나면서 점차 마음의 짐을 내려놓을 수 있었다. 내가 방문했을 무렵 유튜브 채널 '산복빨래방'의 구독자는 4000명을 넘었고, "강원도 양양에서 산복빨래방 때문에 부산 여행을 왔다"는 한 독자의 말처럼 직접 빨래방을 찾아오는 이들도 있었다.

 겉으로 보이는 '힐링'이라는 콘셉트 밑에는 기자와 PD들의 엄청난 노력이 있었다. 다른 현장에 취재도 가고, 디지털 기획도 맡아 운영하면서 이들은 매일 빨래방에 출근했다. 빨래방

2층에 마련한 작은 공간에서 짬이 날 때마다 기사도 쓰고 영상 편집도 하면서 어르신들의 이야기를 성실하게 들었다. 결국 이들은 돈 이야기를 뛰어넘고도 남을 큰 화제를 모았고, 이제는 돈보다는 기획에 대한 질문을 더 많이 받게 되었다.

특이한 걸 해야 한다는 지역 언론만의 부담

부산은 한국 제2의 도시라 불리는 대도시다. 이런 대도시에서 발행하는 '광역 일간지'는 다루는 범위가 너무 넓다 보니 기초자치단체를 취재하는 풀뿌리 지역 언론에 비해 상대적으로 지역 밀착이 쉽지 않다. 그래서 〈경남신문〉처럼 고령 인구 비중이 높은 지역에 찾아가 심부름센터를 열거나 〈부산일보〉처럼 빨래방을 만들어 주민들과 호흡하는 특별한 방식을 쓰곤 한다. 둘 다 기자들이 변방으로 찾아가 이벤트를 열고 거기서 얻은 정보로 지역 밀착 보도를 시도해 이목을 끈 사례다.

물론 광역 일간지가 풀뿌리 지역 언론보다 인력도 자원도 풍부하기 때문에 이런 이벤트를 기획하고, 인력과 자금을 투입할 수 있는 것은 사실이다. 그러나 이를 돈이 있으니까 한다는 식으로 바라볼 일은 아니다. 광역 일간지는 자칫 서울의 소식을 좇는 '중앙지의 아류'라는 부정적인 평가를 받기도 하기 때문에, 산복빨래방 같은 지역 밀착 기획을 통해 이런 우려를 정면으로 돌파한 것은 획기적인 시도로 평가할 수 있다. 다만, 이런 평가는 지역 언론이 주목받기 위해서는 '새롭고 특이한 것'을 해야만 한다는 압박으로 작용하기도 한다. 〈부산일보〉에서 처음 산복빨래방 기획이 나왔을 때 반대하는 사람은 없었다. 비용을 어떻게 마련할 것인가에 대한 의견 차이는 있었지만, 빨래방을 차리는 것은 아무도 문제 삼지 않았다. 이런 것을 해야 주목받는다는 것을 다들 알고 있었기 때문이다.

내가 산복빨래방을 찾아간 날에도 〈부산일보〉 2030팀 기자와 PD들은 '내년에는 뭘 해야 할까'를 두고 고민하고 있었다. 2030팀에게는 '지역'이라는 넘어야 할 큰 벽이 있었다. 유튜브의 소비층은 전 국민을 넘어 전 세계이지만, 모든 언론이 유튜브에 뛰어든 현 생태계에서 지역 언론이 '모두의' 이야기를 하면 사람들은 관심을 갖지 않는다. 그렇다고 지역에만 집중한, 지역 이야기만 하는 콘텐츠를 만들면 그 또한 보지 않는다. '부산'이라는 일종의 출입처에서 전국의 사람들이 볼 수 있는 소재를 찾아야 하는 것이다. 〈부산일보〉 기자들이 새롭고 특이한 소재인 산복빨래방을 시작한 이유도 이와 맞닿아 있다. 지역만의 이야기를 하면서도 지역 바깥의 이목까지 끌어야 한다는 강박 때문에 지역 언론 기자들은 남들이 안 하는 특별한 것을 찾아내고 실행하느라 분주하다.

그래도 나는 돌고 돌아 결국 지역 언론의 역할은 '일상적인 지역 밀착형 보도'라는 것을 강조하고 싶다. 광역 일간지의 경우 특수한 노력을 기울여야 하는 어려움이 있지만, 그럼에도 불구하고 지역민의 일상에 다가가는 일에 더욱 힘써야 한다. 이를 위해 지면의 일부를 풀뿌리 지역 언론에 내주는 협업을 시도해 보면 어떨까. 언론사의 입장에서 지면의 일부를 다른 언론사에 내주는 것은 결코 쉽지 않은 결정이지만, 이를 통해 변방의 작은 지역의 소식까지 지면에 담을 기회를 얻을 수 있을 것이다.

과거 KBS창원과 KBS전주는 각각 경남과 전북 지역의 일간지 및 주간지의 주요 기사를 소개하는 '풀뿌리 언론K'를 정기적으로 방송했다. 지면에 보도된 기사를 소개하거나 지역 언론 기자를 전화나 화상으로 연결해 이야기를 듣는 정도의 협업이었지만, 지역의 크고 작은 언론이 서로의 부족한 점을 보완하며 뉴스를 만들어가는 좋은 시도였다. KBS창원의 '풀뿌리 언론K' 시작 당시 〈경남도민일보〉 시민사회부장은 지역 신문과 지역 방송의 협업의 의미를 평가하는 칼럼을 썼다. 그는 이 협업이 지역에서 발생한 문제에 시청자들이 더 관심 가질 수 있는 계기를 마련했다는 점에서 긍정적인 시도라고 말했다. 또한 KBS라는 공중파 방송을 통해 작은 지역 주간지가 보도한 현안이 한 번 더 부각되고, 지역 주간지를 바라보는 주민들의 인식도 많이 바뀔 것으로 기대한다고 평가했다.

이 협업에 대해 취재하던 당시 나는 경남 마산과 진주에 거주하는 시청자들의 의견도 들을 수 있었다. "지방 소멸이라는 말이 어색하지 않은 시대에 지역 언론은 지역민들과 좀 더 가까워져야 한다고 생각해왔어요. 현실적으로 종이 신문을 구독하는 사람도 별로 없고 내가 사는 지역에 어떤 일이 일어나는지 모르기 일쑤인데, 이렇게 여러 언론사 기사를 소개해주고 취재 기자가 직접 사안을 설명해줘서 시청자 입장에서는 더 쉽게 사안을 이해할 수 있었어요"라는 한 시청자의 말이 지역 언론이 서로 협업해야 하는 이유를 한마디로 증명해주었다. 아쉽게도 KBS창원과 KBS전주의 '풀뿌리 언론K'는 현재 모두 폐지된 상태다.

〈부산일보〉, 〈경남신문〉 등 지역의 광역 일간지들은 새롭고 특이한 기획만이 아니라 더 변방으로, 더 일상으로 다가가 지역에 밀착하려는 노력을 기울여야 하지 않을까? 이를 위해서는 지역 언론들의 협업이 가장 효과적이고 빠른 방법일 것이다. '전국 언론 자랑'이라는 기획이, 그리고 이 책이 그 가교 역할을 할 수 있기를 기대한다.

태안신문

끝까지 추적해 보도하는
지역 문제의 전문가들

'한 사건을 18년 동안 취재하는 언론.' 중앙 언론 기자들에게는 불가능해 보이는 일이다. 한국 언론의 보도 방식에 익숙해진 시민들에게도 이는 낯선 일일 것이다. 우리가 아는 언론은 매일 벌어지는 사건을 취재하고, 이슈 몰이를 하고, 실제로 이슈가 되면 빠지고, 다음 날에는 또 다른 사건을 취재하고 보도한다. 기자들에게는 오늘 안에 반드시 처리해야 하는 '오늘의 이슈'가 매일 존재한다.

단발적인 사건·사고 보도의 중심에는 출입처 시스템이 있다. 기자들은 자신에게 부여된 출입처에서 발생하는 이슈를 매일 챙겨야 한다. 검찰을 취재하는 기자들은 검찰발 이슈를, 국회를 출입하는 기자들은 정치권 뉴스를 챙긴다. 출입처에 묶여 있는 기자는 출입처 이슈 말고는 취재할 수가 없다. 상대적으로 이슈가 적은 출입처를 취재하는 기자들은 두세 곳 이상의 출입처를 동시에 맡기도 한다. 이런 출입처 시스템 안에서는 언론을 살릴 방법으로 제시되곤 하는 탐사보도, 솔루션 저널리즘(문제를 드러내는 것뿐만 아니라 해결하는 데도 기여하는 보도)이라는 개념 자체가 성립할 수 없다.

언론사의 탐사보도팀도 계속해서 축소되는 분위기다. 최근에는 〈한겨레〉에서 탐사보도팀을 해체하며, 내란 사태와 윤석열 정권의 비리 취재를 사회부 법조팀과 이슈팀 중심으로 해나가겠다는 뜻을 밝혔다. 관련해 〈한겨레〉 뉴스룸 국장은 '스트레이트 단독', '스트레이트 탐사'가 필요한 시기라고 강조했다. '스트레이트 탐사'라니 이 무슨 따뜻한 아이스 아메리카노 같은 말인가. 탐사보도팀에는 200명이 넘는 기자 중 단 3명만이 속해 있었다고 한다. 이것이 우리 언론이 직면한 현실이다. 솔루션 저널리즘이 자리 잡기 위해서는 조직의 뒷받침이 필요한데, 대부분의 조직은 그런 결단을 하지 않는다. 언론계의 고질적인 문제다.

기자들은 언론의 대안적인 모습을 〈뉴욕타임스〉 같은 해외 매체에서 찾으며 그들의 탐사 취재를 부러워한다. 그러나 대안은 가까이에도 있다. '한 사건을 18년 동안 취재하는 언론'이 한국에도 있다. 바로 충남 태안의 지역 주간지 〈태안신문〉이다. 〈태안신문〉 기자들은 2007년 한국을 충격에 빠뜨린 '삼성중공업 태안 바다 기름 유출 사고'를 18년 동안 추적해 보도하고 있다. 관행적으로 사건 발생 '몇 주년'이 될 때마다 보도하는 게 아니라, 매주 혹은 매달 사건의 경과와 지역민들의 현실을 추적하는 진짜 탐사보도를 하고 있다.

2007년 11월, 직업 군인이었던 김동이 씨는 퇴직 후 충남 태안 근흥면으로 이사했다. 퇴직금으로 민박 사업을 해볼 생각이었다. 하지만 그로부터 한 달 뒤인 12월 태안군 만리포 앞바다에서 삼성중공업의 해상 크레인과 유조선 허베이스피리트호가 충돌해 1만 2547킬로리터의 검은 원유 덩어리가 유출됐다. 이 사고로 인해 대부분 수산업에 종사하던 주민들의 생활은 일시에 멈추고 말았다. 바닷가와 멀지 않았던 김 씨의 마을도 사방에 기름 냄새가 진동했다.

모아놓은 월급과 퇴직금을 털어 살 집을 짓던 공사도 중단됐다. 예상하지 못한 사고로 김 씨는 좌절했고 '태안에 계속 살아야 하나' 고민은 하루하루 더 깊어졌다. 매캐하게 퍼지는 원유 냄새는 태안에서 살기로 결심할 때의 희망을 빼앗아 갔지만, 그래도 주저앉지 않고 돈이 생길 때마다 공사를 이어갔다. 하루빨리 예전 모습으로 돌아오길 바라며 바닷가에 나가 흡착포로 기름을 제거했다.

정착 과정에서 태안의 지역 주간지 〈태안신문〉과 인연이 닿은 김 씨는 2009년 객원 기자로서 활동을 시작했다. 타지 출신인 그가 기름 유출 사고를 겪으며 태안에 정착하기까지의 사연을 가감 없이 담은 '김동이 객원 기자의 태안 정착기'는 지역 사회에서 반향이 컸다. 김 씨는 기름 유출 사고 후 변화한 태안 지역 사회의 모습도 글에 담았다. 그는 2010년 〈태안신문〉의 기자로 정식 입사해 삼성중공업 태안 바다 기름 유출 사고 취재를 이어갔다.

　김동이 기자를 포함한 〈태안신문〉 기자들은 2007년 12월 7일 사고 발생 이후 18년 동안 삼성중공업 태안 바다 기름 유출 사고를 추적해 보도하고 있다. 당시 사건의 충격적인 이미지와 자원봉사 행렬만을 단편적으로 보도한 후 취재를 끝내버린 다른 언론과 달리 〈태안신문〉은 태안반도의 환경이 치유되는 과정과 피해 주민들의 삶을 지속적으로 취재했다. 기자들이 이 사건을 가지고 쓴 기사만 2000건 이상이다. 사고가 발생하고 일정 시간이 지나면 마치 다 해결된 듯 잊히지만, 지역에서 계속 살아가는 주민들에게는 '현재 진행형' 고통이자 아픔이다. 사고 수습 과정에서 관계 기관의 미흡한 대처와 무책임한 모습은 피해 주민들이 서로 갈등하게 만들었고, 가해 기업인 삼성중공업이 피해 지역에 출연한 지역발전기금은 기득권 세력의 주머니 쌈짓돈으로 전락했다.

　〈태안신문〉은 이러한 현실을 치밀하게 감시하고 보도하는 유일한 언론이다. 내가 〈태안신문〉을 사건이 완전히 끝날 때까지, 곧 문제가 해결될 때까지 취재하는 유일한 언론이자 솔루션 저널리즘의 독보적인 사례로 꼽는 이유다.

유족들과 피해 주민들 곁에서

 2007년 발생한 삼성중공업 태안 바다 기름 유출 사고는 태안 해안 인근의 여섯 개 시·군을 삽시간에 오염시켰다. 가장 큰 피해를 입은 충남뿐 아니라 전북, 전남 지역까지 해안가와 해수욕장이 엄청난 피해를 입었다. 기름 유출로 인해 인근 양식장의 어패류가 대량으로 폐사했고, 어장이 황폐해지면서 주민의 생업이 어려워져 지역 경제까지 흔들렸다. 신문웅 〈태안신문〉 편집국장은 기름 유출 당일의 현장을 생생히 기억했다.
 "그날 태안 모항에 있는 처갓집에 갔습니다. 그런데 전날부터 온 동네에 보일러 기름 새는 냄새가 났다며 군청에 민원이 사방에서 들어왔어요. 만리포에 가니까 검은 덩어리가 떠다니더라고요. 바다가 새카맸지요. 파도가 입 벌리고 잡아먹을 것처럼 철썩철썩 오는데, 여태 살면서 이런 공포는 처음 느껴봤습니다. 그때 첫 기사를 내보냈지요."
 기름 유출 사고 이후 생활 터전이 망가진 태안 지역 주민들은 방제 작업을 하는 것으로 생계를 이어가야 했다. 방제 작업자들에게 주어진 일당은 남자 7만 원, 여자 6만 원이라는 적은 금액이었다. 당시 태안군 인구 6만 5000여 명 중에서 75퍼센트가 어업에 종사했다. 사고 이후 주민들은 방제 작업이 유일한 수입원이 되었다. 방제 작업을 하면서 들이마신 기름 찌꺼기로 두통과 불면증에 시달렸고, 기관지와 피부 이상을 호소하

삼성중공업 태안 바다 기름 유출 사고 직후인
2007년 12월 13일 자 〈태안신문〉지면.

는 사람들이 늘어났다. 이러한 내용은 당시 〈태안신문〉 현장 르포 기사에 자세히 기록됐다.

실제로 태안 주민들의 신체적·정신적 피해는 상당했다. 건강권 실현을 위한 보건의료단체연합, 녹색연합, 생명인권운동본부가 태안군 해안 마을 거주자 325명을 대상으로 실시하고 2008년 3월에 발표한 '기름 유출과 부실 방제로 인한 태안 주민 신체 건강 및 정신적 피해 조사 결과'에 따르면 태안 주민들이 겪는 PTSD(외상 후 스트레스 장애)는 "전쟁으로 인한 PTSD 유병률 수준"이었다. 설문조사에 응한 주민의 20퍼센트가 자살 충동을 느꼈고, 이 중 약 10퍼센트는 실제 자살을 시도하거나 계획했다. 자살 충동의 가장 큰 이유는 경제적인 문제였다.

기름 유출 사고 극복 과정에서 태안 지역 사회는 긴급 생계비 배분 문제와 공정하지 않은 잣대로 책정된 피해 배보상으로 공동체 붕괴 위기를 겪었다. 신문웅 편집국장은 당시 상황을 두고 "배고픈 10명한테 고깃덩이 던져놓고 알아서 찢어 먹으라는 식"이었다고 회상했다. 명확한 잣대 없이 옆집은 200만 원 주는데 우리 집은 50만 원 주는 식의 일이 비일비재했고, 사고 지점에서 떨어진 거리별로도 100만 원 넘게 차이가 났다. 입증할 수 있는 자료의 양에 따라 보상 금액이 달라지기도 했다. 카드 전표, 영수증 등을 가져와 입증하라는 식이었는데, 영수증을 보관해두고 사는 사람이 거의 없었다. 어떤 어르신은 '오늘 개똥이네 집 1만 2000원, 소똥이네 집 2만 원'이라고 달력에 써놓은 것을 가지고 영수증으로 인정받기도 했다. 그마저도 써놓지 않고 사는 이들이 많았다.

〈태안신문〉 기자들은 기름 유출 사고와 관련한 모든 현장에 있었다. 특히 피해 주민들이 겪는 고통과 아픔을 취재하는 데 힘썼다. 지난 세월 태안 군민 네 명이 세상을 떠났다. 2012년 10월 25일 서울의 삼성중공업 서초 사옥 앞에서 주민 1100여 명이 참석한 가운데 열린 '서해안 유류 피해민 삼성 규탄 대회'에서 삼성중공업 측에 요구서를 전달하던 주민들을 경찰이 가로막자 한 피해 주민이 할복을 시도했다. 당시 신문웅 국장과 김동이 기자는 그 양옆에 서 있었다. 신 국장은 앰뷸런스를 타고 다친 주민과 응급실로 같이 이동했다. 김동이 기자에게는 아직까지도 트라우마로 남아 있는 순간이다.

한 피해 주민은 기름 유출 사고 이후 생계를 비관해오다가 2008년 1월 '태안반도 기름 유출 피해 특별법 제정을 위한 대정부 촉구 대회'에서 분신했다. 신 국장은 당시 서둘러 불을 껐지만 역부족이었고, 그와 함께 응급실로 가며 앰뷸런스 안에서 핸드폰으로 1보 기사를 썼다. 기자들은 이후 10년 넘게 매년 유족들을 찾아가 이야기를 나누고 그들이 어떤 어려움을 겪고 있으며 무엇을 필요로 하는지를 기사로 담아냈다.

"이분들의 삶의 문제를 해결해주고 정신적 위로를 해줘야 하는데, 그런 건 없었어요. 마지못해 살게 만들면 안 되는 건데, 삶에 대한 욕구가 있을 수 있게 해야 하는데, 유족들이 죽지 못해 사는 모습을 수년 동안 봤습니다. 그게 제일 가슴이 아파요."

허베이조합이 수탁받은 삼성출연기금, 공동체 붕괴의 시작

 또 다른 공동체 붕괴는 예기치 않은 곳에서 터져 나왔다. 기름 유출 사고의 원인을 제공한 가해 기업 삼성중공업이 11개 피해 지역에 내놓은 3600억 원 규모의 '삼성출연기금' 때문이다. 삼성출연기금을 수탁받기 위해 태안의 피해 주민 단체들은 서산, 당진, 서천의 피해 주민 단체와 함께 2016년 허베이사회적협동조합(이하 허베이조합)을 만들었다. 투명하지 못한 운영에 대한 우려가 있었으나 허베이조합은 11개 시·군 피해 주민 단체와 삼성중공업 간에 체결한 협약서와 부속 협약서를 근거로 허베이조합 네 개 지부(태안, 서산, 당진, 서천)의 몫인 2024억 원을 수탁·운영하게 됐다. 실제로 기금이 허베이조합의 통장에 입금된 2018년 12월에는 태안 지역이 수탁받은 기금이 1503억 원에 달했다. 하지만 태안 지역의 회복을 위해 마련된 기금은 허베이조합 조합원들의 개인적 이익을 위해 사용되곤 했고, 정작 피해 주민을 위해 조합이 해야 할 역할은 방기되었다.

기름 유출 사고 후 지역민들에게 닥친 분열과 혼란을 아는 사람이 몇이나 될까. 부끄럽게도 나는 〈태안신문〉 기자들을 만난 2022년 12월에야 사고 후의 이야기를 처음 알았다. 내 머릿속의 기름 유출 사고는 전국 각지의 시민들이 태안을 찾아가 기름을 닦아내던 장면에서 멈춰 있었다. 나의 일이 아니라는 이유로 그 이후를 알아볼 생각도 하지 못했다. 아마 대부분의 사람이 그랬을 것이다. 이럴 때 내 지역의 일을 계속 보도해나가는 지역 신문의 존재는 매우 귀하다. 쉽게 잊히는 사건을 집요하게 파고들어 감시하고 보도하는 역할은 우리가 익히 아는 대형 언론사가 아닌 내 지역의 언론사만이 할 수 있다.

〈태안신문〉 기자들은 기름 유출 사고 이후의 이야기를 계속 추적하며 허베이조합의 횡포 또한 끈질기게 비판해왔다. 취재는 쉽지 않았다. 허베이조합 본부 이사회에 취재하러 가면 '기자가 있으면 자유롭게 이야기하지 못한다'며 출입을 막는 등 조합이 폐쇄적인 태도를 보였기 때문이다. 김동이 기자는 소위 '블랙리스트'였다. 취재의 가장 큰 난관은 문제가 있다는 사실을 분명히 아는데 직접 정보를 얻기가 어렵다는 점이었다. 김 기자는 문제의식이 있는 사람들의 제보나 정보 공개 청구, 국민 신문고 질의 등의 방법을 택했다. 전화해도 답을 안 주니 공식 민원 창구를 활용했다. 답변까지 약 2주가 걸리는 답답함에도 김 기자는 기다리고, 취재하고, 또 질문하면서 조합의 문제를 파헤쳐왔다. 피해를 고스란히 감내해야 할 유류 피해 주민들을 생각하면 취재를 포기할 수 없었다.

끈질긴 취재는 변화를 이끌었다. 〈태안신문〉의 꾸준한 감시로 삼성출연기금의 배분 기관인 사회복지공동모금회(이하 모금회)가 2023년 허베이조합 등에 미집행 기금 전액 환수 결정을 내렸고, 배분 사업 계약 해지를 통보했다. 모금회와 허베이조합 간의 이 기금은 가해 기업인 삼성중공업이 2016년 정부와 국회의 중재에 따라 지역 공동체 복원을 위한 지역발전기금을 법정 기부 단체에 지정 기탁하기로 피해 주민 단체와 합의하고, 2018년 해양수산부의 협조 요청에 따라 모금회에 지정 기탁하면서 배분된 것이었다.

신문웅 국장은 "가해 기업인 삼성중공업은 약 3000억 원을 주고 홀랑 빠져나갔어요"라고 말했다. 지역 주민 간에 갈등을 일으켜 공동체를 붕괴시키고도 돈을 줬으니 '사회적 책임'을 다했다며 책임을 방기하고 있다는 것이다. 신 국장은 사람들을 모아 삼성중공업을 상대로 환경 소송을 진행할 거라고 말했다. 기자가 지역민들과 함께 소송을 진행한다고 하면, 아마 언론계에서는 부정적인 반응을 보일 것이다. 언론계에는 기자가 보도 이외의 활동을 하는 것을 금기시하는 분위기가 있다. '기자는 플레이어가 되어서는 안 된다'는 말이 흔하게 통용된다. 그러나 나는 동의하지 않는다. 저널리즘은 윤리를 실천해야 하고, 그 윤리에서 가장 중요한 부분은 책임이다. 세 단어는 긴밀하게 연결되어 있다. 저널리즘이 사이버레커 cyber wrecker (사회적 이슈를 자극적인 영상으로 만들어 온라인 공간에 무분별하게 퍼 나르며 수익을 얻는 사람들)와 다른 점 또한 윤리와 책임에 있다고 생각한다.

기성 언론과 달리 풀뿌리 지역 언론과 독립 언론에서는 보도 외 기자의 활동을 적극적으로 독려한다. 지역민들과 함께 소송에 나선다는 〈태안신문〉의 사례처럼 말이다. 탐사보도 독립 언론 〈뉴스타파〉에는 제목에 '변화'라는 탭이 붙는 기사들이 있다. 자사의 보도가 나간 이후 이뤄진 변화를 기록하는 코너다. 역시 탐사보도를 전문으로 하는 독립 언론인 〈셜록〉에도 '액션'이라는 탭이 붙는 기사가 있다. 자사 보도 이후 민원이나 소송 등으로 이어진 사례를 소개하는 기사들이다. 이 소송 가운데는 〈셜록〉 기자들이 직접 제기한 사례도 많다.

이 언론사들은 보도가 이끌어낸 변화를 독자들에게 구체적으로 알려준다. 기자가 눈앞에서 현장을 보고, 현장에서 느낀 점을 바탕으로 기사를 쓰고, 그래도 문제가 해결되지 않으면 때에 따라 필요한 소송을 제기하고 신고도 한다. 보도 후 어떻게 됐는지 추적 보도도 이어간다. 문제가 완전히 해결되지는 않더라도 시민들은 이러한 노력을 보며 '책임감 있는 보도'라고 여길 것이다. 그러나 기성 매체들은 이슈가 되면 보도하고, 이후에는 빠져버리는 경우가 대부분이다. 당장의 조회 수에만 신경 쓰는 게 현실이다. 납득하기 어려운 기사에도 '단독', '속보'를 달거나 자극적인 제목을 붙이고, 이후의 변화나 사회적 의미를 고민하지 않는 기사들이 계속 생산되는 것도 이 때문이다.

그러나 신속성이나 화제성보다 더 중요한 것은 기사 하나하나가 사회에 미칠 영향을 고려하는 책임감 있는 태도가 아닐까? 기사 한 줄, 명명 하나로도 누군가의 삶이, 한 지역의 미래가 큰 타격을 입을 수 있다. 많은 언론이 지역에서 발생한 사건·사고에 쉽게 지역명을 붙이곤 한다. 언론사의 입장에서는 기초적인 사실 정보를 전하는 차원이겠지만, 이런 손쉬운 명명은 지역 전체를 특정한 이미지에 가두는 결과를 낳을 수 있다. 내가 이 책에서 '삼성중공업 태안 바다 기름 유출 사고'라는 다소 긴 이름을 고집한 이유도 태안을 부각하기보다는 가해 기업인 삼성중공업의 책임을 강조하기 위해서였다. 2014년 4월에 일어난 '세월호 참사', 2020년 4월 이천 물류창고 화재로 노동자 38명이 사망한 '한익스프레스 참사', 2024년 12월 179명의 희생자가 발생한 '제주항공 여객기 참사'도 사건 발생 초기 언론에서 지역 이름을 앞세워 명명했다가 시민들의 큰 비판을 받았다. 지역 혐오를 조장할 수 있다는 시민들의 우려대로 실제 일부 온라인 커뮤니티와 포털 뉴스 댓글에는 사고가 발생한 지역과 그곳 주민들에 대한 비하와 혐오를 담은 글이 게시되기도 했다. 이처럼 언론은 사건의 명명은 물론 보도의 전 과정에서 그것이 개인의 삶과 사회에 미칠 영향을 고려하는 윤리적 태도를 잊지 말아야 한다.

언론이 사라진 자리에 오로지 〈태안신문〉만 남아

언론은 사건이 발생하면 순식간에 모여들였다가 사라진다. 삼성중공업 태안 바다 기름 유출 사고에서도 마찬가지였다. 전국의 정치인과 봉사 단체, 시민들이 와서 기름을 닦는 모습이 수많은 언론을 통해 보도됐지만, 기름이 얼추 닦이고 나서부터는 사람들의 발길이 끊겼다. 특히 삼성중공업이 기금을 내놓은 후로는 마치 기름 유출 사고가 마무리되기라도 한 듯이 언론은 일제히 보도를 멈췄다. 그 뒤로 이어진 지역 주민들의 신체적, 정신적 피해, 공동체의 붕괴, 가해 기업의 무책임한 대응, 허베이조합의 만행을 계속해 취재하는 건 오로지 〈태안신문〉뿐이었다. 언론이 다 빠진 자리에 그곳의 지역 언론만이 혼자 남아 '현재 진행형'인 사건을 파헤쳐나갔다.

사고 이후 매년 12월 7일이면 서울을 포함해 각 지역의 언론사가 삼성중공업 태안 바다 기름 유출 사고 이후의 이야기를 보도하기 위해 18년 동안 이 사안을 추적해온 〈태안신문〉 기자들을 찾아온다. 허베이조합에 대해서는 이 정도의 관심조차도 없다. 그래서 〈태안신문〉 기자들은 허베이조합에 대해 더 끈질기게 보도한다. 김동이 기자는 "지역 신문들이 감시 안 하면 이 돈은 그 사람들이 써도 아무 할 말이 없게 돼요. 조합은 될 수 있으면 숨기고 자기들끼리 돈을 쓰려고 하지요. 기자들이 취재하고 발굴해야 하는데, 조합 총회를 할 때도 가면 나밖에 없어요. 잘못된 행태를 같이 취재하고 지적하면 좋을 텐데, 아예 관심이 없는 거죠. 이해관계도 얽혀 있는 예민한 문제이기 때문에 안 건드리는 것이기도 하고요"라며 아쉬움을 토로했다.

　김 기자는 2023년 공개된 한국환경연구원의 『환경오염피해 공동체의 복원력 강화 연구』라는 연구 보고서에 공동 저자로 참여했다. 환경오염으로 인해 발생한 공동체의 분열과 피해 복구 과정에서의 갈등 양상을 분석한 보고서인데, 삼성중공업 태안 바다 기름 유출 사고에서 나타난 사회적 갈등과 공동체 복원 방안도 담고 있다. 이 중 기름 유출 사고에 대한 원고는 김 기자의 취재 내용이 대부분이다. 김동이 기자는 한국환경연구원 연구위원의 제안으로 이 연구에 참여하게 되었는데, 사고 이후 벌어진 지역 사회의 분열과 그 중심에 있는 허베이조합의 문제점을 분석했다. 김 기자는 2008년 삼성중공업이 지역발전기금을 출연하겠다고 발표하던 당시에 협상 과정에서 발생한 갈등, 허베이조합 설립 이후 태안 지역 사회가 분열하는 과정을 상세히 설명하고 심층적인 현지 취재 및 조사를 토대로 한 현실적인 정책 제언을 담았다. 이는 지역 언론 기자의 끈질긴 취재가 해당 지역의 역사적 기록으로서 가치를 인정받은 사례라고 평가할 수 있다. 기자가 하나의 주제를 오랫동안 취재하는 것은 현실적으로 쉽지 않은 일이지만, 김동이 기자는 지역 신문 기자라면 지역의 의제 하나를 중점적으로 파고들 필요가 있음을 몸소 보여주었다.

"지역 신문에서 오래 근무한다는 것 자체가 어렵고, 환경이 녹록하지 않은 상황에서 사명감으로 취재해왔어요. 지역 언론 기자들이 스스로 지역의 여론 주도층이라는 생각으로 책임감을 갖고 취재해서 보도하고, 지역 사회를 올바르게 바꾸는 데 앞장서는 사회의 공기公器가 되면 좋겠습니다."

김 기자의 말에서 지역 신문의 역할과 진가를 봤다. 〈태안신문〉 기자들은 사실상 삼성중공업 태안 바다 기름 유출 사고에 대해 가장 잘 알고 있는 전문가다. 사고를 둘러싼 문제들, 이후의 변화와 현상뿐만 아니라 앞으로 이 문제를 해결하기 위해서는 무엇을 해야 하는지도 제시할 수 있는 사람들이다. 연구자들도 기자들의 취재 내용을 토대로 논문을 쓴다. 이는 우리가 상상할 수 있는 탐사보도의 스케일을 뛰어넘는 솔루션 저널리즘의 독보적 사례다. 이와 비견할 만한 다른 사례가 있을까? 18년 된 사건을 매달 보도하는 곳이 또 있을까? 이 사실만으로도 〈태안신문〉의 가치가 어느 정도인지 짐작해볼 수 있다.

김 기자는 삼성중공업 태안 바다 기름 유출 사고의 보상금 운영 문제를 파헤쳐 2022년 바른지역언론연대 풀뿌리언론상 취재 부문 최우수상을 수상했고, 2023년 송건호풀뿌리언론상을 받았으며, 2024년에는 지역신문컨퍼런스에서 지역 신문 발전에 기여한 공로로 문화체육관광부 장관 표창을 받았다. 그리고 〈태안신문〉은 2023년 12월 풀뿌리 지역 언론으로서는 처음으로 민주언론시민연합 올해의 좋은 보도상에 선정됐다. 뿐만 아니라 2022년 유네스코 세계기록유산 아시아태평양 지역 목록에 등재된 '태안 유류 피해 극복 기록물'에도 〈태안신문〉의 자료가 상당 부분 포함돼 있다.

삼성중공업 태안 바다 기름 유출 사고 현장과 이후의 경과를 기록한 〈태안신문〉의 기사는 2023년 『5840일의 기록, 절망에서 희망으로 그리고 다시 기적으로』라는 책으로 묶여 나왔다. 이 책에는 기름 유출 사고 당시인 2007년 12월 7일부터 2023년 10월까지의 경과를 기록한 총 2000여 건의 기사가 실렸다. 500쪽이 넘는 분량에 사고 당시 수습 과정에서 관계 기관의 대처가 미흡했던 점, 피해 주민들 간의 갈등으로 공동체가 붕괴되는 과정 등 지역의 구체적인 실상이 담겼다. 기자들이 직접 촬영한 생생한 현장 사진은 기록물로서의 가치를 더했다.

신문웅 국장은 "우리는 역사책을 쓰는 기록자 역할입니다. 누구 앞에 가서 2007년 12월 7일부터 지금까지 사안을 얘기하라고 하면 100시간도 더 얘기할 수 있어요"라고 말했다. 하나의 사안을 18년 넘게 파헤치며 쉬지 않고 기록해온 〈태안신문〉은 지역민의 목소리를 듣고 그들 사이의 갈등을 조정하며 지역 언론 본연의 역할을 해내고 있을 뿐만 아니라 일회성 보도에 익숙해진 오늘의 언론에 크나큰 경종을 울리고 있다.

〈태안신문〉 제공

〈태안신문〉 제공

〈태안신문〉 제공

위 삼성중공업 태안 바다 기름 유출 사고를 다룬 〈태안신문〉 기사를 모아
출간한 책 『5840일의 기록, 절망에서 희망으로 그리고 다시 기적으로』

가운데 2008년 1월 8일 오후 2시경 태안신터미널 인근 도로변에서 열린
'삼성중공업 책임 촉구 태안군민결의대회' 현장.

아래 2010년 11월 21일 거제시에서 열린 바른지역언론연대 연수에서
삼성중공업을 견학하던 중에 〈태안신문〉 신문웅 국장이 가슴속에서
"삼성은 태안에 사과하라"라고 적힌 종이를 꺼내 들고 사진을 찍었다.

지역의 슈퍼맨

〈태안신문〉 기자들은 지역에서 '슈퍼맨'으로 통한다. 태안 군민들의 제보를 어느 것 하나 허투루 넘기지 않기 때문이다. 길을 걷다가, 운동하다가, 군청이 가까우니까, 군청 가기 전에 모르는 걸 물어보려고 군민들은 신문사의 문을 매일 두드린다. 하루에 한두 명은 다반사, 많으면 10여 명의 군민들이 사무실을 찾는다. 한 명이 안에서 기자와 대화하고 있으면 다른 주민들은 밖에서 대기하고 있을 때도 많다.

"다 말씀해주세요."

기자가 세 명뿐이라 취재가 늘 바쁘면서도 기자들은 단 한 명의 군민도 그냥 돌려보내지 않고 모든 이야기를 다 듣는다. 기자들이 취재하러 나가면 사무실에 있는 편집 기자와 경리 직원이 이야기를 듣는다. 내가 인터뷰를 위해 처음 신문사를 방문했던 날에도 세 시간가량 머무는 동안 사무실을 찾아온 군민을 여럿 만날 수 있었다.

"〈태안신문〉이 주민들의 마지막 민원 창구입니다. 이분들이 어디 하소연할 데가 없어요. 주민들 입장에서 따져줘야 할 때가 있는데, 군청 공무원들은 원칙적으로 대하다 보니 결국 마지막으로 오는 데가 여기예요. 우리는 주민들의 목소리를 다 들어줍니다. 필요하면 해결해주려고 노력도 하고, 취재가 필요하면 취재도 하고요."

김동이 기자의 말처럼, 가령 "태풍이 와서 집 뒤에 나무가 쓰러졌다. 군청에 찾아가 치워달라고 했더니 조만간 갈 테니 집으로 돌아가 있으라고 했다"는 주민이 있으면 그 자리에서 민원 처리 시스템인 '태안 행정 119'에 전화를 걸어 해결해주는 식이다. 주민들은 '속 시원하다'며 고마움을 전한다. 민원 해결뿐만 아니라, 제보를 토대로 취재했는데 사실 관계가 틀렸거나 기사가 안 되는 경우에는 그냥 넘기지 않고 제보자에게 다시 전화해 하나하나 설명해준다. 언론 말고 다른 경로로 해결할 수 있는 방법을 안내하기도 한다.

'군민들 이야기는 모두 듣기.' 〈태안신문〉 기자들이 공유하는 원칙이다. 이 원칙을 듣고 나는 기자로서 부끄러움을 느꼈다. 늘 바쁘다는 핑계로 소위 기사가 될 만한 '제보거리'가 아니라면 무심히 넘기기 일쑤고, 의미 있는 제보라 해도 미처 다 취재하지 못하는 게 어쩔 수 없는 현실이라고 생각해왔기 때문이다. 밀려드는 크고 작은 제보가 부담스러울 때면 나는 〈태안신문〉의 슈퍼맨 기자들을 떠올리며 마음을 다잡는다.

〈태안신문〉은 3개월에 한 번씩 독자권익위원회를 연다. 이 또한 군민과 신문사가 소통할 수 있는 창구다. 위원회의 위원 20여 명은 대부분 일반 주민으로, 신문에 관심을 가진 사람들을 공모해 지역별로 안배해서 뽑는다. 지역별 안배를 하는 이유는 가령 안면도에 사는 군민이 참여하면 보령 해저터널이 생긴 이후 안면도에 여행객이 얼마나 많이 늘었는지 같은 지역 동향을 들을 수 있기 때문이다. 〈태안신문〉의 독자권익위원회는 신문사에서 여는 행사에 주최자로 참여하기도 하는 등 기사를 읽고 의견을 내는 회의체 정도인 다른 언론사의 독자위원회와 달리 신문사와 밀접하고 유기적인 관계를 맺으며 다양한 역할을 담당하고 있다.

〈태안신문〉을 처음 방문한 2022년 12월 이후 못해도 여섯 번 이상 태안을 방문해 기자들을 만났다. 〈태안신문〉 기자들과 식당에 가거나 거리를 걸으면 주민들이 여기저기서 인사를 해온다. 칼칼한 매운탕에 소주를 한잔할 때도, 새벽이 다 되어서 집에 들어가는 길에도 기자들은 채 1분도 못 되어 인사를 받는다. 군민들은 언제 어디서나 기자들을 알아보고 활짝 웃으며 다가와 몇 분간 담소를 나눈다. 이제는 이 광경이 익숙하지만, 사실 처음에는 서울에서는 보기 어려운 장면이라 생경하게 느껴졌다. 지역 신문 기자들을 만나며 나는 '독자'라는 존재를 새롭게 인식하게 되었다. 그전까지는 단순히 취재원 혹은 언젠가 내 기사를 읽을지도 모를 익명의 시민이라고만 여겼는데, 이제는 내가 일상적으로 소통해야 하는 사람들, 나아가 내가 기사를 쓰는 이유라고 생각하게 되었다.

군민들과 직접 만나고 소통하며 오랜 신뢰를 쌓아온 만큼 〈태안신문〉의 영향력은 상당하다. 금요일 아침에 배송되는 신문을 빨리 보기 위해 목요일에 사무실로 찾아와 기다리는 군민들도 있다. 군청에서도 〈태안신문〉의 보도 내용은 늘 예의주시

한다. 〈태안신문〉 기자들을 인터뷰하고 있을 때 마침 사무실에 찾아와 우연히 만난 태안군 유류피해지원팀장은 "군청에서 매주 금요일 아침에는 〈태안신문〉을 꼭 챙겨봅니다. 나도 공무원이지만 우리보다 세부적으로 알고 있거든요. 신문을 보고 우리가 진행 상황에 대해 배울 정도죠"라고 말했다. 이에 대해 신 국장은 "태안에는 제대로 된 시민단체 자체가 별로 없습니다. 군 단위에서 군정이나 의정을 제대로 감시할 수 있는 건 지역 신문밖에 없어요. 우리는 역사를 기록하는 사람들입니다. 태안의 정치·경제·사회 소식부터 개인의 집안사까지 모두 신문에 담아서 지역 사회를 바꿔나가려는 노력이 필요합니다"라고 말했다.

현재 약 130명의 후원회원과 약 3500명의 구독자를 보유한 주간지 〈태안신문〉은 오로지 구독료와 광고비로만 운영된다. 기사 유통 경로는 매주 금요일 나오는 종이 신문, 인터넷 홈페이지 딱 두 가지다. 다른 언론사들이 앞다투어 뛰어드는 뉴미디어, 영상 콘텐츠 등은 만들지 않는다. "신문만 가지고 버틸 수 있어야 하고, 신문이 역할을 해야 한다"는 신 국장의 뚝심 아래 유지해온 구조다. 실제로 〈태안신문〉의 구독 부수는 완만하게 늘고 있다. 종이 신문은 유료 구독자들에게만 발송한다. 인터넷 기사는 무료지만 회원 가입을 해야 볼 수 있다. 기자들은 자주 '콘텐츠에 대한 자부심'을 이야기했다.

"이건 정말 우리만이 가지고 있는 콘텐츠입니다. 포털에 뺏

기고 싶지 않아요. 왜 우리 기사를 포털에 팝니까. 우리가 더 열심히 해서 홈페이지를 방문하게 만들고 다른 공간을 통해 우리 기사를 팔면 됩니다."

신 국장의 말에서 〈태안신문〉에 대한 자부심이 느껴졌다. 기사 가운데 빠르게 내보내야 하는 것들은 〈오마이뉴스〉와의 기사 제휴를 통해 보도한다. 신 국장은 지역 신문들이 협업해 공동 사이트를 만들자는 고민도 하고 있다며 "우리가 연합하면 서울 언론보다 훨씬 더 많은 네트워크와 현장 취재력으로 지역 소식을 전할 수 있습니다"라고 말했다.

지역 신문의 특성을 살린 광고는 〈태안신문〉만의 재미있는 콘텐츠다. 광고의 30퍼센트는 부고와 결혼식 알림이 차지하고 있다. 군민의 결혼식을 알리는 것은 지역 신문에 최적화된 광고다. 군민들은 직접 청첩장을 들고 신문사를 찾아오는데, 봄가을이면 전체 24면 중 청첩 광고만 10개가 실릴 때도 있다. '애독자 광장' 코너에는 후원회원들의 가게 광고를 실어준다. 원래는 1만 원씩 광고비를 받았지만 코로나 이후로는 자영업 종사자들에게 작은 희망을 주기 위해 무료로 집행하고 있다.

진지하고 냉철한 보도와 달리 〈태안신문〉 기자들은 꽤 웃긴 편이다. 20대 기자인 내가 50대인 신문웅 국장과 김동이 기자를 만나러 매번 태안에 가는 이유는 그들과 술잔을 기울이며 이야기를 나누는 일이 즐겁기 때문이다. 이들과 함께 있을 때는 전혀 위계가 느껴지지 않는다. 스물여섯 살에 처음 〈태안신문〉 기자들을 만났을 때나 3년이 지난 지금이나 변함없이 나는 이곳 기자들과 동등한 위치에서 편안하게 대화를 나눈다. 기자들의 이런 태도가 아마〈태안신문〉을 동네 사랑방으로, 군민들과 밀접하게 연결된 지역의 중심으로 만들어주었을 것이다. 신문은 신문사 바깥의 더 넓은 세상에서 만드는 것임을 지역 신문 기자들에게서 배운다.

특집 〈진안신문〉과 함께한 5박 6일 자전거 여행

　찌는 듯한 더위가 기승을 부리던 2025년 7월, 전라북도 진안에서는 '내 고향 바로 알기 5박 6일 여름 캠프'가 열렸다. 진안에서 13년째 빠짐없이 이어져온 이 행사는 진안 지역의 비장애 청소년과 발달장애 청년 및 청소년, 그리고 자원봉사자들이 함께 자전거를 타고 지역을 한 바퀴 돌아보는 여행이다. 매년 여름방학에 맞춰 진행되는데, 진안에서는 이 여행을 통해 친구가 된 청소년, 청년들이 많다.

　이 캠프의 진행에는 다름 아닌 진안의 지역 신문〈진안신문〉이 함께한다. 〈진안신문〉의 류영우 국장은 매년 이 캠프를 통해 지역의 청소년, 청년과 만나고 있다. 청소년이 주 참여자이지만 이들의 양육자와 비영리 민간단체 보듬센터의 선생님도 함께한다. 자전거 여행에 참여했던 청소년이 성인이 되어 자원봉사자로 참여하기도 한다. 자원봉사자 중에는 20대 중반인 정도영〈진안신문〉기자의 친구들도 많다.

류영우 국장은 내게 자전거 여행에 같이 가자고 여러 차례 제안했다. 여름이 가까워지면 대화가 늘 '기승전 자전거 여행'으로 끝나는 식이었는데, 매년 강도가 더해지는 살인적인 더위에 쉽게 엄두를 내지 못했다. 어릴 때부터 수없이 도전했지만 여전히 처참한 자전거 실력도 망설임의 이유 중 하나였다. 그러던 중 드디어 올해 7월, 나는 자전거 여행의 셋째 날 청소년들과 함께하는 '진로 특강'을 위해 진안을 찾게 되었다.

오후 2시경 진안시외버스터미널에서 만난 류 국장은 예능 프로그램 '1박 2일'의 로고를 오마주한 '5박 6일'이 새겨진 파란색 티셔츠를 입고 있었다. 계곡에서 물놀이 중인 아이들에게 수박화채를 해주려 장을 보고 돌아가는 길에 나를 픽업해 가는 동선이었다. 타고 온 하얀색 봉고차에도 '5박 6일' 스티커가 붙어 있었다.

40도를 육박하는 폭염으로 일상생활조차 어려웠던 서울과 마찬가지로 진안도 36~37도를 오르내리는 더위를 견디고 있었다. 그런 만큼 5박 6일의 캠프를 준비하는 팀도 만반의 대비를 했다. 물은 작년보다 두 배 이상 많은 하루 200통가량을 준비했고, 팔 토시와 장갑, 물을 묻혀 목에 걸면 시원한 습식 수건, 열을 떨어뜨리는 스프레이도 구비했다. 건강과 안전을 위해 자전거는 오전에만 타고, 오후에는 계곡 물놀이 같은 더위를 식힐 수 있는 일정을 추가했다. 아무리 더워도 아이들에게 5박 6일의 자전거 여행은 최고의 방학 프로그램이다. 베이스캠프 근처의 계곡으로 운전을 하던 류 국장은 "아이들은 우리가 생각하는 것 이상으로 튼튼해요. 끄덕없어"라고 웃으며 말했다. 그렇다. 아이들은 즐겁다.

올해 캠프의 참가자는 30명 남짓이다. 그 가운데 발달장애인은 학생 다섯 명, 성인 다섯 명이다. 초기에는 100명 넘게 참가했지만, 13년째 되니 진안의 아이들도 많이 줄고 심해지는 폭염에 양육자들의 걱정도 커서 참가자가 많이 줄었다. 그래도 자전거 여행은 늘 지역민들의 응원을 받는 대표 프로그램이다. 차를 타고 계곡으로 향하던 한 지역 주민은 차창을 내리고 류 국장에게 연신 '따봉'을 날렸다.

"참가자가 많이 줄어 올해까지만 하고 그만해야 할 것 같아요"라는 류 국장의 말이 무색하게 20분쯤 걸려 도착한 정천면의 계곡에는 아이들의 웃음소리가 가득했다. 파란색 티셔츠를 입은 참가자들은 계곡 앞 식당에서 점심을 먹은 후 계곡물에 몸을 담그고 신나게 놀았다. 한창 놀던 중 물에서 나와 먹는 수박화채는 꿀맛이었다.

이날 오전 참가자들은 주천면에서 정천면까지 자전거를 타고 18킬로미터를 달렸다. 참가자들의 넘치는 에너지에 연일 예상보다 목표 지점에 일찍 도착한다고 했다. 한바탕 물놀이가 끝난 후에는 베이스캠프인 조림초등학교로 향했다. 근처 목욕탕에서 씻고, 저녁을 먹은 후에는 학교 강당에서 열리는 진로 직업 캠프에 참가할 예정이다.

매일 자전거를 타고 지역 곳곳으로 이동하는 일정이다 보니 숙박을 하는 베이스캠프도 계속 바뀐다. 숙소는 초등학교가 될 때도 있고, 면사무소가 될 때도 있다. 예산은 교육청에서 지원받는다. 사실상 군과 면, 교육청을 모두 동원해서 진행되는 활동이다. 숙박 등 하나하나 모두 동의가 필요한 문제인데, 장기간 진행하다 보니 모두 흔쾌히 허락해준다. 학교에서도 당연히 5박 6일 자전거 여행을 한다고 하면 교육장, 교장 모두 나서서 도와주고, 면사무소에서는 장소를 빌려준다. 상대적으로 저연차인 공무원이나 직원들과 소통할 때는 형식상 공문을 요구하기도 하지만, 류 국장이 면장을 만나면 바로 해결된다는 후문이다. 아이들을 위해 지역 사회가 이렇게 합심할 수 있는 것은 그 중심에 지역 신문이 자리하고 있기 때문이 아닐까.

5박 6일 여름 캠프는 발달장애 청소년들에게 큰 배움이자 경험이 된다. 캠프를 통해 이들은 비장애인 중고등학생과 같이 자전거를 타고, 물놀이를 하고, 농구도 하고, 강의도 듣는다. 진로 탐색 강의에서 질문도 하고, 공동의 여행 규칙을 지키며 함께 어우러져 생활한다. 발달장애인들은 비장애인들과 차별이나 편견 없이 어울릴 수 있는 기회가 많지 않기 때문에 타 지역 신문에서 일하는 기자가 본인의 발달장애 자녀와 함께 〈진안신문〉의 여름 캠프에 참여하기도 했다. 분명 다른 지역에서는 찾기 어려운 프로그램이다.

이처럼 진안에서는 지역 사회가 다 같이 발달장애 어린이,

청소년을 돌본다. 그 중심에는 발달장애 학생들과 매주 글쓰기 수업을 하고, 그들에게 지면을 내어주고, 그 내용을 책으로 엮고, 함께 여행도 하는 〈진안신문〉과 류영우 국장이 있다. 이렇게 잘 갖춰진 진안의 돌봄 환경을 알고는 전주에서 주변 아이들에게 금전적인 사기 등 수차례 괴롭힘을 당하던 발달장애 학생이 진안으로 전학을 온 일도 있었다. 류영우 국장, 보듬센터 선생님들 같은 이들이 발달장애 학생들 곁에 있는 진안의 지역사회는 이들에게 어떤 교육이 필요한지 잘 알고 있다. 일상적인 교류를 통해 얻은 지식과 경험으로 진안의 어른들은 발달장애 학생들이 사회 구성원으로서 살아가는 데 필요한 것들을 자연스럽게 알려주고 있다.

발달장애인과 관련된 뉴스라고 하면 보통 '특수학교 건립', '발달장애인 지원 제도', '학대', '사고' 등의 키워드를 중심으로 보도된다. 그들의 일상이 어떠한지는 잘 드러나지 않는다. 진안에서는 지역 신문 기자가 발달장애인들과 밀착해 생활하며 그 모든 것을 파악하고 있다. 당연히 기사의 질이 다를 수밖에 없다. 〈진안신문〉은 기자 회견 등을 단발성으로 보도하는 기사로는 절대 알 수 없는 이야기들을 꾸준히 내놓으며 그들의 미래를 함께 고민하고 있다.

자전거 여행은 비장애인 청소년들에게도 지역을 경험할 수 있는 특별한 기회다. 진안읍에 사는 어린이, 청소년 가운데는 면 단위 지역에도 가보지 못한 아이들이 많다. 실제로 자전거 여행을 통해서 "여기 처음 와봤어요"라고 말하는 아이들이 태반이다. 이들 대부분은 대학에 진학하면서 지역을 떠나게 되는데, 자전거 여행은 그전에 내가 사는 지역 사회를 배우고 경험할 수 있는 기회를 제공한다. 프로그램도 다양하다. 올해 여행에서는 래프팅과 산악 오토바이 체험도 하고, '흑백요리사' 대회도 열었다. 아이들이 직접 요리한 음식을 선생님들이 앉아서 시식해보는 행사였다. 또 장애 인식 개선을 위해 좌식 배드민턴 등 장애인 스포츠를 함께 해보기도 했다. 매 끼니 먹는 음식도 알차다. 세끼 식사 이외에도 과일과 과자 등 간식거리에 야식으로 치킨까지. 아이들은 "이제 치킨은 질려요"라며 류 국장에게 족발을 시켜달라고 졸랐지만, 그 말이 무색하게도 치킨은 금세 바닥이 났다.

 이번 캠프의 프로그램 가운데 진로 탐색 기획은 3년 차 정도영 기자가 맡았다. 정 기자는 진안에서 나고 자라 직업을 가진 20대 청년들이 청소년들의 질문에 대답해주는 방식의 진로 특강을 준비했다. 나는 진안 출신은 아니지만 기자라는 직업을 소개하기 위해 참여했다. 정 기자는 나 말고도 자신의 친구들을 동원해 '진로 특강 선생님' 자리를 채웠다. 이 또한 지역 신문 기자이기에 가능한 일이다. 유치원 교사, 경찰, 농업인 등 다양한 직업을 가진 정 기자의 친구들이 이날 저녁 베이스캠프를 찾아와 한 시간 반가량 대화를 나누었다. 청소년들은 궁금한 점을 가감 없이 물었고, 청년들은 직접 간식을 준비해 오는 등 정성스럽게 특강에 임했다. 대전에 사는 류영우 국장의 아들도 안경 세공사라는 직업을 소개하기 위해 왔는데, 그는 이미 여러 차례 자전거 여행에 참여했었다며 발달장애 청소년들과 '동네 형'처럼 친근하게 대화를 나눴다.

기자라는 직업이 인기가 없으면 어쩌나 걱정했지만, 청소년들은 기자에 대해 궁금한 점을 여럿 적어주었다. '기자는 기사를 쓰니까 가짜 뉴스를 잘 구별할 수 있나요?', '힘들었던 점은?', '기자를 하려면 필요한 자격증이 있나요?', '카메라 잡으면서 취재해봤나요?', '말을 잘하기 위해 어떤 노력을 했나요?', '뉴스에 나오는 것처럼 한 번만 해주세요', '취재해본 유명인들 있어요?', '가장 슬펐던 기사는 어떤 것이었나요?', '정보를 얻기 위한 말하기 스킬을 알려주세요' 등 다양한 질문이 나왔다. '기자는 객관적으로 쓰는 게 중요한데, 객관적이라는 것 자체를 모르겠어요. 객관적이라는 게 뭔가요?'라는 질문은 답하기가 꽤 어려웠지만, 다양한 질문에 답하면서 내 기자 생활을 돌아볼 수 있어 좋은 시간이었다.

〈진안신문〉의 여름 캠프를 경험하면서 중앙 언론사에서는 절대로 불가능한 일이라는 생각을 많이 했다. 기자들이 폭염 속에서 여름휴가를 반납하고 지역의 장애, 비장애 학생들과 5박 6일간 숙식하며 자전거를 타는 행사가 서울에서 가능할까? 아마 행사의 기획부터 섭외, 진행까지 여러 가지 난관이 있을 것이다. 진안에서 이런 기획이 가능했던 것은 그 중심에 〈진안신문〉을 비롯해 오랫동안 지역의 어린이, 청소년과 소통해 온 지역 사회의 힘이 있었기 때문이다.

단 하루였지만 자전거 여행을 다녀온 후 '지역 소멸'이라는 말에 대해 다시 생각하게 되었다. 진안 역시 '소멸 지역'으로 분류되는 곳이지만, 이렇게 생동감 있게 살아 숨 쉬는 지역을 과연 소멸하고 있다고 말해도 될까? 진안에는 단지 인구수로만 설명할 수 없는 생동감이 있다. 청소년과 청년, 기자, 양육자, 교사, 면사무소와 교육청의 공무원 등 각계각층의 사람들이 모여 5박 6일을 누구보다 뜨겁고 알차게 보내는데 어떻게 여기에 '소멸'이라는 말을 붙일 수 있을까? 내가 직접 가서 본 현장은 생생하게 살아 움직이는, 성장하고 확장하는 연대의 삶 그 자체였다.

2부 가까이 더 가까이, 지역 신문의 생존법

옥천신문

풀뿌리 지역 언론의 인큐베이터

2025년 7월 3일 이재명 대통령 취임 30일 기자 회견에 풀뿌리 지역 언론이 처음으로 참여했다. 풀뿌리 지역 언론은 대통령실 출입 등록 매체가 아니었지만, 대통령실의 초청으로 질문 기회를 가질 수 있었다. 방식은 온라인 화상 참여였다. 〈옥천신문〉(충청), 〈뉴스민〉(영남), 〈담양뉴스〉(호남), 〈서귀포신문〉(제주), 〈설악신문〉(강원), 〈평택시민신문〉(경기) 등 대통령실에서 초청한 여섯 개 언론사에서 총 여덟 명의 기자가 화상으로 참여했다.

전날 대통령실 브리핑에서 풀뿌리 지역 언론의 참여 소식을 듣고는 곧바로 〈옥천신문〉을 떠올렸는데, 아니나 다를까 〈옥천신문〉은 충청권 지역 언론으로 초청을 받아 참여했다. 기자 회견 당일, 모든 풀뿌리 지역 언론사 기자들이 질문 기회를 갖지는 못했다. 질문 기회가 왔을 때 여섯 개 언론사 중 가장 먼저 손을 든 한 곳만 질문할 수 있었다. 그 기회를 얻은 곳은 바로

〈옥천신문〉이었다. 〈옥천신문〉의 양수철 기자는 "풀뿌리 신문 기자들을 기자 회견에 초대해주셔서 감사합니다. 이 대통령님은 기초·광역 지자체장을 모두 경험했기 때문에 지역의 어려움이나 개선책을 더 잘 알고 계시지 않을까 생각도 듭니다"라며 말문을 뗐다.

양 기자는 수도권 과밀화와 지역 균형 발전을 위한 이 대통령의 '광역화' 공약에 대해 질문했다. 중앙에서 바라보는 지역 불균형 문제의 해결 방식과 기초 지자체, 특히 인구 감소 위기 지역에서 필요로 하는 해결 방안은 다를 수 있다는 취지였다. 그는 대한민국 인구 절반이 수도권에 있는 것처럼 충북 인구 절반은 충북 내 대도시 청주에 몰려 있다며, 광역화 전략으로 기초 지자체의 인구를 지역 내 대도시가 블랙홀처럼 빨아들일 것이라는 우려도 나오고 있다고 말했다. 기초 지자체 지원 정책을 더 촘촘하게 설계해야 할 텐데, 대통령은 어떻게 생각하고 있는지 묻는 질문이었다.

이날 양 기자는 총 다섯 가지 질문을 준비했다. 지역 언론 기자로서 피부로 느끼고 있던 주거·농촌·의료 정책 등에 관한 것이었다. 우선, 지역별 공공임대주택을 지을 때는 지역과 소통하며 정책을 만들어야 하는데, 지금처럼 지역의 상황을 고려하지 않고 천편일률적으로 시행하면 수요가 충족되지 않는 사례가 발생할 수 있다는 취지의 질문이 있었다. 옥천에서 LH(한국토지주택공사) 공공주택 분양이 미달된 적이 있었기에 준비한 질문이었다. 이 밖에도 옥천군의 사례에 비추어 중소농이 많고 고령화가 심각한 지역들이 소득 보전도 어렵고 기후 위기로 수확도 제대로 할 수 없는 상황을 맞은 것에 대해 대통령이 어떻게 인식하고 있는지도 질의하려 했다.

준비한 질문을 다 하지 못해 아쉬웠지만, 지역 의제를 화두로 던질 수 있었다는 점에서 의미 있는 자리였다. 대통령실 출입 등록 매체가 아님에도 질문 기회를 얻은 것은 이 대통령이 지방자치단체장을 지냈기 때문에 가능했던 일일 것이다. 풀뿌리 지역 언론 기자들도 화상이 아니라 현장에 참여할 수 있었다면 더 좋았을 텐데 하는 아쉬움도 남지만, 그럼에도 이런 시도는 높이 평가할 만하다.

이 대통령은 양 기자의 질문을 받고는 "제가 시민운동을 할 때 지역 언론을 만드는 게 여러 가지 목표 중 하나였는데, 〈옥천신문〉은 그때 아주 모범적 사례로 제가 많이 언급했던 신문입니다. 이렇게 보게 돼서 반갑습니다"라고 말했다. 풀뿌리 지역 언론을 열심히 취재해온 나로서는 온 국민이 시청하는 대통령 기자 회견 자리에 풀뿌리 지역 언론인들이 참여해 주목받는 모습이 감격스럽게 느껴졌다. 게다가 이날 양 기자의 질문은 다른 어떤 기자의 질문보다 알찼고 핵심을 찔렀다. 만감이 교차하는 기분을 느끼며, 내가 풀뿌리 지역 언론에 큰 애정을 가지고 있다는 걸 다시금 깨달았다. 양수철 기자는 기자 회견 후 내게 자신의 소회를 거듭 전해주었다. 나와는 비교할 수 없을 만큼 뜻깊을 양 기자의 심정이 고스란히 전해졌다.

충청북도 옥천군에서 발행되는 〈옥천신문〉은 오래전부터 풀뿌리 지역 언론의 모범이라 불리며 많은 사람들에게 이름을 알렸다. 지역 언론을 만들고 싶은 사람의 상당수가 〈옥천신문〉에 가서 지역 언론을 창간하는 법, 취재하고 보도하는 법을 배운다. 지역 언론에 대해 공부하고 싶은 학생들도 〈옥천신문〉의 문을 두드린다. 기사나 전화 통화를 통해서만 〈옥천신문〉을 접했던 나는 모범적 지역 언론의 대명사가 된 〈옥천신문〉 기자들을 직접 만나보고 싶었다.

〈옥천신문〉 대표의 24시간

나는 〈옥천신문〉을 찾은 2박 3일 가운데 하루를 온전히 황민호 대표를 따라다니는 데 썼다. 거대 방송사들이 몰려 있는 서울 상암동의 DMC Digital Media City에 빗대어 '옥천의 DMC'라고 불릴 정도로 활동적인 〈옥천신문〉 커뮤니티와 미디어를 모두 들여다보기 위해서는 이를 만든 장본인인 황민호 대표를 만나야 한다고 생각했기 때문이다. 여기도 가보고 싶고, 저기도 가보고 싶고, 누구도 만나보고 싶고……. 하루 안에 모두 취재하기에는 다소 무리한 일정이었음에도 황 대표는 사전 통화에서 내가 이야기한 모든 곳에 데려다주겠다고 했다. 과연 가능할까? 내 걱정스럽고 미안한 마음은 황 대표와 만난 그 하루 동안 놀라움으로 바뀌었다.

그날 그는 충북 옥천군 옥천읍에서 청산면을 거쳐 영동군까지를 총 세 번 왕복했다. 옥천읍에서 청산면까지는 차로 약 40분, 청산면에서 옥천군의 옆 동네인 영동군까지는 차로 약 30분 거리이다. 그는 차에서 30번 이상을 내렸다 타기를 반복하며 사람들을 만났다. 아는 주민이 보이면 내려서 인사하고, 그러다 제보도 받고, 사진도 찍고, 취재도 하고, 식사 때와 맞물리면 같이 밥도 먹었다. 전날 저녁 채웠다던 기름은 하루 만에 바닥이 나 저녁에 다시 주유소에 들러야 했다. 황 대표의 하루를 취재하던 나도 덩달아 차에서 수십 번 내렸다 탔다를 반복했다. 근래 가장 엉덩이가 가벼운 하루였다.

이날 나는 황 대표와 오전 8시 30분에 옥천군 노인복지관 앞에서 만나기로 했다. 황 대표는 만나자마자 독거노인들에게 배달할 밑반찬 도시락 봉지 19개를 서둘러 차에 실었다. 작은 차의 트렁크와 뒷좌석을 가득 채운 봉지에는 각종 반찬과 빵, 간식 등 먹거리가 두둑하게 담겼다. 그는 매주 목요일마다 충북 영동군의 〈주간영동〉 기자들과 함께 거동이 어려운 독거노인과 장애인이 사는 집에 도시락 배달 자원봉사를 했다. 이 배달 일은 옥천군 노인복지관에서 도맡아 하고 있는데, 그 가운데 청산면 배달을 〈주간영동〉 기자들이 '청춘 별동대'라는 이름으로 맡고 있었다. 〈주간영동〉은 황 대표가 옥천 외 지역에도

위 영동군에 위치한 풀뿌리저널리즘스쿨 입구.
아래 〈주간영동〉 사무실 앞에 선 황민호 대표.

건강한 풀뿌리 지역 신문이 필요하다는 생각으로 지난 2020년에 만든 풀뿌리 지역 주간지다.

청산면 도착 한 시간 만에 배달이 끝났다. 어르신들은 황 대표를 만날 때마다 반가워하며 간식을 챙겨주었다. 황 대표의 차에는 고마운 마음이 담긴 박하사탕과 청포도, 샛노란 호박고구마가 수북하게 쌓였다. 기자들은 독거노인들을 만나기 위해 배달 일을 시작했다. 스스로 목소리를 내기 어려운 소외 계층을 직접 만나 이야기를 듣고 소통하겠다는 의지가 담긴 일이다. 황 대표의 설명에 따르면 기구한 사연을 어디 이야기할 곳이 없어 가슴속에 묻고 살다가 기자들과 인터뷰를 하면서 비로소 털어놓고 우는 어르신들도 많다고 한다. 기자들이 배달하며 들은 이야기는 인터뷰 기사로 지면에 공개되기도 한다.

황 대표에게 도시락 배달 일은 처음이 아니다. 여느 언론사 지망생처럼 서울에서 언론사 입사를 준비하던 그는 '기자가 더 필요한 곳으로 가자'는 생각으로 2002년 〈옥천신문〉에 입사했다. 건강이 안 좋아져 2012년부터 3년 정도 일을 쉬었는데, 그 기간 동안 '옥천살림(옥천에서 로컬푸드운동을 이끌어온 협동조합)'의 배달 기사가 되어 학교에 급식을 가져다주고 독거노인과 장애인에게 밑반찬을 배달하는 일을 했다.

"배달 기사를 하며 지금까지 안 가본 곳도, 못 만나본 사람도 많다는 걸 깨달았습니다. 소외된 사람들이 곳곳에 숨어 있다는 걸 체감했고, 언론의 중요성을 더욱 잘 알게 되었지요."

황 대표는 지역 신문으로 다시 돌아가야겠다고 생각하고 2015년 〈옥천신문〉에 복귀했다.

청산면 도시락 배달은 황 대표가 설립한 비영리법인 커뮤니티저널리즘센터 활동의 일환이다. 커뮤니티저널리즘센터는 청산면의 문화 공간인 '청산별곡', 영동군의 지역 신문 〈주간영동〉(구 〈청산별곡〉)과 '풀뿌리저널리즘스쿨(구 옥천저널리즘스쿨)' 등을 운영하는 사단법인이다. 황 대표는 풀뿌리 지역 언론의 발전을 위해서는 커뮤니티저널리즘센터, 풀뿌리저널리즘스쿨, 연구소가 필요하다고 늘 주장해왔다. 지역신문발전기금으로 이 셋을 만들어 지역 언론의 역할과 방향에 대해 계속 연구하고, 청년 기자들을 양성해야 한다고 지역신문발전위원회에 거듭 이야기했지만 성과가 없었다. 결국 황 대표는 이 세 가지를 직접 만들기로 했다. 2019년에 청년 기자 양성을 위한 풀뿌리저널리즘스쿨을, 2022년에는 지역 공동체를 위한 커뮤니티저널리즘센터를 설립했다. 이제 연구소 하나만 남은 셈이다. 황 대표는 연구소를 통해 각 지역의 지역 신문 현황을 파악하는 것은 물론, 좋은 기사를 같이 생성하고 정보를 공유하며 상호 연대할 수 있는 협의체를 만들고 싶다고 말했다. 또, 지역 신문이 없는 곳에는 청년 기자로 이루어진 팀을 보내 건강한 풀뿌리 지역 신문을 인큐베이팅해야 한다고도 말했다.

황 대표라면 얼마 지나지 않아 연구소를 만들었다는 소식을 전해줄 것 같은 예감이 들었다. 그도 그럴 것이 그는 이미 옥천에 다양한 사회적기업을 만들었다. 잡지 〈월간 옥이네〉를 발행하는 '고래실', 지역 아카이브 법인 '옥천기록공동체'와 '옥천FM공동체라디오', 로컬푸드로 음식을 만드는 '옥이네밥상', 〈옥천신문〉의 디자인을 맡는 '우리동네' 등 옥천에는 황 대표가 인큐베이팅해서 어느 정도 자리를 잡은 후 별도 법인으로 독립시킨 사회적기업이 많다. 〈옥천신문〉은 신문만 만들고, 다른 사회적기업들과는 연대하되 상호 독립해야 한다는 게 그의 판단이다. 〈옥천신문〉 기자들에게 취재 외에는 어떤 부담도 주지 않으려는 의지도 엿볼 수 있었다.

청산면은 옥천군에서 가장 변방에 있는 지역이다. 황 대표는 변방에서 변화가 시작된다는 믿음으로 청산면에 커뮤니티저널리즘센터를 설립했다. 옥천이 저널리즘의 공간이라면, 청산면은 실천의 공간이다. 그는 인구 감소 지역의 최전선에 살면서 문제가 무엇인지 살피고 해결법도 모색하겠다고 다짐하며 3년간 청산에 거주하기도 했다. 그 기간 동안 작은도서관을 야간에도 개방하자는 운동을 하며 청소년에게 영화를 틀어주기도 하고, 작은도서관경진대회에서 받은 상금으로 학교 도서관을 리모델링하기도 했다. 그는 지금도 본가가 있는 옥천과 청산을 오가며 생활하고 있다. 커뮤니티저널리즘센터에서는 지역민 누구든 와서 시간을 보낼 수 있는 지역 문화 공간 청산별곡을 운영한다. 청산면 예곡리 마을의 빈집을 개조해 청년들이 '2주 살기'를 할 수 있는 숙소인 '청춘베이스캠프'도 준비 중이었다.

이처럼 온라인상에서가 아니라 사람들이 실제로 만나서 소통하고 연대하는 현장을 만들어 이야기를 길어 올리고 문제를 해결하는 실천이 바로 그가 지은 센터의 이름과 같은 '커뮤니티 저널리즘'이다. 신문사와 주민이 함께하는 가운데 주민은 언론의 문을 쉽게 두드리고, 언론은 주민의 문제를 해결하기 위해 노력하는 이 과정은 중앙 언론의 시각에서는 다소 낯선 일이지만 옥천에서는 일회성 프로젝트가 아니라 자연스러운 일상처럼 이루어지고 있다.

 약 2800명의 주민이 사는 청산면은 65세 이상 인구의 비율이 50퍼센트 이상이고, 초·중·고등학생은 모두 합해도 100명 내외인 초고령화 지역이다.

 "여기는 변방이니까 사람이 더 필요하겠다고 생각했습니다. 필요한 곳에 가면 내가 할 수 있는 일이 더 많아지거든요. 서울에 살면 1000만 명 중 하나고, 대전에 살면 150만 명 중 하나이지만, 옥천에 오면 4만 8000명 중 하나고, 청산면이면 2800명 중 하나, 마을에 가면 40가구 중 한 가구예요."

 이렇게 말하는 황 대표를 따라다니며 나는 오전에 한 번, 오후에도 한 번 청산별곡을 찾았다. 매주 목요일 오후 1시는 황 대표가 운영하는 '청산어머니학교' 사업으로 어르신들이 텃밭 활동을 하는 날이다. 청산어머니학교 학생들은 매주 월요일 시니어 기자단 활동으로 옥천FM공동체라디오 '은빛수다방' 코너에 출연해 각자 쓴 글을 낭송한다. 화요일엔 청산별곡에 모여 영화를 보거나 게이트볼을 하고, 수요일엔 바리스타 수업을 진행한다. 내가 찾은 날은 텃밭 활동을 하는 목요일이었다. 황 대표는 초등학교 앞 텃밭에서 어르신들과 농사를 지었다. 내리 쬐는 가을 햇볕 아래 선 어르신들의 입가에서는 웃음이 떠나지 않았다. 어르신들은 내게 텃밭에서 수확한 호박, 수박, 가지를 한아름 안겨주었다.

황 대표는 텃밭 활동이 끝난 후 어르신들을 차에 태우고 5분 거리의 청산별곡으로 향했다. 청산별곡에는 기본적인 주방 시설과 식탁, 노래방 기기, 게임기, 책 등 즐겁게 시간을 보낼 수 있는 모든 것이 갖춰져 있었다. 어르신들은 고구마, 밤을 쪄 먹으며 한 시간 동안 황 대표와 마이크를 잡고 신나게 노래를 불렀다. 황 대표는 트로트 두 곡을 간드러지게 불렀다. 황 대표와 어르신들의 부름에 나도 얼떨결에 마이크를 잡고 가수 박현빈의 '곤드레 만드레'를 불렀다. 내가 노래하는 모습이 황 대표의 페이스북에 바로 공유되는 바람에 후에 〈옥천신문〉 기자들은 "윤 기자가 오늘 황민호 대표 따라다니며 한 고생 했구만!"이라는 말을 주고받았다고 한다.

청산면에는 하루에 버스가 몇 대 다니지 않다 보니 노인들은 집에서 잘 나오지 못한다. 어렵사리 외출한 어르신들을 한 분 한 분 집 앞까지 태워다 드리는 것도 황 대표의 중요한 일정 중 하나다. 집에 가기 위해 차에 탄 김수분 어르신(85세)은 "이만치 놀아도 젊어져. 노래도 하고 춤도 춰보고, 집에 가서 주름살 몇 개 펴졌나 물어봐. 오늘도 이만치 움직인 게 고마워. (자식들이) 엄마는 생전 치매 안 걸릴 거래"라며 웃었다. 그들의 웃음소리를 들으며 황 대표가 지역 공동체에서 얼마나 대단한 일을 하고 있는지 알 수 있었다.

어르신들이 떠난 청산별곡은 늦은 오후부터는 학교 수업이 끝난 청소년들의 공간이 된다. 지역에서 문화 공간을 누리기 어려운 청소년들이 피아노, 탁구장, 컴퓨터, 만화책, 보드게임 등이 갖춰져 있는 청산별곡에 와서 자유롭게 시간을 보낸다. 청산별곡에서는 지역 주민을 고용해 매일 아이들을 위한 저녁 식사도 제공한다. 옥천군에서 운영하는 '문화의 집'도 있지만 취식이 어렵고 오후 6시면 마을버스가 끊겨 사실상 방과 후에 이용하기 어려운 탓에 황 대표는 아이들에게 기꺼이 공간을 내주었다. 그는 오후 8시에 청산별곡이 문을 닫으면 아이들을 모두 집까지 태워다 주고 밤 10시쯤 하루를 마무리한다.

황 대표는 옥천읍에서 청산면, 영동군 사이를 세 번 왕복하는 중에 틈틈이 취재 현장도 찾았다. 옥천읍에서 청산면으로 가는 길에 지나게 되는 청성면에서는 고구마를 수확하는 주민들을 보고 차를 세웠다. 청성면 새마을협의회 회원들은 매년 고구마를 수확해 얻은 수익을 불우 이웃 돕기 성금으로 낸다고 한다. 고구마를 들고 사진도 찍고 취재를 마친 황 대표는 "저는 늘 취재할 준비가 돼 있어요. 다니다 보면 기삿거리가 넘쳐나거든요. 우리 신문은 문턱이 낮아요. 신문은 멀고 높은 자리에서 고상한 담론을 이야기하는 게 아니라 지역 사람들의 필요가 되어야 합니다"라고 말했다.

오전에 방문한 옥천군 동이면 금암3리 경로당 준공식에서는 "매주 금요일에 〈옥천신문〉, 〈주간영동〉을 안 받아 보면 근질근질해"라고 말하는 오한순 씨(63세)를 만났다. 오 씨는 황 대표에게 〈주간영동〉의 '길 위에서 만난 사람들' 코너에 나가고 싶다며 전화번호를 주었다. '길 위에서 만난 사람들'은 기자들이 길에서 마주친 주민을 인터뷰해서 쓰는 〈주간영동〉의 주요 코너다. 경로당을 나서기 직전에 만난 조영철 씨(60세)도 황 대표를 보고 반갑게 인사했다. 2003년 조 씨의 아들 조○○ 씨(당시 11세)에게 길리언바레증후군(급성 염증성 다발성 신경병증)이라는 희귀성 질병이 발병했다. 치료비가 턱없이 부족해 도움이 필요하다는 말에 황 대표가 조 씨의 가족을 인터뷰해〈옥천신문〉에 실었고, 이 기사 덕분에 치료를 위한 후원금을 모을 수 있었다. 당시 기사의 제목은 「"○○야! 일어나 같이 축구해야지!"」였다. 그 일을 기억하고 있던 조영철 씨는 이날 황 대표와 악수하며 "우리 아들이 잘 커서 올해 7급 공무원이 되었습니다"라는 소식을 전했다. 〈옥천신문〉이 지면에 담은 지역민들의 이야기가 축적되며 신문에 대한 신뢰 또한 쌓여가고 있음을 확인할 수 있었다.

"〈옥천신문〉은 솔루션 저널리즘이 일상화되어 있습니다. 주민들이 억울하거나 힘들거나 해결해야 할 일이 있으면 신문사를 찾아와요. 35년 동안 우리는 다 밑에서 발굴해서 기사를 썼어요. 주민들은 언론이 어떤 역할을 하고 왜 필요한지 몸으로 알고 있지요. 호랑이 발자국을 발견했다고, 꽃이 피었다고 신문사에 전화하는 사람도 있어요. 그러면 우리는 '기삿거리 안 돼요'가 아니라 '한번 가볼게요' 하고 갑니다. '〈옥천신문〉은 기자들이 직접 와서 내가 말한 것 이상으로 잘 써주는구나' 하고 믿게 되면 주민들도 뭐든 말하고 싶어지지요."

이렇게 말하는 황 대표가 꼽는 한국 언론의 가장 큰 문제는 지역과 그곳의 주민들을 외면하는 것이다. 기자들이 서울에만 아등바등 모여 있을 게 아니라 그들을 진짜로 필요로 하는 곳, 변방으로 와야 한다는 말이었다. 그는 "지역은 다 버릴 겁니까. KBS, MBC 등 공영 방송은 좌도 우도 아니고 아래로 가서 주민들과 어떻게 접촉면을 넓히고 필요한 방송을 할 것인가 고민해야 합니다"라고 말했다. 공영 방송은 지역 뉴스 시간을 확보하고, 지역에서 일하는 기자와 PD를 더 뽑고, 축소되거나 통합되었던 지역국을 살려내야 한다. 지역에 필요한 공공성에 대한 지향도 비전도 없이 주민들의 지지를 얻을 수는 없다. "소외된 지역은 뉴스 아이템의 보고입니다. 맨날 서울에 갇혀 똑같은 기사만 쓰는 건 낭비예요"라는 황 대표의 말은 지역 언론의 존재 가치를 보여준다.

위 청산별곡 벽에 붙어 있는 지역 주민들의 사진.
아래 청성면을 지나던 길에 고구마를 수확하는 주민들을 본 황민호 대표가 갑자기 차를 멈춰 세웠다.

현장과 지역을 중심에 두는 풀뿌리저널리즘스쿨

 황민호 대표는 〈주간영동〉 기자들의 기사를 최종 확인하는 역할을 한다. 오후 6시 지면 마감을 앞두고 황 대표는 다시 영동군으로 향했다. 〈주간영동〉은 청산면 소식을 담는 〈청산별곡〉으로 시작했다가 옥천, 보은, 영동 등 세 군의 소식을 담는 신문으로 확대했다. 그러자 〈옥천신문〉이 있는 옥천군, 〈보은사람들〉이 있는 보은군에 비해 건강한 지역 신문이 없었던 영동군에서 구독자가 눈에 띄게 늘었다. 이에 황 대표는 2023년 11월 〈청산별곡〉의 제호를 지금의 〈주간영동〉으로 바꾸고 영동군 취재에 집중하기로 했다.
 〈주간영동〉에는 황민호 대표, 이안재 편집국장(전 〈옥천신문〉 대표)을 포함한 기자 세 명과 풀뿌리저널리즘스쿨 인턴 기자, 시민 기자 등이 활동한다. 풀뿌리저널리즘스쿨은 '지역'과 '현장'을 중심으로 운영되는 곳으로 언론사 지망생들에게 〈주간영동〉 기자로서 현장에 나가 직접 아이템을 찾고 기사를 쓰게 한다. 이곳의 원칙은 하루에 한 사람의 주민이라도 붙잡아 서너 줄의 인터뷰 기사라도 써내는 것이다. 이렇게 쓴 글은 〈주간영동〉의 '길 위에서 만난 사람들' 코너에 실린다. '내가 가르쳐주는 것보다 주민들에게 배우는 편이 빠르다'는 황 대표의 철학 아래 기자들은 약 3개월간 지역의 농촌을 경험하고, 현장에서 자유롭게 주민들을 취재한다. 이렇게 훈련받은 풀뿌리저널리즘스쿨 출신의 약 30퍼센트는 〈옥천신문〉 혹은 타 지역 언론사에 입사해 지역에 남는다고 한다. 물론 현장 경험을 토대로 서울의 종합 일간지에 입사하는 이들도 있다.

인턴 기자들의 숙소는 청산면에 마련했다. 이들에게는 한 달 숙박비와 식비 정도만 받고, 매달 활동비는 별도로 지급한다. 지원자가 많아 인턴 기자를 더 많이 뽑고 싶지만 비용 부담 때문에 한 번에 두세 명밖에 뽑지 못한다. 어려운 재정 상황은 황 대표가 가장 고민하는 부분이다. 풀뿌리저널리즘스쿨 외에도 〈주간영동〉, 청산별곡 등 커뮤니티저널리즘센터 활동과 황 대표의 지역 사회 활동은 모두 공모 사업이나 후원금으로 운영하고 있다. 나머지는 황 대표가 사비로 부담하는데 이렇게 쌓인 빚도 제법 있다. 한편 〈옥천신문〉은 구독료 40퍼센트, 광고료 40퍼센트, 기타 사업 20퍼센트의 비율로 운영되며, 공익 사업 외에는 특별한 사업 없이 기사에 집중하고 있다.

마감을 앞둔 〈주간영동〉 사무실은 청년 기자들의 열기로 가득 차 있었다. 나는 이곳에서 두 명의 기자와 대화를 나누었다. 풀뿌리저널리즘스쿨에서 일한 지 4일 차였던 한 기자는 "직접 현장에서 경험해봐야 알 수 있겠다는 생각이 들어서 반가운 마음에 인턴 기자에 지원했어요. 취재원과 적절한 거리를 유지해야 한다는 말과 지역민과 밀착하는 게 중요하다는 말이 상충되는 것 같아 혼란스럽기도 했습니다"라고 말했다. 5개월간의 인턴 생활을 끝내는 마지막 출근을 앞두고 있던 또 다른 기자는 "현장에 가니 저도 모르게 빨려들게 되고, 취재에 애정이 생기더라고요"라며 거의 모든 취재에서 직접 지역민을 만났다고 자랑스러워했다.

〈옥천신문〉에서 근무하는 기자 가운데 이훈, 김기연, 유일하 기자는 풀뿌리저널리즘스쿨 출신이다. 2021년에 입사한 이훈 기자는 인턴 때나 지금이나 〈옥천신문〉을 특별하게 생각한다. 문턱이 낮은 신문이기 때문이다. 그는 중앙 언론사의 인턴 기자는 평기자를 보조하거나 보도 자료를 쓰는 경우가 다수인데, 풀뿌리저널리즘스쿨 인턴 기자들은 현장에서 마음껏 뛰어놀 수 있다며 "서울에서 중앙 언론사를 준비하며 가지고 있던 가치관이 다 뒤집어졌어요"라는 이야기를 들려주었다. 지난해 2월 입사한 유일하 기자도 수도권 출신이다. 유 기자는 "지역 소멸 등의 단어는 전국지에도 나오지만 실제 문제 해결을 위한 노력은 안 보였는데, 풀뿌리저널리즘스쿨은 같이 고민하고 목소리를 내는 곳이었어요. 지역의 현장에서 배우고 기사를 쓰며 지역 언론에 매료되었습니다"라고 말했다.

황 대표는 〈주간영동〉에서 주말마다 12명의 청소년 기자단과 함께 라디오 방송 녹음도 하고 있다. 대본은 없고 '학생 인권', '청소년 바우처' 등 황 대표가 정하는 주제로 즉석에서 진행된다. 일주일에 두 편의 방송을 녹음하고 편집하는 청소년 PD도 있다. 기자단 소속 청소년들은 남은 시간에는 다양한 아이템으로 직접 기사를 쓴다. 이들에게는 원고료를 지급하고,

완성한 글은〈주간영동〉지면에 싣는다. 이런 과정이 곧 비판적 사고를 위한 '미디어 리터러시'이자 소수자의 공론장 참여가 아닐까.

새로운 주민을 만나면 특종

〈옥천신문〉의 기사는 대다수가 단독이자 특종이지만, 새로운 주민을 만날 때면 더욱 귀한 특종이 된다. "새로운 사람을 발굴할 때 가장 신이 나요. 기자들은 '여태껏 등장하지 않은 주민이 있었네. 인터뷰해야겠다!'라며 좋아합니다"라는 이훈 기자의 말처럼 말이다.

〈옥천신문〉 기자들은 대부분 20~30대다. 저연차 기자가 36년 주민 자치의 역사를 취재하는 일은 버거울 수도 있지만, 기자들이 각 단계마다 취재 내용을 공유하고 서로 피드백하며 일하기 때문에 경력과 관계없이 기사를 완성해낼 수 있다. 이현경 〈옥천신문〉 기자는 "우리에게는 신문을 같이 만든다는 절대 가치가 있어요. 교정도 다 같이 보고 서로 기사도 봐주지요. 제가 쓴 기사도 후배들이 보고 문제가 있으면 이야기를 해줘요. 같이 만들고 같이 책임지는 구조입니다"라고 말했다. 정보를 잘 공유하지 않으려는 분위기가 있는 중앙 언론사와는 다른 모습이다.

〈옥천신문〉 기자가 되려면 꼭 옥천에 살아야 한다. 옥천군 청산면이 고향인 김기연 기자를 제외한 나머지 기자들은 모두 타 지역 출신이지만 현재 옥천에 살고 있다. 이 방침은 황민호 대표가 만들었다. 황 대표는 "제가 처음 입사했을 때 선배들은 다 대전에서 출근하고 저만 옥천에 살았어요. 내가 부대끼며 살아야 내 지역이 되지요. 여기 살아야 지역을 대상화하지 않고 우리 지역을 우리 시선으로 볼 수 있어요"라고 말했다. 입사 4년 차인 양유경 기자도 서울의 한 인터넷 매체에서 일하다가 〈옥천신문〉에 입사하면서 옥천으로 이사했다. '인터뷰 전문 기자'가 되고 싶었으나 매일 써야 하는 보도 자료만으로도 시간이 턱없이 부족하고, '언론사 입사자 단톡방'의 수많은 기자들이 같은 이슈를 더 빠르게 좇으려 하는 모습에 회의감이 들었던 양 기자는 결국 서울을 떠나 옥천으로 왔다.

"〈옥천신문〉 합숙 면접 땐 자료 하나를 쓰더라도 시간을 충분히 들여서 쓰게 했고, 기사에 관점을 담아야 한다고 강조했어요. 이 회사는 나와 같은 가치관을 갖고 있다고 생각했지요."

기자들 모두가 옥천에서 생활하니 자연스럽게 옥천의 현안은 '나의 일'이 된다. 양수철 기자는 기후 위기로 인한 농작물 피해 현황을 추적해 쌀, 배추 등 작물별로 나누어 연속 보도했다. 직접 현장을 다니며 농민들을 만나 보니 상황은 더 처참했고, 작물별로 피해 상황과 필요한 대책도 달랐다. 일상에서 현장을 직접 봤기에 기후 위기로 인해 농작물이 피해를 입어 가격이 오른다는 차원의 보도를 넘어 구체적인 지원책을 요구할 수 있었다. 그가 이재명 대통령 취임 한 달 기자 회견에서 하려고 했던 질문에도 농작물 피해 관련 내용이 있었다.

신문 있는 마을

〈옥천신문〉의 유료 부수는 2500부다. 월 1만 원의 구독료를 내면 온라인 기사와 종이 신문을 받아볼 수 있다. 특별한 사업 없이 좋은 기사와 구독료에 의존해 운영하다 보니 경영은 늘 어렵지만, 〈옥천신문〉의 영향력은 2500부를 넘어선다. 주민들끼리 수시로 기사를 공유하고 일상적으로 토론하면서 4만 8000여 명의 옥천군 주민에게 퍼지기 때문이다.

읍내에서 식당을 운영하며 축구 동호회에서 활동하는 20대 김종규 씨는 축구하는 주민들이 〈옥천신문〉에 등장하면 동호회 회원들에게 사진을 찍어 보내준다. 〈옥천신문〉을 구독하지 않는데 본인이 나온 지면을 받고 싶어 식당으로 찾아오는 손님도 있다. 어릴 때 대전으로 이사를 갔던 김 씨는 스무 살 이후 옥천에 다시 돌아왔는데, 지역민들은 그에게 "적응하려면 〈옥천신문〉 보는 게 도움이 된다"고 했다. 그때부터 김 씨는 매주 한 시간씩 앉아서 〈옥천신문〉을 끝까지 읽는다. 김 씨는 "내가 나오고 내가 아는 사람이 있어서" 〈옥천신문〉을 본다고 했다.

CU 옥천청산점의 박철용 점주는 옥천 지역 월간지〈월간 옥이네〉를 편의점 테이블에 비치하고, 형광펜을 쳐놓은〈옥천신문〉과〈주간영동〉지면을 벽에 붙여 편의점을 찾은 주민들이 자유롭게 보고 이야기를 나눌 수 있게 한다. 편의점에 신문이 붙어 있는 '진귀한' 광경을 보기 위해 나는 CU 옥천청산점을 찾았다. 박철용 점주는 내게 "어르신들이 가끔 잘못된 정보를 얘기할 때가 있는데, 신문에 정확한 팩트가 있으니 보면서 얘기 나누면 좋을 것 같아 붙이기 시작했어요"라고 설명했다. 이렇게 쓰임새가 많다 보니〈옥천신문〉을 훔쳐 가는 일도 종종 있다. 그래서 신문사에는 누가 신문을 훔쳐 갔으니 다시 보내 달라는 전화가 종종 온다.

　신문 안 읽는 시대, 뉴스 안 보는 시대라고 하지만 옥천 주민들 삶의 중심에는〈옥천신문〉이 있다. 주민들은 문제를 해결하는 과정에서 지역 신문을 일상적으로 활용한다.〈옥천신문〉온라인 홈페이지 '여론 광장'에는 매일같이 주민들의 글이 넘쳐난다. 2017년에는 익명의 옥천고등학교 학생이 학교 체육대회의 '여장남자' 행사와 이 행사에서 학생을 성희롱한 교감 선생님을 비판하는 글을 올렸다. 이후 교내에서 글을 올린 사람을 색출하는 작업이 시작되고 피해자에 대한 비난과 협박이 이어지자, 또 다른 학생이 실명을 밝히며 다시 문제를 제기했다. "내가 글을 쓰면 어떤 불이익을 받을지 알고 있지만 나는 목소리를 내겠다"는 내용이었다. 이후 해당 교감은 전출됐다.

이처럼 옥천의 청소년들은 미디어를 적극적으로 활용한다. 이는 지역 내에서 활발히 이루어지는 청소년 미디어 리터러시 교육 덕분이기도 하다. 2021년 개국한 옥천FM공동체라디오는 개국 당시부터 청소년들과 적극적으로 교류하며 다양한 프로그램을 운영한다. 한번은 중학교 3학년 때 옥천FM에서 활동하던 학생들이 고등학교에서는 방송부 활동이 활발히 이루어지지 않는다며 옥천FM에 도움을 요청한 일도 있었다. 결국 이 학교의 선생님들과 옥천FM 운영진이 소통한 끝에 학교 방송부가 다시 활성화되었다고 한다.

2023년부터는 〈옥천신문〉과 옥천FM이 함께 청소년을 대상으로 '이주의 〈옥천신문〉' 활동을 진행하고 있다. 옥천고, 충북산업과학고 방송부 학생들이 매주 〈옥천신문〉을 읽고 '이주의 〈옥천신문〉'을 선정하고, 한 달에 한 번 옥천FM에 모여서 선정 기사를 토대로 라디오 방송을 한다. 2024년부터는 이 활동이 충북교육청 옥천교육지원청에서 정식 교육 과정으로 인정받아 학교생활기록부에도 기록되고 있다. 청소년들의 활동은 〈옥천신문〉 기자들에게도 의미가 크다. 주 독자가 50~60대 남성이었던 〈옥천신문〉의 독자층을 넓혔고, 청소년의 시각에서 볼 때 주요한 기사가 무엇인지 알 수 있는 계기가 되었다. 또한 청소년들의 생생한 피드백을 직접 받으면서 기자들은 더 열심히 취재해야겠다는 동기를 얻기도 한다.

이런 활동을 통해 청소년들은 지역에 대한 애정 또한 키울

위 〈옥천신문〉과 〈주간영동〉 지면을 가득 붙여놓은 CU 옥천청산점 벽면.
아래 매주 금요일 새벽 4시 〈옥천신문〉 사무실에 모여서 신문을 접어 봉투에 넣는 일을 하는 옥천 지역 노년 여성들.

수 있다. 이현경 기자는 "(지역 청소년들은) 농촌에서 태어나 서울을 바라보며 큽니다. 나고 자란 곳에 대한 열등감을 내면화하며 자라는 것이죠. 청소년들은 비판적인 기사라도 그걸 계기로 지역에 대해 알게 되면 애정이 생긴다고 말합니다"라고 했다. 이해수 옥천FM 편성국장도 "청소년들이 원래는 옥천을 떠나야 한다는 생각을 많이 했는데, 이 활동을 하며 옥천에서 살아봐도 괜찮을 것 같다는 이야기를 많이 하더라고요"라는 말을 전했다. 그 역시 옥천에서 청소년기를 보냈지만 옥천을 잘 몰랐고 신문에도 큰 관심이 없었다. 그러다 2019년 안전 검증 없이 진행된 수소연료전지 발전소의 조성으로 지역 사회가 혼란스러울 때 〈옥천신문〉에 실린 주민들의 목소리를 접하며 신문의 중요성을 알게 되었다. 그는 〈옥천신문〉 시민 기자로 활동하다가 옥천FM이 개국하면서 청소년 미디어 리터러시 교육을 시작했다. 그와 함께하는 청소년들은 자기 이름으로 〈옥천신문〉을 구독하고, 기사를 읽고 자신의 생각을 정리해 다른 청취자들에게 전한다.

 매주 종이에 인쇄되는 〈옥천신문〉을 가장 먼저 만나고, 이를 접어서 봉투에 넣는 일을 하는 지역의 노년 여성들도 자부심을 갖고 일한다. 원래 신문 접기를 외주 인력에 맡기던 〈옥천신문〉은 '외주를 비판해온 언론사가 외주 용역을 주면 안 된다'는 문제의식으로 2016년부터 지역의 노년 여성들을 직접 고용하기 시작했다. 이 여덟 명의 여성들은 매주 금요일 새벽 4시에 〈옥천신문〉 사무실에 모여 약 세 시간 동안 신문을 접어 봉투에 넣는다. 오전 5시에 〈옥천신문〉 사무실에서 만난 72세 김화숙 씨는 "힘들어도 여럿이 하니 재미있어. 우리가 이렇게 해내야 신문이 배부가 되지. 우리가 이걸 해서 서울이고 부산이고 옥천 소식을 전한다는 게 얼마나 좋나"라고 말했다. "용돈도 벌고 이런 자리가 있어서 얼마나 좋나. 주어진 분야에서 사명감을 다해야 한다. 그래야 이 자리에 앉아 있지"라던 77세 한종순 씨의 말에서도 자부심이 묻어났다.

앞서 소개한 〈경남신문〉의 '심부름센터'와 〈부산일보〉의 '산복빨래방'은 지역 종합 일간지에서 '특별한' 기획을 통해 주민들과 밀접하게 소통할 수 있는 접점을 만들어낸 사례다. 이러한 접점은 사실 황민호 대표에게는 일상이다. 주민들 곁에 매일 함께하면서 아침에는 도시락 배달을 하고, 점심에는 같이 밥을 먹고, 저녁에는 아이들을 차에 태워 귀가시키는 그의 24시간은 그 자체로 '지역 밀착'이다. 독자들의 피드백을 받는 일 역시 〈옥천신문〉 기자들에게는 일상이다. '이주의 〈옥천신문〉'을 통해서는 청소년에게 기사를 평가할 권한을 주었고, 풀뿌리저널리즘스쿨과 옥천FM에서는 일상적인 미디어 교육을 실시하고 있다.

이처럼 〈옥천신문〉에서는 일상 속에 녹아드는 것을 매우 중요하게 여긴다. 주민들은 언제든 지역 언론에 참여하고, 신문사는 다양한 방식으로 생활 속에서 미디어 교육을 실시한 덕분에 옥천의 지역 사회는 매우 높은 수준의 저널리즘을 확보하게 되었다. 수준 높은 독자들이 기자들의 취재력을 끌어올리고, 기자들은 더 나은 기사를 통해 주민들의 저널리즘 수준을 끌어올리는 선순환 속에서 〈옥천신문〉은 지난 36년간 지역 사회의 기초 체력을 만들어왔다. 〈옥천신문〉이 지역 신문 중에서도 상대적으로 높은 수준의 기사를 선보일 수 있었던 데는 이런 배경이 있었다. 그 밖에도 옥천에는 옥천FM, 〈월간 옥이네〉 등 다양한 미디어가 활동하고 있다. '창간호가 곧 폐간호'라는 말이 있는 잡지계에서 〈월간 옥이네〉는 최근 100호를 맞이했다.

〈옥천신문〉 기자들에게서는 유독 자부심과 자신감이 느껴졌다. 그들이 청소년에게 적극적으로 신문을 보여주고, 기사에 대해 평가받는 것도 이러한 자부심의 일면이 아닐까. 다른 지역 신문들이 각기 시도했던 주목할 만한 기획을 〈옥천신문〉 한 곳에서 다 찾아볼 수 있었을 만큼 〈옥천신문〉은 과연 지역 언론의 롤 모델이라 할 만했다. 〈옥천신문〉을 수식하는 '풀뿌리 지역 언론의 대명사'라는 말은 결코 허황된 말이 아님을 옥천 곳곳을 누비며 분명히 확인할 수 있었다.

주간함양

함양에서 인턴 기자로 한 달 살기

각 지방자치단체에서 청년 인구 유입을 위해 '지역에서 한 달 살기' 프로그램을 운영한 지는 꽤 오래되었다. 이는 청년들에게 지역에서 살아볼 수 있는 기회를 제공하여 지역의 '관계 인구'를 늘리기 위한 노력이다. 관계 인구란 인구 감소 시대의 새로운 대안으로 제시된 개념으로, 그곳에 살고 있는 사람(정주 인구)이나 잠깐 들르는 사람(관광 인구) 사이의 모든 인구를 의미한다. 지자체에서는 새로운 인구를 지역에 바로 정착시키기는 어렵기 때문에 지역을 방문하거나 여행을 오거나 일을 하며 지역과 천천히 관계를 맺는 사람을 늘려나가는 것에 집중하고 있다.

관계 인구를 늘리기 위한 대표적 프로그램이 바로 지역에서 한 달 살기이다. 한 달 살기의 유형은 다양하다. '워케이션^{wor-kation(work + vacation)}' 프로그램을 운영해 지역에서 일도 하고 여행도 할 수 있게 지원금을 제공하기도 하고, 귀농·귀촌을 원하는 도시민을 대상으로 한 달 살기 체험 프로그램을 운영하는 지자체도 있다. 사람들이 다양한 방식으로 지역에 찾아와 지역 경제를 활성화시키고, 나아가 지역을 익숙하게 여기며 정착할 수 있게 하려는 시도들이다. 그러나 지역에서 한 달 살기의 이면도 있다. 한 달 살기를 묘사하는 단어 중 하나인 '촌캉스'는 시골을 뜻하는 '촌'과 '바캉스'의 합성어로, '시골에서 즐기는 휴가'라는 가벼운 이미지로 홍보되고 실제로도 여행이 끝나면 떠나버리는 수박 겉핥기식으로 운영되는 경우가 많다. 지역민들도 찾아온 이들을 어차피 떠날 사람들이라는 회의적인 시각으로 바라보기 일쑤다.

이런 일반적인 경우와 달리, 경상남도 함양에서는 지역 언론의 기자로 일하며 한 달을 살아볼 수 있다. 함양의 지역 주간지 〈주간함양〉과 지자체의 협업으로 이루어지는 '〈주간함양〉 인턴 기자 3주 코스' 덕분이다. 이 프로그램을 통해 참가자들은 약 한 달 동안 기자로서 함양 곳곳을 다니며 지역민들을 만날 수 있다. 만나서 인터뷰도 하고, 촬영도 하고, 숙소로 돌아와 기사도 쓴다. 지자체의 한 달 살기 프로그램에 지역 신문사가 잠시 개입하는 수준이 아니라, 참가자들이 기자이자 주민이 되어 '내가 이곳 주민이라면 어떤 삶을 살게 될까'를 자연스럽게 떠올리며 머물게 하는 방식이다.

〈주간함양〉 인턴 기자 프로그램은 함양의 청년 한 달 살기 프로그램 '고마워, 할매' 프로젝트의 일환이다. 함양의 청년 농업 법인 '숲속언니들'이 운영하는 '고마워, 할매'는 2022년 행정안전부의 '청년 마을 만들기' 사업으로 선정되면서 문을 열었다. '시골 할매'와 '도시 손녀'의 연결과 공존을 목표로 하는 이 프로젝트는 시골 인구에서 큰 비중을 차지하는 노년 여성과 도시에서 온 청년 여성이 교류하는 장을 마련하고 있다. 참가자들은 시장 가판대에서 물건을 팔아보기도 하고, 밤에는 공원에서 달빛 체조를 함께하며 지역민이 되어보는 경험을 한다. 단순히 보여주기식 행사가 아니라, 함양에서 살아가는 '나'의 삶을 자연스럽게 떠올려볼 수 있다. 실제로 프로그램에 참여했다가 함양에 정착해 '고마워, 할매' 프로젝트를 진행하고 있는 참가자도 있었다.

프로그램의 형태는 매번 조금씩 달라지는데, 나는 〈주간함양〉 인턴 기자 3주 코스가 진행되던 2023년 7월에 찾아가 이 프로그램을 깊이 들여다보았다. 참가자들은 할머니의 집을 찾아가 음식을 배우며 인터뷰를 하고, 레시피를 기록해 기사로 완성해보는 프로그램에 참여하고 있었다. 교육 3일 중 하루는 지역 언론의 필요성을 배우는 데 할애되었다. 지역 언론에 대해 들어본 적이 거의 없을 인턴 기자들에게 지역 언론의 역할과 다양한 활동을 알려주는 시간이다. 〈주간함양〉 기자와 PD들은 이 모든 프로그램에 동행하며 참가자들의 인터뷰와 촬영을 진행하기도 했다.

처음 이 프로그램에 대해 들었을 때 눈이 번쩍 뜨였다. '인

숲속언니들이 운영하는 '고마워, 할매' 프로젝트 활동.

턴 기자로 일하며 함양에서 한 달 살기를 할 수 있다니 얼마나 참신한가!' 내가 아는 인턴 기자는 엄격하고 치열한 과정 끝에 선발되었지만 인턴 기간 내내 경쟁으로 스트레스를 받거나, 정규직 기자의 '나머지' 업무를 도맡아 하며 '내가 이러려고 고생해서 기자가 되었나' 한숨을 쉬는 주변부 직종이었다. 그러나 〈주간함양〉의 인턴 기자들은 인터뷰, 촬영, 기사 작성 등 실제 기자의 업무를 배우면서 지역민과 소통하고 지역의 삶을 몸소 체험하고 있었다. 인구 감소에 대응할 방법을 치열하게 고민하던 지역 언론과 지역민이 함께 고안한 번뜩이는 아이디어가 그곳의 삶이 궁금해서 찾아온 사람들을 지역 안으로 더 깊숙이 끌어들이고 있었다.

〈주간함양〉을 찾은 날 오후, 나는 운 좋게도 막 교육이 끝난 청년 참가자 세 명을 만나 이야기를 들어볼 수 있었다. 인천에서 온 한 참가자는 취업을 준비하던 중에 수도권 바깥에서의 삶을 생각해보고 싶었고 "지역에 와도 대개는 주민들과 소통할 기회는 적은데 인턴 기자 체험에는 그런 기회가 있어 신청했어요"라고 말했다. 참가자들은 공통적으로 '함양'이어서라기보다는 '인턴 기자 코스' 때문에 이 프로그램을 신청했다고 말했다. 3주간 기자로서 활동하며 기록을 남기기 때문에 프로그램이 끝난 후에도 남는 성과와 만족감이 있고, 할머니들과 친밀하게 교류할 수 있다는 부분이 청년들의 마음을 두드렸다.

청년들에게 지역 언론이 생소한 만큼 그곳의 기자로 일할 수 있는 기회 역시 특별했다. 프로그램 4일 차였던 이날, 대구에서 온 한 참가자는 내게 "사명감을 느껴요. 흠뻑 젖어가고 있습니다"라고 말했다. 그는 자신이 인터뷰한 내용을 바탕으로 책자도 발간하고, 영상도 만들고, 지면 기사도 나갈 예정이라며 눈을 반짝였다. "〈주간함양〉 기자님들과 숲속언니들의 설명을 들으니 열심히 해야겠다는 열의가 생겨요. 이곳에 보탬이 되고 싶고, 좋은 콘텐츠를 만들어야겠다는 사명감이 생기고요"라는 그의 말에 나 또한 마음이 들썩였다.

지역 언론 기자로 활동하며 그들은 함양에서의 미래도 생각해보게 되었다. 인천에서 온 참가자는 취재하고 글을 쓰는 모든 과정에서 큰 자율성이 주어졌다며, 덕분에 함양에서 무엇을 즐길 수 있고 어떤 것을 만들어갈 수 있는지 자연스럽게 떠올려볼 수 있었다고 말했다. 서울에서 온 참가자도 인턴 기자 프로그램이 "겉치레가 아니라, 기자가 되면 할 수 있는 일들을 진짜로 준다는 것에서 책임감을 느꼈어요. 이 프로그램만 하고 떠날 사람이라는 생각이 안 들게 해주셨거든요"라고 말했다. 각 지자체에서 한 달 살기 프로그램을 통해 거두고자 하는 성과가 정확하게 이루어진 흔치 않은 사례다. 함양의 프로그램이 성공할 수 있었던 가장 큰 요인은 바로 '지역 언론 기자'로서의 경험을 결합했다는 부분이다.

외지인이 지역에 정착하기 어려운 이유와 인턴 기자 프로그램이 그 어려움을 해소할 수 있었던 이유를 함께 짚어준 참가자도 있었다.

"지역에서 살기 어렵다고 생각한 부분들이 있었어요. 지역 주민들이 (외지인에게) 마음을 여는 게 쉽지 않고, 보통은 새로 온 사람이 지역민의 마음을 계속 두드려야 하는데 그것도 쉽지 않잖아요. 그런데 이곳에서는 인턴 기자 프로그램을 주관한 분들이 제 마음을 먼저 두드려주셨어요."

지역에서 지내다 현재는 서울에서 살고 있다는 참가자가 자신의 경험을 바탕으로 해준 말이었다.

함양의 인턴 기자 프로그램은 지역 언론이 지자체와 협업해 이루어낸 좋은 사례다. 지역 언론 기자로서 지역민을 만나고, 그들의 삶에 밀착해 함께 호흡하는 방식은 수박 겉핥기식 지역 체험을 넘어설 수 있게 한다. 다른 지자체에서도 지역 언론사와 함께 충분히 도전해볼 만한 일이라고 생각한다. "최상의 미디어 리터러시는 모두가 저널리스트가 되는 것"이라는 〈옥천신문〉 황민호 대표의 말처럼, 외지인이 지역에 뿌리내리는 최상의 방법은 지역 언론 기자가 되는 것일 수 있다.

사실 함양은 수도권 사람들에게 잘 알려진 곳은 아니다. 인턴 기자 프로그램에서 볼 수 있었듯이 〈주간함양〉은 함양을 알리는 데 긍정적인 역할을 하고 있다. 〈주간함양〉의 기자와 PD들이 발품 팔아 인터뷰한 함양의 주민들을 타 언론사에서 취재하러 오는 경우도 많다. 함양에서 '도하 비건베이커리'를 운영하는 김다솜 씨는 〈주간함양〉과의 인터뷰 이후 KBS '한국인의 밥상'과 '생생투데이 사람과 세상' 등에 출연했다. 최학수 〈주간함양〉 PD가 참여하는 청년모임은 EBS '고향민국'에 소개되기도 했다. 하회영 〈주간함양〉 미디어국장은 "다른 언론사에서는 '함양'이라는 단어 자체를 찾기 어려워요. 포털 사이트에서도 마찬가지고요. 우리는 4만 인구도 안 되지만, 그 사람들도 사람이지 않나요. 우리도 살고 있다는 것을 알려줄 사람, 내 이야기를 해줄 수 있는 사람이 되는 게 지역 언론의 역할이라고 생각합니다"라고 내게 힘주어 말했다.

주민이 주인인 신문사

〈주간함양〉은 함양에 건강한 지역 신문이 있어야 한다는 뜻에서 최경인 대표가 직접 제작한 소식지를 시작으로 만들어진 주간지로, 2025년 창간 23주년을 맞았다. 편집국장은 30대의 6년 차 김경민 취재 기자가 맡고 있다. 적은 연차에 편집국장이 된 데는 '젊은 사람들이 신문사를 이끌어야 한다'는 대표의 뜻이 크게 작용했다. 하회영 미디어국장은 "보통 지역 언론에는 나이 많은 경력 기자들이 지원하지만, 우리는 무조건 젊은 기자를 뽑으려 노력했어요"라고 말했다. 이런 방향은 신문사의 지속 가능성 및 성장과도 맞닿아 있다. "우리 신문사는 어느 정도 토대가 마련되어 있으니 젊은 기자들과 함께 일하며 같이 성장하고 싶었습니다"라는 하 국장의 말처럼 〈주간함양〉을 이끌어가는 사람들은 청년 기자들이다. 실제로 취재 기자와 PD 모두 20~30대 청년이다.

〈주간함양〉은 군민주郡民株로 출발한 신문사다. 지금도 수익은 군민들에게 받는 구독료와 광고료, 지역 이야기를 할 수 있는 다양한 사업들로 채운다. 대표적인 사업으로 함양 민간인 학살 사건 희생자 유족을 1년 동안 인터뷰해 구술집을 발간하고 신문 지면에 남겼던 일을 꼽을 수 있다. 2023년 4월부터는 청년 기자들의 제안으로 카카오톡 채널을 통한 뉴스브리핑 서비스도 제공했다. 카카오톡 채널 구독자들의 후원과 공연이나 동창회 등 지역민들의 광고가 많아졌다고 한다.

함양의 인구는 약 3만 6000명이다. 인구가 적은 지역이다 보니 〈주간함양〉 기자들에게는 언제나 사람이 가장 중요하다. 김경민 편집국장은 "인구 감소 추세를 벗어나기 힘든 상황이라면 함양에 사람이 있다고 기록하는 게 지역 신문 기자로서의 직업윤리"라고 말했다. 그런 생각으로 〈주간함양〉은 10년이 넘도록 매주 1면에 주민들의 인터뷰 코너 '지리산인'을 실었다. 보통의 신문사는 1면 머리기사에 그날의 가장 중요한 이슈를 싣지만, 〈주간함양〉은 지역에 사는 평범한 사람들 모두가 주인공이라는 뜻에서 '지리산인'의 1면 배치를 고수했다. 10년이 넘는 시간 동안 이 자리에 축적된 지역민의 귀중한 목소리는 이제 함양의 역사가 되었다.

신문의 가장 중요한 자리를 채우는 이들이 지역민이라는 것은 이 신문이 지향하는 바를 보여준다. 1면에 시민 인터뷰가 실리는 일은 서울의 종합 일간지나 지역의 광역 일간지 등에서는 거의 찾아볼 수 없는 사례다. 아주 특이한 개인이 나타나거나 유명인에게 특별한 사건이 일어나지 않는 이상 보통 일간지 1면은 정치나 경제 기사, 혹은 사회적으로 큰 파장을 일으킨 사건 등으로 채워진다. 좀 더 정확히 말한다면 신문의 1면은 권력자들의 공간이다. 일례로 2025년 초 양우식 경기도의회 운영위원장(국민의힘, 비례)이 경기도의회 주요 의정 소식을 다음 날 1면에 싣지 않으면 언론사 홍보비를 제한하겠다는 발언을 해서 당 윤리위원회에 회부된 일도 있었다. 다시 말해서 매주 1면에 지역민 인터뷰 코너를 싣는 것은 언론사 전체의 결단이 필요한 일이기도 하다. 그런 면에서 〈주간함양〉의 주인은 함양 군민임이 분명하다.

〈주간함양〉을 찾은 여름, 나는 기자들의 '지리산인' 인터뷰에도 동행할 수 있었다. 이날 기자들은 〈주간함양〉 사무실 뒤편에 있는 시장 골목에서 주차 관리를 하고 있는 이경일 씨(69세)를 만났다. "저 친절한 주차 관리원이 누구인지 궁금하다"는 지역민들의 전화를 여러 통 받고 나선 길이었다. 기자들은 주차 관리 업무를 하고 있는 이 씨 옆에 서 있다가 짬이 날 때마다 이야기를 듣고 기다리기를 반복했다. 함양에서의 삶, 주차 관리원으로 일하는 마음가짐 등 그가 들려주는 인생 이야기를 꼼꼼히 기록했다. 이 씨는 인터뷰를 통해 소통의 중요성을 더 많은 사람들에게 알릴 수 있어 좋다며 기자들의 손에 연신 음료수를 쥐여 주었다.

지역민에게 집중한다고 해서 지역 정치권 문제를 소홀히 다루는 건 아니다. 〈주간함양〉은 2022년 함양 언론사 최초로 지방선거 기간에 군수 토론회를 주최하고, 선거 투표 및 개표를 생중계했다. 기초자치단체인 함양 주민들만을 위한 방송이 없다는 생각에 〈주간함양〉이 직접 나선 것이다. 경남 창원 등의 큰 방송사가 아니라 함양의 언론사가 직접 주최한 토론회가 이루어졌다는 것에 기뻐하는 주민들이 많았다. 또한 광역 단체장 선거를 중심으로 이루어졌던 기존의 선거 방송과 달리 〈주간함양〉의 생중계는 시·군 관련 정보를 바로 파악할 수 있었기 때문에 주민의 입장에서 매우 유익했다. 〈주간함양〉의 선거 방송은 주민들의 알 권리를 보장하고, 기초자치단체를 감시·견제한다는 측면에서 대단히 중요한 결정이었다.

〈주간함양〉 기자들은 지역민의 삶을 더 잘 이해하고 보도하기 위해 한 달에 한 번 기자가 직접 지역민의 직업을 체험해보는 '체험 함양 삶의 현장' 코너도 운영하고 있다. 이는 '어떤 노동이든 다 가치 있다'는 점을 직접 노동 현장에 들어가 전달하기 위한 기획으로 곽영군 기자가 취재를 도맡고 있다. 곽 기자는 이 기획을 통해 청년들에게 함양에도 이렇게 다양한 직업이 있다는 것을 알려주고 싶다고 했다. 그가 양파 수확, 아파트 청소 등 다양한 직업을 직접 체험하고 주민들과 소통하며 만든 기사와 영상은 지역 주민의 일상과 노동을 아카이빙하는 소중한 자료로 쌓여가고 있다.

나는 이른 아침 지리산으로 둘러싸인 뇌산마을의 수도를 검침하는 김은하 수도 검침원의 직업 체험에 동행했다. 2017년에 이 일을 시작한 김 씨는 스무 곳 안팎의 마을을 다니며 일하는데 뇌산마을에서만 100개의 수도를 검침한다. 아직 원격 검침이 적용되지 않고 땅에 계량기가 있어서 가파른 언덕을 오르내리며 일해야 한다. 수도 계량기 덮개를 열면 온갖 벌레와 쥐, 뱀이 튀어나와 길쭉한 도구와 장갑은 필수였다. 김 씨를 포함해 모든 검침원이 각 집에 있는 개에게 한 번씩 물리기도 했다.

뇌산마을에는 빈집이 많았다. 7년째 매달 뇌산마을을 찾는 김 씨는 이제 마을 사람들의 이름, 얼굴, 가족, 집안 사정을 속속들이 알고 있다. 지난달에 갔던 집의 어르신이 더 이상 안 계시면 '돌아가셨구나' 생각한다. 가끔 마주치는 어르신에게 김 씨의 방문은 '잘 지내고 계신지' 안부를 묻는 인사이기도 하다. 뇌산마을에서 만난 어르신들은 옅은 웃음을 띠고 수도를 검침하는 김 씨와 기자들을 오랫동안 바라봤다. 매번 빈집을 확인하고 어르신들의 안부를 살피는 것은 공무원들도 다 하지 못하는 중요한 역할이다. 〈주간함양〉 기자들은 마을을 직접 돌며 접한 고령화의 현실과 지역민의 이야기를 기사를 통해 세상에 전하고 있다.

위 〈주간함양〉의 인터뷰 코너 '지리산인'을 위해 주차 관리원 이경일 씨를 만난 김경민 편집국장과 곽영군 기자.

아래 〈주간함양〉의 '체험 함양 삶의 현장' 코너를 위해 뇌산마을 수도 검침원 김은하 씨와 동행한 곽영군 기자.

청년도 소수자다

함양은 60세 이상 인구가 50퍼센트를 넘는 고령화 지역이다. 인구 약 3만 6000명의 소도시인 함양의 지역민들은 이곳을 '함양 빌리지'라고 부른다. 한 지역에서 오래 거주한 고령 인구가 대다수이다 보니 모두가 서로를 알고 지낸다는 뜻에서 이런 별명을 붙였다. 단, 청년은 이 '빌리지'에서 예외다. 모두가 서로를 알고 지내는 기성세대에 속하지 못한 청년 세대는 지역에서의 '지속 가능성'에 대해 끊임없이 고민한다. 인구가 감소하는 지역에서 청년인 내가 과연 계속해서 살아갈 수 있을까를 고민하는 것이다.

함양이 고향인 최학수 PD는 시골의 주류 사회에서 떨어져 있을 수밖에 없는 청년층에 주목했다. 그는 함양에 연고가 없는 귀촌 청년뿐만 아니라 자신과 같은 토박이 청년도 시골에서는 '소수자'라고 말했다. 청년은 '귀하고 보이면 좋지만' 지역 사회의 기성세대 입장에서는 '잘 모르는' 존재로 인식되기 때문이다. 기성세대는 지역 사회를 속속들이 알고 있지만, 청년들은 활동 무대가 없다 보니 '엄마 친구 아들'처럼 부모 세대를 거쳐서 알고 있는 경우가 많다. 최 PD는 그런 면에서 항상 결핍을 느껴왔다고 말했다. 그는 이 결핍을 채울 '청년 네트워크'를 만들었다. 함양으로 귀촌한 청년들이 대부분 우울감을 느끼고 있다는 이야기를 듣고 내린 결정이었다. 2022년 최 PD가 만든 청년 모임 '함양청년네트워크 이소'에서는 함양에 사는 120여 명의 청년이 모여 독서, 영화, 글쓰기, 와인, 비건 등 다양한 소모임을 꾸리고 있다. 최 PD는 이소의 대표로 활동하며 취재 과정에서 알게 된 취재원들과 지역의 청년들을 연결하기도 한다.

"함양에 있는 꽃집이 경남청년센터 사업에 선정돼 지원금으로 원데이 클래스를 연 적이 있어요. 100명에게 무료로 진행하는 수업이었는데, 3회 차 취재를 갔을 때 이미 일곱 자리밖에 안 남아 있더라고요. '내가 못 보고 있는 함양의 청년들이 많구나. 내가 느끼는 결핍을 다른 청년들도 느끼고 있구나'를 알게 되었죠. 그때 모임을 시작했습니다. 내가 목마르니까 만든 건데, 고맙다는 이야기를 너무 많이 들었어요."

최 PD는 '청년에게도 공간이 필요하다', '함양에서 이 청년은' 등 지역의 청년에 주목하는 기획 기사도 꾸준히 써내고 있다. 숲속언니들이 만들어낸 '고마워, 할매' 프로그램과 청년 레지던스 플랫폼 '서하다움' 관련 취재도 이어왔다. 서하다움은 청년의 귀농과 귀촌, 정착 및 창업 지원을 위한 플랫폼으로 청년들의 함양 한 달 살기가 지속 가능한 삶이 될 수 있도록 함께하고 있다.

기사를 쓰고 청년들을 연결하는 것만으로는 실질적인 문제 해결에 한계가 있다는 생각에 〈주간함양〉은 2023년 6월 '지방소멸, 함양 청년이 말하다'라는 제목의 함양청년포럼을 열었다. 평소 청년들끼리 이야기하던 문제들을 지역 사회에 공론화할 수 있는 자리였다. 지역의 청년들은 일자리와 주거 공간 부족 등 지역에서 살아가는 데 뒤따르는 어려움을 토로했다. 최 PD는 2023년 지역신문컨퍼런스에서 이와 같은 청년 활동과 취재 내용을 발표했다. 그는 "신문사와 개인, 개인과 공동체, 공동체와 청년 마을 등 다양한 주체가 유기적으로 교류하면서 함양만의 청년 문화가 만들어졌습니다. 과거에는 큰 반응이 없던 청년·청소년 예산 삭감도 군민들이 먼저 나서서 군 의원의 해명을 요구하고 있고요. 지역 신문은 결국 각 개인과 연결돼 있고, 지역 위기를 고민하는 주체입니다. 따라서 지역 신문은 공동체 형성에도 역할을 할 수 있습니다"라고 강조했다.

청년을 소수자라고 표현하는 경우는 별로 없다. 나 또한 소수자라는 단어를 들었을 때 장애인이나 여성, 성소수자, 어린이 등을 떠올렸지 청년을 생각해본 적은 없었다. 〈주간함양〉을 취재하며 청년 기자들과 청년 지역민들의 이야기를 듣다 보니 젊은 사람이 없는 지역에서는 청년이 소수자임을 알게 되었다. 고령 인구가 주류인 지역 사회에서 공동체의 일원이 되지 못하고, 타인에게 끊임없이 내 존재를 설명해야 하며, 의사 결정 과정에서 배제되곤 하는 청년들은 서로 연결될 기회를 찾고 있었다. 이를 알아챈 지역 언론이 청년들이 스스로 목소리를 내고 서로의 존재를 확인할 수 있는 공론장을 만든 덕분에 함양의 청년들은 지역을 떠나지 않고 '지속 가능한 삶'을 더 넓고 깊게 꿈꿀 수 있게 되었다.

지역에도 청년 언론인들이 있다

풀뿌리 지역 언론에도 청년들이 있다. 나는 풀뿌리 지역 언론들의 연대체인 '바른지역언론연대(바지연)'를 통해 많은 지역 언론인을 만났는데, 그중에는 20~30대 청년 기자와 PD도 많았다. 그 가운데는 서로 공감하는 바가 비슷해 친구이자 동료처럼 지내는 이들도 많다. 주말이면 그들이 사는 지역으로 놀러 가기도 하고, 때로는 그들이 서울로 놀러와 여느 친구들처럼 맛있는 걸 먹고 수다를 떨며 시간을 보낸다. 바지연에서 만든 2030 모임에서 지역 청년 언론인들의 내밀한 이야기를 들어볼 기회도 있었다.

지역에서는 청년 언론인이 더 귀하다. 20~30대가 나 하나뿐인 직장에서 일하는 건 어떤 경험일까. 이날 바지연 2030 모임도 지역 청년들의 '외로움' 때문에 만들어졌다. 이번 모임만큼은 자발적으로 지원해서 왔다는 이들이 대부분이었다. 그들이 가장 불안하게 생각하는 지점은 '지속 가능성'이다. 대표, 편집장, 선배들이 약 10년 후 은퇴를 하고 나면 나는 어떻게 되는 거지? 내가 지금의 지역 언론 형태를 이어갈 수 있을까? 저널리즘에 대한 고민 못지않게 회사의 지속 가능성에 대한 고민이 큰 20~30대 기자들을 바라보는 선배 기자들의 심정도 안타깝기는 마찬가지다.

바지연에 소속된 곳은 대부분 신문사이기 때문에 영상 콘텐츠를 담당하는 PD들의 고민은 더 깊다. 인력은 항상 부족하고, PD의 1인 미디어나 다름없는 곳들도 많다. 10~15년 정도 경력의 소위 '허리 라인' 선배가 부족한 것도 문제다. 유출되는 인력이 많아 허리 라인이 없는 상태에서 신입 기자들이 입사하는 일이 거듭되다 보니 기자들의 나이가 '양극화'되고 있다. 풀뿌리 지역 언론은 20~30대 기자들 바로 위가 50~60대인 경우가 많다.

지역 언론에 청년 인력이 부족한 것도 서울중심주의와 맞닿아 있다. 청년들 대다수가 서울로 이동하는 현실에서, 지역 언론의 청년들은 지금의 자리에서 취업과 이직의 적령기인 20대 후반을 날리는 것은 아닌가 하는 현실적인 고민을 하기도 한다. 소규모 지역 언론에서 쌓은 경력은 제대로 인정받지 못해 이직에 불리하게 작용하는 경우가 많다는 고민이다. 이직이 어려워 보이니 젊은 인력은 점점 더 유입되지 않는다.

'귀한' 20~30대 언론인들은 그래서 더욱더 '지역의 청년'에 주목한다. 고령 인구가 압도적인 만큼 지역에서 살아가는 청년의 이야기는 반갑다. 〈진안신문〉의 20대 정도영 기자의 첫 기사는 진안 지역 산꼭대기 풋살장에 매주 모여 풋살을 하는 진안 청년들의 이야기였다.

"우리 진안의 얼마 안 되는 청년들이 풋살을 하고 있었구나! 이거다 싶었어요. 독자들 반응이 너무 좋았습니다. 이제는 선배들이 청년 이야기를 계속 더 써보자고 해요."

여러 가지 현실적인 고민과 어려움 속에서도 청년 언론인들은 '이 일을 계속 하고 싶다, 이 직장이 유지되었으면 좋겠다, 청년들이 더 많이 들어와 같이 일하고 싶다'는 바람으로 지역 언론에서 일하고 있다.

"먹어본 사람만 안다고, 지역 언론을 해본 사람이 지역 언론의 중요성을 아는 것 같아요. 경험해본 사람들만큼은 '지역 언론이 없어지면 안 되는데, 우리가 하는 일이 중요한 일인데…… 계속 하고 싶다'라고 생각하기 마련이에요. 앞으로도 20~30대 청년들이 이 일을 계속해나갈 수 있도록 지속 가능성을 위해 노력하고 싶습니다."

2030 모임에서 만난 〈은평시민신문〉 정민구 기자의 말에 청년 지역 언론인들의 현재와 미래가 모두 담겨 있었다.

뉴스민

주민이 지키는 독립 언론

"〈뉴스민〉을 지켜주세요."

2023년 1월 대구·경북 지역 언론〈뉴스민〉의 편집장이 '〈뉴스민〉을 도와달라'는 칼럼을 띄웠다.〈뉴스민〉은 2012년 대구·경북 지역의 노동자, 농민, 빈민, 여성, 장애인 등 소외된 이들을 위한 기사를 쓰겠다고 선언하며 창간된 언론사다. 창간 이후 10년이 넘는 시간 동안 어렵지 않은 날이 없었지만, 이 무렵은 경제적 이유로 해산까지 고려해야 하는 상황에 놓였다. 기자들은 많은 고민 끝에 '후원의 밤' 행사로 후원 호프를 열기로 했다. 언론사가 후원 호프를 여는 것이 좋은 모습은 아니라는 생각에 끝까지 망설였지만, 당장 기자들의 월급을 줄 다른 방도가 없었다.

당시 서울의 한 진보 주간지에서〈뉴스민〉의 상황을 소개하면서 '후원의 밤' 소식은 큰 주목을 받았다. 지역의 독립 언론〈뉴스민〉이 보수의 텃밭인 대구 지역에서 보수 정당을 감시하는 진보 매체로서 얼마나 큰 역할을 해왔는지, 그럼에도 재정적으로나 사회적으로나 얼마나 어렵게 운영해왔는지가 긴 분량의 기사에 담겼다. 기사 내용처럼 〈뉴스민〉은 대구의 유일무이한 진보 매체, 한마디로 '홍준표의 대항마'로 평가받았다.

나는 지역에서 사람을 모으고 공론장의 역할을 하는 '지역 언론'으로서 〈뉴스민〉이 활약하는 모습이 궁금했다. 대구의 진보 매체로만 〈뉴스민〉을 평가하는 중앙 언론의 시각은 서울이 지역을 바라보는 좁은 틀과 크게 다르지 않았다. 〈뉴스민〉 기자들이 지역민들 곁에서 어떤 생각을 하며 어떤 보도를 하고 있는지 알고 싶다는 생각으로 2023년 3월 31일 대구광역시 중구 동성로의 한 호프집에서 열린 '〈뉴스민〉 제2창간을 위한 후원의 밤' 행사를 찾아갔다. 이는 〈뉴스민〉 구성원과 독자를 한자리에서 만날 수 있는 좋은 기회이기도 했다.

후원의 밤에서 '독자'의 의미를 떠올리다

이른 오후, 호프집에서 미리 만난 기자들은 행사 준비에 여념이 없었다. 기획부터 행사장 꾸미기까지 모두 기자들이 맡았다. 본격적인 행사가 시작되기 전 〈뉴스민〉을 응원하러 들른 시민들은 소매를 걷어붙이고 기자들과 함께 손님을 맞이했다. 음식 서빙을 도우러 온 15명 안팎의 20대 초반 아르바이트생도 모두 〈뉴스민〉을 후원하는 청년들이거나 후원자의 친구들이었다. 후원회원을 부르는 애칭 '뉴민스'에 걸맞게 아이돌 그룹 '뉴진스'의 토끼 로고를 오마주한 티셔츠도 굿즈로 준비했다.

행사가 시작하기 직전인 오후 4시 30분경, 분홍색 조끼를 입은 여섯 명의 중년 여성이 가장 먼저 후원 호프를 찾았다. 볕이 잘 드는 2층 창가에 자리를 잡고 밝게 웃으며 대화를 이어가는 이들은 대구에 있는 한 학교의 비정규직 급식 노동자들이었다. 서울에서 기자 생활을 하다가 2022년 〈뉴스민〉에 입사한 김보현 기자는 같은 해 학교 급식실의 대체 인력으로 투입돼 3일 동안 급식 조리원으로 일하며 급식 노동자의 노동 환경과 건강 문제를 취재했다. 기자 회견에 가거나 인터뷰를 하는 것만으로는 그들이 처한 현실을 온전히 이해할 수 없다는 생각에 했던 선택이다. 직접 현장에 들어가 관찰하고 경험한 바를 쓴 김 기자의 글은 단연코 학교 급식 노동자들의 실태를 가장 자세히, 가장 이해하기 쉽게 알린 기사라는 평가를 받았다. 후원 호프에 온 이유를 묻자 급식 노동자 A 씨는 이렇게 답했다.

"우리 같은 비정규직, 소외된 사람들, 학교 안의 작은 목소리를 크게 내주는 〈뉴스민〉이 큰 언론사로 커갔으면 좋겠습니다. 〈뉴스민〉처럼 우리의 작은 목소리를 알려줄 수 있는 언론사를 지켜야 한다는 생각에 오늘 이 자리에 왔어요."

뒤이어 활기찬 기운의 사람들이 후원 호프 야외 좌석에 자리를 잡았다. 재빨리 다가가 물어보니 대구에서 처음으로 퀴어

문화축제를 조직한 활동가들이었다. 〈뉴스민〉은 그들에게 관심을 보인 거의 유일한 언론사였다. 당시 홍준표 대구시장은 2023년에 이어 2024년에도 대중교통 전용 지구에서의 축제 개최는 '위법'이라며 퀴어문화축제를 방해했지만, 이들은 '꺾이지 않는 퍼레이드'라는 슬로건을 들고 혐오와 차별에 맞섰다. 활동가 B 씨는 이들을 계속 취재한 유일한 언론인 〈뉴스민〉에 고마움을 전했다.

"시민들은 언론의 시선을 따라가는 경향이 있는데, 〈뉴스민〉은 성소수자들의 목소리를 전하는 스피커가 되어주었습니다. 잘 보이지 않는 자리까지도 들여다보려는 노력을 해주었고요. 이런 언론은 우리가 지켜줘야겠다는 생각에 10년 전부터 후원을 하고 있지요. 우리 시민들이 〈뉴스민〉의 든든한 백이 되고 싶습니다."

평범한 시민이 '든든한 백'이 되어주고 싶다고 말하는 언론사. 이 언론사는 그동안 시민들과 어떻게 소통하며 어떤 취재를 해왔길래 이 많은 사람들이 '〈뉴스민〉을 지켜야 한다'는 생각으로 행사장에 선뜻 달려와준 것일까? 부러움과 함께 궁금증이 커졌다. 나는 행사장을 찾은 시민들에게 더 적극적으로 말을 걸기 시작했다.

행사장을 누비다 보니 특이한 점이 있었다. 후원의 밤에는 유독 〈뉴스민〉을 찾은 타사 기자들이 눈에 띄었다. 서울 지역에서 온 기자들부터 대구·경북 주재 기자들까지 많은 기자들이 자리를 채웠다. 그들이 〈뉴스민〉을 응원하는 이유는 시민들과 마찬가지로 '〈뉴스민〉이 필요해서'였다. 〈미디어오늘〉 같은 언론 비평 매체가 아님에도 한 언론사가 다른 언론사를 필요로 하는 이유는 무엇일까. 회사의 보수적인 논조로 인한 '눈치 보기'로 쓰지 못하는 기사를 〈뉴스민〉이 성역 없이 써내면, 그들이 건조하게라도 그 소식을 다룰 명분이 생기기 때문이다. 그래서 자신이 쓰지 못하는 기사를 〈뉴스민〉에 제보하는 기자들도 많다. 후원 호프를 찾은 한 대구·경북 지역 언론의 기자는 내게 〈뉴스민〉을 응원하는 솔직한 심경을 이렇게 털어놨다.

"지자체가 권위적이고 불투명하거나, 거대 자본을 유치하기 위해 물불 가리지 않고 달려드는 모습을 보면 안타까워요. 하지만 우리 언론사는 취재할 때 성역이 있어서 거기 접근하지를 못해요. 그런 걸 〈뉴스민〉은 다룰 수 있으니 부럽죠. 〈뉴스민〉이 중요한 역할을 해줬다고 생각합니다."

실제로 〈뉴스민〉 후원회원의 10퍼센트는 기자들이다. 〈뉴스민〉이 어려운데 뭐라도 해봐야지 않겠느냐며 후원의 밤을 제일 먼저 추진한 사람들도 〈뉴스민〉 기자들이 아닌 타사 기자들이었다.

후원의 밤 행사가 진행되는 내내 기자들이 기다리던 사람들이 있었다. 박중엽 〈뉴스민〉 기자가 9년 동안 해고·복직 투쟁 취재를 해온 구미 아사히글라스 해고 노동자들이다. 오후 8시쯤 후원 호프 행사장에 도착한 이들은 기자들과 누구보다 반갑

위 〈뉴스민〉 후원의 밤 행사를 준비하는 천용길 대표와 박중엽 기자.
가운데 후원의 밤 행사 현장에 모인 후원회원과 독자들.
아래 행사 현장에서 인사말을 하는 천용길 대표.

게 인사했다. 노동자 C 씨는 "우리는 비정규직이었고, 처음 노조를 시작할 때 인원이 많은 것도 아니어서 알리기가 어려웠어요. 그런데 〈뉴스민〉이 초창기부터 찾아와서 우리 이야기를 계속 실어주었습니다. 9년째 싸우고 있는데 빠짐없이 계속 취재를 오더라고요. 그런데 이번에 이분들이 계속 어렵게 생활해왔다는 이야기를 들은 거예요"라고 말했다. 해고됐던 아사히글라스 노동자 22명은 근로자 지위 확인 소송과 파견법 위반 소송에서 승소해 2024년 8월 투쟁 9년 만에 복직했다.

후원의 밤 현장에서 나는 '독자'라는 존재에 대해 다시금 생각했다. 하루에 수많은 기사를 생산해내는 기자들은 정신없이 기사를 써서 포털에 던진다. 내 기사를 읽는 독자가 누구일 거라는 상상 같은 건 하지 않는다. 기껏해야 내가 취재하는 당사자, 즉 취재원에 대해서만 잠시 고려할 뿐이다. 역시 포털의 구조에 속해 있는 나 또한 마찬가지다. 그래서 〈뉴스민〉 후원 호프에서 직접 본 독자들은 나에게 신선한 충격이었다. 그날 후원 호프를 찾아온 독자는 1000명이 넘었다. 자정까지 이어진 행사에서 기자들이 준비한 후원 티켓은 모두 팔렸고, 후원회원은 약 400명에서 800명으로 두 배가 늘었다.

〈미디어오늘〉의 운영이 어렵다고 하면 1000명이 넘는 독자들이 우리를 돕고 싶다며 찾아올까? 후원의 밤 행사를 취재하는 내내 이 질문이 머릿속을 맴돌았지만, 솔직히 자신이 없었다. 우리의 기사가 부족해서라기보다는 독자를 상상해본 적이 없기 때문이다. 나는 우리 회사의 신문 구독료가 얼마인지, 후원회원과 구독자가 몇 명인지에도 큰 관심이 없었다. 경영 자체가 독자 기반, 후원과 구독료 기반으로 이뤄지는 지역 언론을 취재하면서야 비로소 독자의 중요성을 깨달았다. 그들에게 독자는 기사에 댓글을 다는 한 명의 '누리꾼', 혹은 조회 수를 올려주는 '이용자'가 아닌 매일같이 일상적으로 소통하는 생동감 있는 존재였다.

앞서 소개한 충남 태안의 지역 주간지 〈태안신문〉 사무실은 지역의 사랑방으로 통한다. 군민들은 제보를 하거나 모르는 걸 물어보려고 〈태안신문〉의 문을 매일같이 두드린다. 기자들은 취재가 늘 바쁘면서도 단 한 명의 주민도 돌려보내지 않고 모든 이야기를 듣는다. 서울에 있는 중앙 언론사 기자에게는 이 얼마나 낯설고 놀라운 풍경인가. '사무실을 찾은 독자'라는 단어를 본다면, 대부분의 중앙 언론 기자는 '기사에 항의하러 온 독자'를 떠올리지 않을까.

지역 언론 기자들을 만날 때마다 나는 '당신의 독자를 인터뷰하고 싶다'고 요청했다. 당신의 독자가 당신의 기사를 어떻게 평가하고 언론사를 어떻게 바라보는지 직접 확인하고 싶다는 뜻이었다. 어느새 당연해진 이 질문을 다시 곱씹어보니 중앙 언론 기자를 인터뷰할 때는 같은 질문을 한 일이 거의 없었다. 중앙 언론 기자들은 독자를 크게 의식하지 않고, 나 또한 그래왔기 때문이다. 그러나 지역 언론 기자들은 언제나 당연한 일이라는 듯 독자를, 지역민을 만나게 해주었다.

취재원인 독자의 문제를 해결해주는 것을 '솔루션 저널리즘'이라고 한다. 김재경 〈경남신문〉 기자는 '우리 동네 해결사'라는 기획을 통해 지역민들의 소소한 불편함을 듣고 직접 해결에 나섰다. 중앙 언론의 시선에서 이런 기획은 경계 대상일 수 있다. 취재원이 권력자이면 그의 문제를 해결하는 언론사는 '플레이어'가 되고, 이들의 관계는 '유착'이 되기 때문이다. 그러나 지역 언론은 평범한 시민과 소통하는 건강한 '지역 밀착'을 실천하고 있다. 주민들은 지역 언론을 '해결사'로 인식해 직접 문을 두드리고, 언론사는 문제 해결을 위해 할 수 있는 일들을 한다.

저널리즘의 역할은 사회의 다양한 문제들을 해결하고 사람들의 삶이 나아지게 하는 것이다. 입사 6개월 만에 '전국 언론 자랑' 취재를 시작하면서 나는 이런 문제의식을 가지고 일할 수 있었다. 내가 중앙 언론의 관습에 물들기 전에 나를 성장시킨 지역 언론 종사자들에게 늘 고마운 마음이다. 물론 나 또한 망가진 언론 생태계에 속해 있다. 내가 일하는 언론사도 서울에 본사를 두고 있고, 포털에 들어가 타 언론사들과 똑같이 조회 수 경쟁을 한다. 이런 환경에서 맡게 된 지역 언론 취재는 내가 언론 비평 매체의 기자로서 취재하는 데도 많은 도움을 주었을 뿐 아니라, 내가 서 있어야 할 곳은 어디인지, 어느 방향을 향해 가야 할지를 가리키는 이정표가 되어주었다.

지역 이야기를 제대로 전하고 싶어 권력을 감시하는 것

서울과 달리 지역에서는 지방 행정 기관에 권력이 집중되어 있다. 노동, 환경, 개발, 교육 등 대부분의 사안이 행정 권력과 연결되어 있고, 지역 언론의 주요 수입원도 행정 기관일 수밖에 없다. 그렇다 보니 언론의 행정 감시가 서울보다 훨씬 어렵다. 특히 대구·경북 지역은 각각 12명, 13명의 국회의원이 전부 한 정당(국민의힘) 소속이다. 뿐만 아니라 대구시의원은 한 명을 제외한 32명이, 경북도의원은 3명을 제외한 56명이 모두 한 정당(국민의힘) 소속이다. 지역 사업이 이견을 가진 사람들의 목소리를 무시한 채 제대로 된 토론이나 경쟁 없이 이뤄질 때가 많다. 언론과 시민의 견제가 더 절실한 상황이라 할 수 있다.

이미 여러 지역 언론이 재정을 기업이나 지자체에 의존하지 않는 '독립' 언론의 길을 걷고 있지만, 대구는 이견을 말하기가 더 어려운 환경이기 때문에 〈뉴스민〉은 유독 '독립' 언론의 정체성이 부각되었다. 이러한 환경은 〈뉴스민〉이 소수자들의 목소리를 전하며 10년을 버틴 원동력이자 시민들이 이들을 더 각별하게 생각하는 이유다.

앞서 언급했듯이 서울에서는 〈뉴스민〉을 '홍준표의 대항마', 즉 진보 성향의 언론으로 주목하는 경향이 크지만, 〈뉴스민〉 기자들은 스스로를 지역 이야기를 제대로 전하는 '지역 언론'으로 여기고 있다. 이상원 편집장은 "〈뉴스민〉이 정치적으로 진보를 지향해서, 특별히 대구·경북 지역 행정 권력이 보수적이기 때문에 이런 보도를 하는 게 아닙니다. 우리는 지역의 이야기를 제대로 전달하고 지역민에게 도움이 되는 뉴스를 보도하기 위해 행정 권력을 감시할 뿐입니다"라고 말했다.

2023년 3월의 인터뷰에서 이상원 편집장은 '대구·경북 신공항 사업' 보도를 예로 들며 지역 언론의 역할을 설명했다. 신공항 사업은 당시 홍준표 대구시장이 가장 열정적으로 추진하던 사업 중 하나였는데, 시장이 특별법을 만들어서 이 사업을 추진하겠다고 한 이후 지역 언론에서는 매달 같은 보도가 나왔다. '10월 신공항 특별법 통과', '11월 신공항 특별법 통과', '12월에는 통과'. "이번 달에는 통과될 거다"라는 시장의 말을 그대로 옮겨 중계한 보도다. 이상원 편집장은 이러한 보도를 '인디언 기우제'에 비유했다.

"언론의 역할은 그게 아니라, 시장의 말이 실제로 실현 가능한지를 따져보고 부족한 게 있으면 보충하라고 말하는 것이지요. 그렇게 하는 것이 진짜 그 법이 실현되게 하는 길일 텐데, 그걸 안 하고 인디언 기우제 지내듯이 계속 된다고만 하는 거예요. 이렇게 지역 언론이 권력 기관에 편향되어 있는 측면이 있습니다."

기자들은 지역의 권력을 감시하고 지금 어떤 일이 일어나고 있는지 시민들이 알게 하는 것, 그래서 문제가 있는 부분들에

변화를 꾀하는 것이 〈뉴스민〉이 존재하는 가장 중요한 이유라고 말했다. 김보현 기자는 홍준표 대구시장이 취임한 이후 시 차원에서 홍보하는 여러 가지 대구 '최초' 정책을 감시했다. 대기업 유치, 마트 의무 휴업 폐지 등이 '최초'에 방점이 찍혀 긍정적인 방향으로 보도되는 흐름을 지적했다.

"마치 대구 사람들이 실험체가 된 것처럼 느껴졌어요. 분명 부작용이 있을 텐데, 그에 대한 이야기는 제대로 다뤄지지 않아서 '이로 인한 영향은 누가 어떻게 받을까'에 주목해서 취재하고 있습니다."

〈뉴스민〉은 대구·경북 지역의 역사를 기록하겠다는 목표도 가지고 있다. 천 대표는 현재의 '파워풀 대구' 이전의 슬로건이었던 '컬러풀 대구'를 복원하고 싶다고 했다.

"대구는 역사적으로도 현재도 아주 역동적인 도시이고, 새로운 운동이나 의제가 활발한 도시입니다. 해방 직후 일어났던 대구 10월항쟁이나 1970년대 경북 농민운동, 1990년대에 들어서면서 활발해진 환경운동과 성소수자운동도 그렇고, 대구라는 지역이 기억해야 할 이야기들을 끄집어내는 역할을 하고 싶습니다. '대구는 박정희의 도시'라고 기억되는 게 안타까워요. 대구·경북 사람들의 기억이 사회화될 수 있도록 〈뉴스민〉이 역할을 하고 싶습니다."

위 〈뉴스민〉 2019년 6월 29일 자 기사 「대구퀴어문화축제, 장맛비 속 1천 명 모여… "퀴어 해방"」 보도 사진.

가운데 〈뉴스민〉 2023년 2월 23일 자 기사 「아사히글라스 항소심 무죄 여파… "태평양 파견 판사" 규탄」 보도 사진.

아래 〈뉴스민〉 2023년 3월 28일 자 기사 「[급식실의 민낯] ③ 밥판 18kg, 국솥 90cm… 어깨 근육이 다 삭았다」 보도 사진.

지속 가능한 〈뉴스민〉을 꿈꾸는 기자들

천용길 대표가 바라는 〈뉴스민〉의 미래는 '지속 가능한 언론사'이다. 그는 〈뉴스민〉을 대구·경북 지역에서 권력이나 돈에 휘둘리지 않고 기자 생활하기를 꿈꾸는 20~30대 청년이 들어올 수 있는 곳으로 만들고 싶다고 했다. 〈뉴스민〉이 문을 닫을 위기에 처했을 때 더욱 낙심했던 이유도 그 때문이었다. 〈뉴스민〉이 사라지면 앞으로 지역의 독립 언론이 살아남을 가능성이 없다는 하나의 신호가 될 수 있기 때문이다.

지속 가능성을 위해 〈뉴스민〉은 지역으로 파고들었다. 더 작은 지역으로 들어가 더 작은 목소리를 들었다. 천용길 대표는 특히 경북 취재의 중요성을 강조했다. 수도권과 비수도권의 격차만큼 대구와 경북의 격차도 크다. 천 대표는 "대구 사람들은 경북의 작은 시나 군을 촌 동네처럼 생각하는 경향이 있어요. 대구 사람들이 갖고 있는 기득권이 굉장히 크고, 언론도 마찬가지입니다"라고 말했다. 더 작은 지역이 겪고 있는 문제는 언론을 통해 잘 드러나지 않고, 거기서 힘의 차이가 발생한다.

〈뉴스민〉은 2014년 경북 청도 송전탑 공사, 2015년 영덕 원자력발전소 신규 건설 논란, 2016년 성주 사드 배치 문제 등 지역 곳곳의 현안을 쫓았다. 이런 취재에는 작은 지역의 문제들에 집중하겠다는 기자들의 의지가 담겼다. 천 대표는 경북 22개 시·군 출신 기자들을 한 명씩 채용하는 게 꿈이라고 했다. 그 지역에서 나고 자란 청년들이 〈뉴스민〉이라는 플랫폼을 통해 지역 행정을 직접 감시하고 지역의 역사를 기록하게 하고 싶다는 바람이다. 각 동네마다 동네 신문을 만들고 싶다는 꿈도 있다. 자신이 몸담고 있는 지역에 애정이 있어야 그것이 사회에 대한 관심으로도 확장되는데, 그러한 애정이 생기려면 기록이 많아야 한다는 것이 기자들의 생각이다. 이상원 편집장은 "자기 지역에 관심 있는 사람이 한두 명만 있어도 동네가 변할 수 있어요"라고 말했다.

〈뉴스민〉은 2022년 대구의 마을 공동체 방송사 여섯 곳과 함께 교육을 진행했다. 후원의 밤 당시에는 마을 방송사들이 공동으로 운영하는 홈페이지를 제작해주고, 이를 통해 〈뉴스민〉과 기사를 공유한다는 계획을 세우고 있었다. 재정적 여력이 생기면 〈뉴스민〉에서 직접 취재비와 원고료를 주고, 동네마다 한두 명씩은 전업으로 방송사에서 일할 수 있게 하고 싶다는 〈뉴스민〉 기자들의 눈에 반짝임이 보였다. 천 대표는 "언론을 하는 이유는 결국 좀 더 좋은 세상에서 살아보자는 거잖아요. 사람들이 〈뉴스민〉을 잘 활용할 수 있으면 좋겠습니다"라고 말했다.

존폐 위기에 놓일 정도로 운영이 어려웠지만, 〈뉴스민〉은 2021년부터 세 명의 새로운 기자와 PD를 채용했다. 이 역시 '지속 가능한 〈뉴스민〉'을 만들기 위한 결정이었다. 2012년 창간 이후 줄곧 천용길, 이상원, 박중엽, 김규현 기자가 도맡아 운영해왔던 〈뉴스민〉은 2021년 처음으로 신입 공채를 진행해 장은미 기자를 뽑았다. 동시에 처음으로 김규현 기자가 타 매체 경력 기자로 이직했다. 여종찬 PD는 2021년 대구시 보조사업으로 〈뉴스민〉에 합류했다가 사업 기간이 끝난 후 정식 입사했고, 2022년에는 서울 언론사에서 근무하던 김보현 기자가 경력 기자로 합류했다.

사람에 좌우되지 않는 조직

〈뉴스민〉 후원의 밤 행사는 성공적이었다. 기자들은 후원회원들과의 만남을 통해 시민과 연결되는 또 하나의 마디를 만들었다. 시민들은 위기에 처한 〈뉴스민〉을 살리기 위해 모였고, 기자들은 대구·경북의 '지역 언론'으로서 〈뉴스민〉의 존재 가치를 다시금 새겼다. 서울에서 기자 일을 하다 입사해 〈뉴스민〉에서의 경력은 1년 남짓이었던 김보현 기자는 "대체 〈뉴스민〉이 지역에서 어떻게 취재를 해왔길래 이렇게 많은 분들이 도와주고 응원해주는 것인지 너무나 생경한 풍경이었어요"라고 말했다. 후원 호프에 모인 1000여 명의 시민은 〈뉴스민〉의 지난 10년을 증명하는 존재들이었다. 김보현 기자는 재정 위기 상황을 겪으며 지역에서 독립 언론을 한다는 것은 애초에 불가능한 일이라는 생각을 자주 했는데, 이 행사를 통해 그런 우려를 불식할 수 있었고, 대구 시민들이 〈뉴스민〉을 필요로 하고 있으니 어쩌면 지역 독립 언론이 가능할지도 모르겠다고 다시 생각하게 되었다고 한다.

〈뉴스민〉은 최근 언론계 전체에 의미 있는 판례도 남겼다. 대구지방법원은 2024년 11월 〈뉴스민〉의 정보 공개 청구를 거부한 대구시에 100만 원을 배상하라고 판결했다. 언론의 정보 공개 청구를 부당하게 거부하면 손해배상 책임을 져야 한다는 판례가 나온 것이다. 〈뉴스민〉은 홍준표 대구시장이 2023년에 이어 2024년에도 대구시 공무원 골프대회를 개최하겠다고 밝히자 대구시의 '2024년 직원 동호회 지원 계획 문서'에 대한 정보 공개를 청구했다. 하지만 대구시는 공정한 업무 수행 등을 이유로 비공개를 결정했다. 대구시는 2023년에도 같은 명칭의 문서에 대한 〈뉴스민〉의 정보 공개 청구에 대해 비공개를 결정했는데, 중앙행정심판위원회는 이런 대구시의 결정이 위법·부당하다고 판정했다. 이상원 편집장은 2022년 7월 홍준표가 대구시장에 취임한 뒤 1년도 되지 않아 대구시 공식 문서에 '악성 민원인'이자 '담당 공무원을 괴롭힐 목적을 가진 이'로 표현됐다. 대구시의 시정을 감시하기 위해 정보 공개를 청구했다는 이유로 말이다.

대구시는 행정심판을 통해 위법하다고 판단받은 문서와 이번 문서가 같다고 볼 수 없고, 공개될 경우 직원 동호회 활동이 위축될 수 있다고 주장했지만 법원은 이를 기각했다. 재판부는 당시 "정보 공개 거부 처분은 〈뉴스민〉 기자에 대한 불법 행위"라고 판단했다. 재판부는 "이상원 〈뉴스민〉 기자는 언론사에 소속된 기자로서 대구시의 정보 공개 거부 처분으로 인해 대구시의 시정과 예산 운용 사항에 관한 정당한 알 권리와 참여권이 침해됐다"며 "언론 보도를 함에 있어 시의성이 떨어지게 되는 손해를 입었다"라고 판시했다. 대구시는 1심 판결에 불복해 항소했지만 2025년 7월 2심 재판부 역시 〈뉴스민〉의 손을 들어주었다.

후원의 밤 당시 천 대표는 "이상원 편집장과 나는 2007년부터 알고 지내던 사이고 박중엽, 김규현 기자도 2010년부터 알고 지냈습니다. 〈뉴스민〉이 고인물이 되면 안 된다고 생각했어요. 새로운 사람이 들어오기도 하고 나가기도 하면서 〈뉴스민〉이 언론을 하고 싶어 하는 사람들이 선망할 수 있는 곳이 되면 좋겠습니다"라고 말했다. 조직의 지속 가능성을 바란 천용길 대표는 실제로 그다음 해인 2024년 〈뉴스민〉을 떠났다. 〈뉴스민〉을 창간한 사람이 스스로 '천용길의 〈뉴스민〉'을 만들지 않겠다고 선언한 것이다. 내부 기자들의 부담과 반대도 있었지만, 한 사람이 너무 오래 한 조직의 대표를 맡는 것의 폐해를 고려한 결정이었다.

〈뉴스민〉 마지막 근무를 하루 앞둔 날, 나는 천 대표를 만나러 〈뉴스민〉 사무실을 다시 찾았다. 창간 무렵부터 길어도 마흔 살까지만 〈뉴스민〉 일을 하겠다고 생각했다는 천 대표는 지속 가능성이 있고, 새로운 사람이 들어올 수 있는 환경에서 그만둘 수 있어 기쁘다고 했다. 그러면서 "세대교체가 안 되는 건 문제"라고 지적했다. 떠나야 할 때 떠나지 않았기 때문에 새로운 세대가 자리 잡을 틈이 없었다는 말이다. 그는 자신이 계속 남아 있으면 다른 기자들이 '저 역할은 천용길의 역할이지 내가 할 수 있는 일이 아니야'라고 생각할 수밖에 없다며 그런 상황을 만들고 싶지 않았다고 말했다. 천 대표는 〈뉴스민〉을 떠나기 전에 쓴 2024년 8월 26일 자 칼럼 「뉴스민 기자 12년을 매조지으며」에서 조직 내 권력의 위험성에 대해 말하기도 했다.

> 저는 〈뉴스민〉에서 기자, 편집장, 대표를 맡으며 의사 결정 과정은 물론 정보 접근에 있어서 많은 권력을 가졌습니다. 운영이 쉽지 않은 환경에서 고생한다는 격려들은 내가 가지고 있는 권력을 망각하게 만드는 독이기도 합니다.

나는 다시 만난 그에게 권력의 위험성에 대해 더 물었다.

"이렇게 어려운 조건에서 가치를 위해 일하는데 나한테 권력이 어디 있느냐며 자신이 가진 권력의 크기를 정확하게 인지하지 못하는 건 큰 문제입니다. 〈뉴스민〉은 작은 매체이지만, 후원을 위해 1000명이 모였다는 것도 〈뉴스민〉의 권력이에요. 권력을 가지고 있는 것 자체가 나쁜 게 아니라 권력을 공적으로 통제하고 분산시킬 방법에 대한 고민이 중요한 거죠. 내가

〈뉴스민〉 창간 멤버라 시작할 때 도와줬던 이사회 구성원들은 모두 나와 관계 맺고 있는 사람이에요. 권력을 잘 분산할 수 있으면 좋은데, 지금 단계에서 구조적으로 분산할 수 있는 방법을 찾지 못했습니다. 그래서 내가 그만둬야 가능하겠구나 생각했지요. 어떤 것 하나가 무조건 끝까지 남아 있어야 한다고 부여잡는 순간 조직은 생명력을 잃어요. 특히 언론이 그렇게 관성화되면 존재 이유가 없어지는 겁니다. 지키는 데 에너지를 많이 써서는 안 돼요. 만약 〈뉴스민〉의 사회적 역할 시효가 완료된다면 없어지면 되는 거예요. 시작 단계에서부터 조직의 모든 걸 알고 있는 사람이 계속 남아 있게 되면 다른 구성원들은 접근하기 어려워집니다. 그 무게감에 짓눌릴 수밖에 없지요. 누군가는 나가고 누군가는 들어오는 순환할 수 있는 조직이 돼야 합니다."

작은 매체일수록 몇몇 임직원의 희생으로 조직이 굴러가고, 또 알려진 몇몇이 그 언론사를 대표하게 되는 상황을 쉽게 찾을 수 있다. 언론사가 어떻게 운영돼야 할지 몸소 보여준 천 대표의 결정이 쉽지만은 않았을 것이다. 천 대표가 떠난 후 그의 업무와 책임을 분담하게 된 다섯 명의 구성원은 부담 속에서도 천용길 이후의 〈뉴스민〉을 차분히 준비하고 있다. 그들은 '사람에 좌우되지 않고 운영될 수 있는 조직'을 만들어 지역에서 〈뉴스민〉의 역할을 해나가려 한다고 말했다.

당진시대

유료 구독자 수 전국 3위의 비결

처음〈당진시대〉를 찾은 2023년 3월, 신문사에 도착하자마자 내 눈을 사로잡은 건 2층 규모의 넓은 사무실이었다. 충남 당진 지역을 취재하는 지역 주간지〈당진시대〉는 규모가 작은 보통의 지역 주간지 사무실과 다르게 꽤 넓고 윤택한 시설을 가지고 있었다. 사무실에 들어서며 슬리퍼까지 갖춰 신은 나는 부러운 마음으로 내부를 둘러봤다.

천천히 둘러보니 특이한 구조가 눈에 띄었다. 편집국장실도, 대표이사실도 없었다. '사무실에 가장 오랜 시간 근무하는 사람이 가장 좋은 곳에 앉아야 한다'는 편집국장의 기조에 독자와 광고 관리를 맡아서 하는 총무부 직원 두 명이 가장 넓은 자리에 앉는다고 했다. 탕비실 바로 옆 제일 끝자리는 편집국장 자리다. 편집국의 파티션은 낮추었고, 벽은 모두 투명했다. 구성원의 수평적 소통이 가장 중요하다는 이유에서다. 위계질서를 중요시하는 언론사 문화에서 보기 힘든 '수평적 공간'이었다. 사무실에 들어서자마자 〈당진시대〉의 내부 분위기를 짐작할 수 있었다.

5층에 자리한 편집국 내부 계단을 따라 4층으로 내려가니 영상 콘텐츠를 제작하는 〈당진방송〉 사무실이 나왔다. 주조정실, 촬영 스튜디오, 실시간으로 촬영 현장을 볼 수 있는 공간에 분장실까지 하나의 작은 방송사라 해도 모자람이 없었다. 규모는 작지만 필요한 장비와 시설을 모두 갖춘 놀라운 공간이었다. 편집국에서는 편집국장이 가장 끝자리인 것처럼, 뉴미디어 사옥에서는 가장 끝에 있는 작은 공간이 PD들의 사무실이었다. 〈당진방송〉을 찾는 시민들이 우선돼야 하기 때문이다.

내가 〈당진시대〉를 찾은 수요일 아침은 신문사 구성원들이 경영 회의를 끝낸 직후였다. 경영 회의에는 기자, PD도 참여한다. 월요일 아이템 기획 회의에는 총무부 직원도 참여하고, 화요일 신문 평가 회의에도 총무부 직원과 PD가 참여한다. 즉 모든 직원은 회사의 모든 회의에 참여한다. 신문 평가 회의지만 기자보다 PD와 총무부 직원이 더 날카롭게 지적할 때도 있다. 여러 시각을 반영해 신문을 평가한다는 의미에 더해 콘텐츠를 생산하는 기업이므로 모든 직원이 신문을 한 번씩은 읽어봐야 한다는 생각에서 정한 규칙이다.

최종길 〈당진시대〉 편집국장은 "사무실로 전화하면 독자들은 받는 사람이 기자인지 총무인지 생각하지 않고 질문하지 않나요? 직원들 모두 신문사에 대해 다 알고 있어야 하고, 스스

〈당진방송〉 스튜디오와 주조정실.

로 신문 보는 시각 정도는 가지고 있어야 합니다"라고 말했다. 사무실로 오는 독자의 전화는 미처 생각하지 못한 부분이었다. 그동안 나는 사무실에 전화가 걸려오면 당연히 경영국이나 선배들의 몫이라고만 생각해 전화를 넘기기 바빴다. 내 기사 쓰기에 바쁘다는 이유로 우리 회사에서 송출하는 모든 기사를 꼼꼼히 보지도 않았다.

〈당진시대〉의 독자 관리 시스템은 탄탄했다. 기자, PD뿐만 아니라 총무부 직원도 취재원 관리를 함께 한다. 과거에는 지역에 영향을 미칠 수 있는 사람들을 취재해온 노하우를 담아 '취재원 명부' 책자를 만들었는데, 지금은 1년에 한 번씩 다 같이 모여 취재원 자료를 정리한다. 〈당진시대〉의 가장 큰 장점인 '지역 밀착'을 뒷받침할 수 있는 귀한 자료다. 〈당진시대〉가 독자들에게 큰 애정을 가지고 있는 것처럼, 독자들도 경영자문위원회, 편집자문위원회 등 다양한 형식으로 각자 가진 재능에 따라 〈당진시대〉에 참여한다. 지역 주민들의 문화 접근성을 높이기 위한 신문사 차원의 노력도 있다. 당진에서는 상업 영화만 상영하기 때문에 신문사에서 1년에 몇 차례씩 극장을 빌려 독자들에게 독립 영화를 무료로 보여준다. 또 독자들과 함께 문화 탐방도 하고, 작은 음악회나 미디어 교육 강연도 여는 등 일상적인 소통의 폭을 넓혀가고 있다.

내가 〈당진시대〉를 찾은 날은 서울에서는 국민의힘 당대표 선거로 한창 분주하던 시기였다. 그 무렵 당진에서는 '제3회 전국동시조합장선거(전국 지역농협과 수협, 산림조합의 대표를 선출하는 선거로 중앙선거관리위원회가 각 조합의 위탁을 받아 실시한다)'가 진행됐는데, 기자들은 일반 시민을 대상으로 개표 생중계 오픈 채팅방을 운영했다. 〈당진시대〉 기자들은 2015년부터 선거 때마다 카카오톡 오픈 채팅방을 운영했다. TV에는 서울시장, 대전시장 선거 결과만 나오고 당진시장, 당진시의원 등 당진 지역 선거 이야기는 나오지 않아 주민들이 답답해하자 시작한 일이다.

선거 때면 중앙 언론사에서는 대도시의 선거 과정과 결과는 세세하게 다루지만, 당진과 같은 비수도권 기초자치단체의 선거 내용은 거의 언급하지 않는다. 전국동시조합장선거 역시 중앙 언론사에서는 개표 방송을 하지 않는다. 비수도권 지역에서는 지자체장 선거 못지않게 중요한 일인데 어디에서도 중계를 하지 않으니 주민들은 관련 정보를 얻기가 어렵다. 〈당진시대〉는 지역민의 생활에 직접적인 영향을 미치는, 우리 지역 선거 정보를 발 빠르게 제공하기 위해 직접 발로 뛰기로 한 것이다.

처음에는 〈당진시대〉의 독자 주주들을 대상으로만 채팅방을 운영했는데, 한 차례 진행하고 나니 곧바로 주민들 사이에 입소문이 났다. 주민들의 요청으로 채팅방을 개방하자, 2022년 6월 지방선거 때는 2000명의 시민이 생중계 채팅방에 들어왔다. 현장에 있는 기자들은 실시간으로 개표 상황을 채팅방에 올렸다. 개표 전반을 이야기할 수 있어 이 채팅방은 〈당진시대〉 독자들이 가장 좋아하는 프로그램으로 자리 잡았다. 기자들이 고생한다며 한 시민이 1500명이 있는 오픈 채팅방에 치킨 기프티콘을 보낸 일화도 있다. 내가 방문한 날도 〈당진시대〉 기자들은 생중계를 위해 다른 언론사보다 훨씬 일찍 선거장을 찾았다. 기자들의 휴대폰은 투표 상황을 궁금해하는 독자들의 메시지와 전화로 쉴 틈 없이 울렸다.

독자 광고 500개를 실을 수 있는 힘

 이러한 독자 관리 시스템은 〈당진시대〉의 경영 및 수익과도 직결된다. 〈당진시대〉의 수익은 대부분 지면 광고와 구독료, 그 외 2015년에 만든 충남미디어그룹의 출판과 연구 사업에서 창출된다. 지면 광고와 구독료의 비율은 6 대 4 정도로, 구독료도 수익의 많은 비중을 차지한다. 한국ABC협회가 2024년 발표한 전국 주간신문 유료 부수 인증 결과(2022년 발행분 기준)에 따르면, 〈당진시대〉는 전국의 지역 주간 신문 중에서 세 번째로 많은 유료 구독자를 확보하고 있다. 〈당진시대〉는 4795부를 발행하고 있으며, 81.9퍼센트에 해당하는 3926부가 유료 부수로 인증받았다.

 80면 분량의 두꺼운 창간 기념호는 〈당진시대〉의 가장 큰 특징이다. 매년 발간하는 이 창간 기념호는 기사와 약 500개의 독자 광고로 채워지는데 기초자치단체 수준의 지역 신문에서는 굉장히 이례적이다. 동네 중국집, 작은 건축사 사무소, 당진 지역 요양원, 개인 인쇄소, 축산물 공판장까지 광고를 넣는다. 기자들의 취재와 기사를 보며 신뢰감을 쌓은 지역 주민들은 〈당진시대〉를 응원하는 마음으로 광고를 한다. 독자 밀착 전략이 취재와 경영의 선순환으로 이어진 결과다.

지역 주민과의 밀착, 안정적인 경영이라는 목표를 둘 다 잡은 〈당진시대〉는 재정 부족으로 어려움을 겪는 지역 주간지 가운데 모범 사례로 통한다. 그래서 다른 지역 언론에서도 종종 〈당진시대〉를 찾는다. 그들은 편집국 기자들과 취재 현장에 함께하면서 취재와 인터뷰 기법을 배우고, 취재원 관리 노하우를 전수받는다. 무엇보다 〈당진시대〉의 모든 회의에 참여해 운영 구조를 살펴보고 경영 전략을 배운다. 〈당진방송〉 PD들에게는 촬영과 편집 기술을 배우고, 방송사 운영에 대해서도 살핀다. 일반 기자들뿐만 아니라, 신문사 경영과 근무 환경이 궁금한 지역 언론 경영진들도 〈당진시대〉의 문을 두드린다.

물론 시행착오도 많았다. 주주 1인이 5퍼센트를 초과하는 지분을 가질 수 없도록 한 〈당진시대〉의 운영 구조가 자칫 주인 없는 회사를 만들 수 있다는 우려에 신문사 경영권을 두고 큰 싸움이 벌어진 적도 있다. 그때도 〈당진시대〉에 대한 시민들의 각별한 애정과 도움으로 운영이 정상화될 수 있었다. 그밖에 지역 주민과 만나는 문화 공간으로 열었던 카페가 경쟁력 약화로 폐업하기도 하고, 여행 사업인 '주식회사 나눔'을 출자해 운영하다가 코로나19를 겪으며 매출이 0이 되는 위기를 맞기도 했다.

위기 때마다 최종길 편집국장이 중심을 잡았다. 〈당진시대〉를 창간해 30년 넘게 이끌고 있는 최 국장은 시민운동을 하다가 지역 언론을 만들겠다는 일념으로 고향에 돌아왔고, 1990년 읍내리에 작은 카페를 차려 소식지를 만들기 시작했다. 그가 지역의 다양한 사람들을 불러 모아 소식지를 내자 카페는 문화 공간으로 확장됐고, 지역의 정체성을 찾자는 목소리가 모여 '당진사랑'이라는 시민 모임이 탄생했다. 여러 선거를 치르면서 시민운동만으로는 지역 사회를 바꾸는 데 한계가 있다고 생각한 최 국장은 신문을 만들자고 제안했다. 그렇게 최 국장이 서른 살이던 1993년 군민주로 〈당진시대〉가 창간됐다. 최종길 국장의 표현을 빌리자면 "지금으로 치면 청년 창업"이었다.

보수적인 당진 지역에서 진보적인 지역 신문이 살아남는 것은 쉽지 않았다. 반대 여론도 강했다. 〈당진시대〉는 이를 '지역 밀착형 취재'로 극복했다. 1991년 중부권 특정 폐기물 처리장을 당진에 건설하겠다는 계획이 발표되자 〈당진시대〉는 서울 광화문에 있는 환경운동연합을 찾아가 산업 폐기물 관련 자료를 모두 복사해 와 연속 보도를 했다. 〈당진시대〉의 보도 덕분에 지역에서는 이것이 심각한 문제라는 인식이 커졌고, 결국 범군민대책위원회가 구성됐다. 그 결과 정부가 중부권 특정 폐기물 처리장 건설 계획을 철회했고, 주민들은 중앙 정부의 권위에 대한 체념에서 벗어나 능동성을 얻을 수 있었다. 당진 지역 최초의 환경운동이었다. 지역에서 키운 문제의식과 활동이 중앙의 정책을 바꾼 사례이기도 하다. 당진 주민들은 이 사건을 계기로 지역 신문의 필요성을 점차 깨닫기 시작했다. 지역 신문이 기관장을 홍보하거나 그의 동정만을 보도하는 매체가 아니라, 내 삶에 직접적인 영향을 끼치는 존재라는 걸 알게 됐다. 당진 지역에서 운영되던 나머지 두 개의 신문사와 〈당진시대〉를 통합하라는 지역의 여론도 이때 없어졌다.

〈당진시대〉는 지금의 '평택당진항'이라는 이름을 얻는 데도 큰 기여를 했다. '평택당진항'은 본래 '평택항'으로 통칭되면서 모든 예산과 개발이 다 평택에 집중돼 있었는데, 이를 〈당진시대〉가 처음으로 보도하며 문제를 제기했다. 항만 개발에 큰 인식이 없었던 사람들도 보도를 보며 공감하기 시작했고, 개인의 정치적 성향과 관계없이 대책위를 구성해 힘을 모았다. 전국의 지역 주간지 가운데 처음으로 당시 노무현 해양수산부 장관을 단독 인터뷰하며 정부의 입장을 들었고, 2001년 노 장관은 당진항 지정을 검토하겠다고 약속했다. 최 국장은 해양수산부 담당자들과 함께 미국으로 가서 관련 사례들을 연구하기도 했다. 2004년 마침내 항구의 명칭이 '평택당진항'으로 변경되면서 당진 지역은 '당진항'이라는 이름을 갖게 되었다. 신문을 중심으로 힘을 모아 중앙 정부의 정책을 바꾼 경험을 통해 〈당진시대〉는 지역 사회에 확실히 뿌리를 내렸다. 당시의 일을 최 국장은 이렇게 평가했다.

"예전에는 지역주의가 굉장히 강했어요. 우리는 지역주의에 반대해왔기 때문에 신문을 운영하기가 힘들었지요. 하지만 큰 싸움들을 거치며 시민들 간에 신뢰가 쌓였기 때문에 지금의 〈당진시대〉를 지켜낼 수 있었습니다."

지역 신문에도 미디어그룹의 미래가 있다

〈당진시대〉는 2015년 충남미디어그룹을 만들고 1억 원을 출자해 〈서산시대〉를 창간했다. 제대로 된 지역 신문이 없던 옆 동네 서산에 건강한 지역 신문을 만들기 위한 선택이었다. 2018년에는 〈당진시대〉가 30퍼센트를 출자하고, 지역의 뜻있는 사람들이 조합원으로 참여해 '당진시대방송미디어협동조합(현 '충남콘텐츠연구소 지음협동조합')'을 만들었다. 협동조합은 유튜브 채널 〈당진방송〉을 운영하면서 지역을 소개하는 다양한 콘텐츠를 만들고 있다. 시민들의 인생 책을 소개하는 '인생책방', 이주 배경 여성들이 출연해 본인의 이야기를 하는 '무지개 나라' 등의 팟캐스트 콘텐츠를 만들었고, 오디오로만 내보내기는 아깝다는 생각에 영상 콘텐츠를 제작해 유튜브 채널 〈당진방송〉에 올리는 등 다양한 시도를 했다.

당시 당진 지역에서 뉴미디어 사업은 새로운 영역이었기 때문에 시민들의 관심이 컸다. 청소년, 이주 배경 여성, 노인들을 대상으로 하는 미디어 교육은 따로 홍보를 하지 않아도 문의가 쇄도할 정도였다. 뿐만 아니라 〈당진방송〉에서는 돌봄이 필요한 저소득층 청소년을 대상으로 미디어 교육을 무상으로 진행하기도 했다. 안라미 〈당진방송〉 제작국장은 시민들의 열띤 참여를 보고 이런 활동이 필요했다는 걸 깨달았다고 말했다.

안 국장은 사옥을 설계할 때 〈당진방송〉을 방문할 시민들을 최우선으로 생각했다. 이전의 한 칸짜리 방에서는 찾아온 시민들과 할 수 있는 게 많지 않았다. 장비가 없다 보니 미디어 교육 실습 시간에는 대본을 출력해 카메라 밑에 붙여놓고 영상을 찍어야 했다. 그래서 새 사옥을 마련할 기회가 왔을 때 스튜디오라는 개념을 눈으로 볼 수 있도록 '방송사의 축약본'으로 내부 시설을 구상했다.

최근 〈당진시대〉와 〈당진방송〉은 행담도의 역사와 문화를 조사해 다큐멘터리로 기록했다. 당진시청 문화유산팀의 신청 사업을 통해 지원금을 받아 2년이 넘는 기간 동안 제작했다. 2000년 서해대교 건설 이전까지 행담도에 거주하던 주민들은 서해대교와 행담도 휴게소 개발로, 제대로 된 이주 대책이나 보상도 없이 살던 곳을 떠나야 했다. 고작 10여 명의 주민이 계란으로 바위를 치듯 거대 기업과 정부 기관, 수수방관하던 당진군(현 당진시)에 맞서 싸웠다. 공사 현장 관계자들이 욕설과 폭언을 쏟아내고, 공사 현장에서 사용하는 칼을 들이대면서 위

위, 가운데 개발이 진행되기 전 주민들의 삶의 터전이었던 행담도의 모습.
아래 2023년 3월, 행담도에서 나고 자란 시간을 기억하는 원주민들이 20여 년 만에 모여 향우회를 열었다.

협을 가하는 상황에서도 주민들은 나체 시위를 벌이며 현장에서 뒹구는 것밖에 할 수 있는 일이 없었다.

결국 서해대교는 행담도를 관통하며 건설되었다. 주민들은 '과격한 섬사람들'이라는 오명을 뒤집어쓰고 행담도를 떠나야 했다. 중앙 언론이 '전국 유일의 섬 휴게소'라며 행담도를 홍보하고 서해대교를 띄우는 사이 행담도의 주인인 주민들의 목소리는 사라지고 잊혔다. 이에 〈당진시대〉의 기자와 PD들은 전국으로 뿔뿔이 흩어진 행담도 원주민을 찾기 위해 2년간 여러 경로로 수소문을 했다. 어렵게 연락이 닿아도 원주민들은 행담도를 떠나온 과정에서 생긴 경계심을 쉽사리 풀지 못했다. 그러나 취재진은 한 사람 한 사람 직접 찾아가 수차례 설득하여 원주민 10명의 구술을 받았다. 여기에 주민들이 가지고 있던 사진 자료까지 더해 마침내 잊힌 행담도의 역사를 복원했다. 2024년 〈당진시대〉의 기자와 PD, 그리고 연구원으로서 기록 사업에 참여한 심규상 〈오마이뉴스〉 대전·충남 지역 기자 등은 오랜 협력 끝에 최초로 행담도의 역사를 기록한 책 『그 섬에 사람이 살았네』를 발간했다. 뿐만 아니라 현장에 늘 함께 했던 카메라에 담긴 주민들의 목소리를 30분 분량의 다큐멘터리 기록물로 완성해 〈행담도, 그 섬에 살았네〉라는 제목으로 공개했다.

이 연구 조사를 계기로 '행담도 향우회'가 열려 주민들이 모이는 자리가 마련되었고, 〈당진시대〉의 보도가 나간 후에는 충청남도와 당진시, 행담도 원주민들이 만나는 간담회가 개최됐다. 간담회 이후에는 행담도 휴게소 한쪽 끝에 주민들의 사진을 전시하는 공간이 마련되기도 했다. 비록 작은 공간이지만, 이는 행담도가 이곳에 살았던 사람들의 역사와 문화를 품고 있는 장소라는 걸 알리고자 한 원주민들의 오랜 바람이었다.

〈당진시대〉는 2024년 8월 다큐멘터리를 처음 공개하는 상영회에 주민들을 초대했다. 안라미 제작국장은 주민들이 "이런 영상을 제작해줘서 고맙습니다. 무슨 말을 어떻게 해야 할지 모르겠어요"라고 이야기하며 눈물을 훔쳤다고 전했다. 기자와 PD들은 주민들의 마음에 일기 시작한 변화를 느낄 수 있었다. 처음에는 주민 대부분이 행담도 이야기를 꺼내고 싶어 하지 않았고 행담도와 당진시에 대해 부정적인 기억을 가지고 있었으나, 이렇게 함께 모여 영상을 보며 그간의 생채기를 조금이나마 치유할 수 있었다. 지역 언론이 치유와 화해의 기회를 만든 좋은 사례라 하겠다.

다큐멘터리 속 한 행담도 원주민은 "고향을 생각하면서 다시 찾을 수 있는 곳이 생긴 것 같습니다"라고 말하며 눈시울을 붉혔다. 그는 "차마 들르지 못했던 내 고향 행담도를, 우리가 살았던 추억을 볼 수 있다는 마음에 한 번씩 뿌듯한 마음으로 올 수 있을 것 같아요. 우리의 작은 목소리를 지나치지 않고 관심 가져주었던 (관계자 여러분께) 감사드립니다"라고 말했다. 지역 언론의 기록으로 행담도 원주민들은 아픔을 치유할 수 있었고, 행담도는 단순한 지역 관광지가 아니라 화해와 상생의 역사적 공간으로 거듭날 수 있었다. 이 사례가 보여주는 것처럼 지역 공동체를 복원하는 일은 지역 언론이 나아가야 할 방향이자 지역 언론만의 경쟁력이라고 할 수 있다. 지역 언론이 지금껏 기록해온 것들을 활용한다면 앞으로 만들 수 있는 콘텐츠는 무궁무진할 것이다.

지역 언론 없는 지방 자치(지역 자치)는 온전하기 어렵다. 정치·경제·문화 등 모든 분야가 중앙에 집중된 체제 아래서 지역의 행정 권력은 주민을 제대로 돌볼 역량과 의지가 부족하고, 언론마저 중앙에 밀집해 있기에 지역의 문제는 방치되어 있다고 해도 과언이 아니다. 이런 상황에서 지역 언론만이 지방자치단체가 하지 않거나 잘못하고 있는 일을 비판하고 감시할 수 있다. 또한 지역 언론은 지자체가 제대로 다루지 못하는 주민들의 일상적 요구를 의제로 제시하는 역할도 한다. 지역 언론의 존재가 곧 지역 자치·지역 분권의 전제 조건이 되는 이유다. 중앙 정부와 기업의 폭력적 개발로 살던 곳에서 쫓겨나야 했던 행담도 원주민의 상처를 지역 주간지〈당진시대〉가 치유했던 일은 지역 언론의 존재 이유를 여실히 보여주었다.

〈당진시대〉와〈당진방송〉은 단순히 지역민의 목소리를 전달하는 것을 넘어 무너진 공동체를 복원했고, 쫓겨나듯 도망쳐야 했던 주민들을 다시 고향과 연결했다. 이 과정은 또한 수익으로도 이어졌다. 책자『그 섬에 사람이 살았네』는 총 300부를

행담도주민 '생존권 보장' 농성돌입

한국도로공사 행담도 개발관련 이주·생계대책 요구
'법테두리 밖의 일이다' 군 무관심에 불만 쏟아내

- 위: 서해대교 건설이 진행 중이던 시기의 행담도.
- 가운데: 행담도 개발에 반대하며 공사 현장 관계자들과 대치하는 주민들.
- 아래: 생계 터전을 앗아간 행담도 개발에 저항하는 주민들의 농성을 보도한 《당진시대》 1997년 9월 29일 자 기사.

제작했는데 언론과 독자, 지역 주민의 높은 관심으로 한 달 만에 모두 배포되었다. 〈당진시대〉는 지역에 대한 이해와 실력을 갖춘 인력을 동원할 수 있었고, 평소 지역민들과 소통하며 쌓아온 취재력도 탄탄했기 때문에 행담도 주민들과의 인터뷰를 결국 해낼 수 있었다. 〈당진시대〉가 다른 지역 언론사들이 배우러 찾아오는 '롤 모델'이 될 수 있었던 데는 이런 여러 요소들 간의 균형이 크게 작용했다. 편집권의 독립도 지키면서 경제적인 안정성도 확보하는 길을 찾았기에 취재와 영상에도 충분한 투자가 가능했다. 또한 수평적인 분위기가 더 좋은 기사와 저널리즘을 이끌었다. 나는 〈당진시대〉를 찾아갈 때마다 어김없이 독자를 만났다. 독자들의 이야기를 통해 지역에서 〈당진시대〉가 어떤 역할을 하고 있는지를 단번에 이해할 수 있었다. 한 독자는 이렇게 말했다.

"〈당진시대〉는 시민의 입장에서 바라본 기사를 쓰기 때문에 기사를 읽으면 친밀감이 느껴져요. 또 시민들한테 권위적이지 않기 때문에 기자들을 만나도 친밀감을 느낍니다."

내가 〈당진시대〉와 〈당진방송〉의 행담도 취재기를 보도했을 당시, 안라미 국장이 그 기사를 읽고 일기를 몇 자 적었다며 조심스럽게 보내준 적이 있다.

지방의 소도시에 있는 지역 언론도 중앙 무대에서는 잘 보이지 않는 곳에 있다. 그런데 이런 지역 언론들을 자꾸만 들여다

봐주는 사람들이 있다. 언론의 언론이라 불리는 〈미디어오늘〉이다.

그들의 두 번째 인터뷰 요청에 응했다. 〈당진방송〉이 하는 일이 어떤 일이었는지, 적어도 나를 새삼 일깨웠다. 지역 언론이 어떤 보도를 하고 어떤 영상을 만드는지 지역민 말고는, 아니 지역민조차도 때론 제대로 알지 못하기도 하지만 한 가지는 분명하다. 우리를 바라봐주는 카메라 같은 언론이 있어 지역 언론의 의미가 스스로에게, 그리고 다른 누군가에게 더욱 일깨워지리라는 걸.

늘 바쁘게 취재를 다니다 보면 누군가 건네는 '따뜻한' 마음을 느낄 새가 잘 없지만, 그래도 지역 언론인들을 만날 때면 늘 가슴을 꽉 채우는 따스함을 선물받았다. 안라미 국장처럼 아낌없이 마음을 전하는 사람들 덕분에 지역 언론의 의미를 조명하는 나의 취재에도 더 힘이 붙곤 했다. 보면 볼수록 더욱 귀한 이야기가 쏟아져 나오는, 지역 언론인들의 생각과 마음을 자꾸만 들여다보고 싶어진다.

경인지역신문

수도권 언론의 생존 대작전

경기도와 인천광역시(경인 지역)는 서울의 시선에서는 '애매한' 위치에 놓인 지역이다. 서울과 인접해 함께 '수도권'으로 묶이고 두 곳을 합치면 약 1600만 명의 인구가 살고 있지만, 지역민의 생활 전반이 서울을 향하고 있어 서울의 위성도시쯤으로 취급되며 그 자체로는 제대로 다루어지지 않는다. 지역민들도 자기 지역에 대한 애착이 크지 않다. 직장이나 학교 등을 서울로 다니는 사람이 많다 보니 '서울로의 접근성이 얼마나 좋은지' 등 서울과의 관계 속에서 내가 사는 지역을 평가하는 경향이 있다. 지역민이 주목하는 이슈 역시 집값이나 교통 등에 한정된다.

2025년 1월 최원식 국민의힘 인천 계양갑 지역위원장이 지역 언론인들과 가진 술자리에서 기자를 폭행한 사건을 다룬 기사를 읽다가 '이부망천'이라는 단어가 눈에 띄었다. 이부망천은 멀쩡한 사람이 서울에 살다가 이혼하면 부천에 가고, 망하면 인천에 간다는 지역 비하 표현이다. 최 위원장은 인천의 계양갑 지역을 대표하는 정치인임에도 이런 표현을 써서 논란이 되었다. '이부망천'은 2018년 정태옥 당시 자유한국당 국회의원이 처음 쓴 단어다. 당시 정 의원은 "서울에서 살던 사람들이 양천구 목동 같은 데 잘 살다가 이혼 한 번 하거나 직장을 잃으면 부천 정도 갑니다. 부천에 있다가 살기 어려워지면 인천 중구나 남구에 갑니다"라고 말했다. 인천을 서울에서 실패한 사람들이 가는 지역쯤으로 생각하고, 서울에서 멀어질수록 망하는 것이라는 인식이 노골적으로 담겨 있다. 경기도는 이름조차 서울 경京, 경기 기畿라는 한자 뜻 그대로 서울에서 가까운 지방, 즉 서울의 주변부로 취급된다.

한국 사회에서 서울중심주의는 모든 지역에 적용되지만, 수도권과 비수도권 지역이 겪는 고충은 성격이 꽤 다르다. 경인 지역은 사람들의 의식과 생활 전반이 서울과 연결되어 있기 때문에 수시로 비교를 당하고, 지역민들 스스로도 그 비교를 상당 부분 체화하고 있다. 일상적으로 얽히고 비교당하는 가운데 자의 반 타의 반 열등한 위치에 놓이는 경우가 많다. 이부망천도 이런 맥락에서 나왔다. 인천에서 태어나고 자란 나는 어린 시절부터 서울 친구들에게 '인촌', 그러니까 인천은 시골(촌)이라는 농담을 듣곤 했다. 인천 사람도, 시골 사람도 달갑지 않을 서울 사람만이 할 수 있는 농담이다. 비수도권 지역 사람들에게는 "인천이랑 경기도가 무슨 지방(지역)이야?"라는 이야기를 듣기도 하지만, 경인 지역 사람들은 이렇게 일상적인 비교와 차별에 노출되는 곤란함이 있다.

경인 지역에 대한 이런 차별적 인식은 경인 지역 언론에도 똑같이 적용된다. 지역 언론 기자라면 한 번쯤 들어봤을 "왜 서울로 안 가?"라는 질문은 경인 지역 언론 기자들에게는 더 익숙한 말이다. 서울중심주의 속 지역 언론의 역할을 조명하는 '전국 언론 자랑'이라는 기획에 경인 지역 언론을 꼭 넣어야겠다고 다짐했던 이유다. 그러나 내가 만난 경인 지역 언론인들은 이런 현실을 경인 지역의 고유한 특징으로 보았다. 서울과 일일 생활권으로 묶여 설 자리가 좁기는 하지만, 그들은 경인 지역을 하나의 작은 대한민국이라 여기며 그 안에서 지역 언론만이 할 수 있는 역할을 찾고 있었다.

경인 지역은 하나의 작은 대한민국

경인 지역 언론이 다른 비수도권 지역 언론보다 어려움을 느끼는 부분은 '지역 밀착형 보도'다. 경인 지역에는 직장은 서울인데 집값 등을 이유로 이곳에 와서 사는 거주민이 많기 때문이다. 설사 이곳이 고향이라고 해도 직장의 이동이나 집값의 오르내림에 따라 언제든 떠날 준비가 되어 있는 사람이 많다. 사정이 이렇다 보니 경인 지역 언론이 '지역 밀착형 보도'로 서울의 종합 일간지와 차별화를 시도하며 제 역할을 증명하곤 해도 실제 거주민들이 이곳을 '나의 지역'이라 느끼며 보도 내용에 주목하는 일은 드물다.

내가 만난 경인 지역 언론인들도 이러한 어려움을 토로했다. 이곳 주민들 가운데는 타지 출신인 부모가 서울에 직장을 얻으려 경인 지역으로 이주해 와서 태어난 사람들이 많다. 그들 자신도 대체로 직장은 서울이고, 서울로 이주할 것을 꿈꾸기 때문에 지금 살고 있는 곳에 대한 애착이 없다. 신지영 〈경인일보〉 기자는 지역 정서가 약하다는 특성 때문에 겪는 어려움을 이렇게 털어놓았다.

"예를 들어 강원도 사람들은 〈강원일보〉에 기사 한 줄 나가는 게 가문의 영광이라고 해요. 그런데 경인 지역은 이주민이 만든 도시이고 사람들 정체성도 그렇게 형성돼 있어요. 우리 동네의 숨겨진 이야기를 찾으면 분명히 시민들이 관심 가질 거라는 확신이 기자들에게 있어야 하는데, 그런 확신을 갖기가 어렵습니다."

이런 환경일수록 지역민의 목소리를 전달하는 지역 언론의 역할이 더 중요하지 않을까. 희미한 지역 정체성 또한 그 지역만의 뚜렷한 특성이고, 그만큼 다양한 종류의 사람들이 섞여서 살아가고 있다는 뜻일 테니까. 경인 지역 언론인들은 이런 독특한 정체성을 '경인 지역은 하나의 작은 대한민국'이라는 말로 표현했다. 서울의 주변부가 아니라 다양한 사람들이 다양한 목적으로 모여 살아가는, 어쩌면 서울보다 큰 '작은 대한민국'이라는 것이다. 그러면서 이 지역만의 정체성과 주민들의 관심사를 취재할 수 있는 지역 언론이 그 어느 곳보다 더욱 필요하다고 말했다.

이연우〈경기일보〉기자는 "경기도 안에서는 전국의 모든 이야기를 들을 수 있습니다. 예를 들어 '오늘은 외국인 근로자를 취재하고 싶은데 경기도에 외국인 근로자가 많은 지역이 있었나?' 하고 둘러보면 틀림없이 있어요. 궁금한 모든 걸 경기도 안에서 다 해결할 수 있는 거지요. 많은 사람을 만날 수 있고, 많은 이슈를 다룰 수 있는 게 경기도의 매력입니다"라고 말했다. 실제로 국내에 살고 있는 250만여 명의 외국인 중 약 40퍼센트가 경인 지역에 살고 있다. 〈중부일보〉는 2021년부터 한국에 거주하는 외국인들을 위한 '다문화 뉴스'를 제작했다. 이세용〈중부일보〉기자는 생활 법률, 비자 관계 등 외국인들에게 꼭 필요한 생활 정보를 모아 한국어, 영어, 중국어, 베트남어 등 네 개 언어로 뉴스를 만들었다. 긴 호흡의 인터뷰 기사 '다문화人스토리'에서는 경인 지역에 사는 이주 배경 이웃들의 이야기를 소개했다. 경인 지역만의 지역성에 착안해 시작한 다문화 뉴스는 어느새 〈중부일보〉가 새로운 독자를 만날 수 있는 주요 통로가 됐다.

〈인천일보〉는 청년 인구가 많은 지역 특성을 살려 1991년부터 1995년 사이에 태어난 4만 명의 인천 지역 청년 베이비부

머의 행보를 추적하는 '인천형 청년 베이비부머 연구록'이라는 기획 기사를 보도했다. 인천에서 태어나 서울과 경기도에서 첫 직장을 잡는 사람의 구체적 숫자를 파악하고, 이들이 생각하는 '인천'의 의미를 물었다. 수도권 밖에서 살다가 최근 인천으로 온 청년들의 삶도 조명했다. 〈인천일보〉 기자들은 지금 인천의 현실에 맞는 '애향심'이 무엇일까에 집중했다. 과도기에 놓인 인천의 지역 신문은 무엇을 말할 수 있을까를 고민한 예리한 기획 보도였다.

〈인천일보〉 경제부 취재진은 서울에서 유입되는 '인천형' 신혼부부에 주목한 기획 기사 '신혼N컷'을 보도하기도 했다. 서울에서 집값이 폭등하기 시작한 2019년을 기점으로 서울에 살다가 인천으로 이주하는 30대가 매년 증가하고 있다. 반면에 인천에서 서울로 가는 30대 신혼부부의 비중은 줄었다. 인천 역사상 처음으로 '서울에서 온 30대 인구 수혈'을 맞이한 것이다. 김원진 〈인천일보〉 기자는 2023년 지역신문컨퍼런스에서 이 기획을 소개했다. 그는 "정부는 청년 정책, 육아 정책 등을 하나씩 떼어서 보지만, 사실 그 포문은 신혼에 있습니다. 결혼, 임신, 출산, 육아 등 신혼은 인생 2막의 시작점이니까요. 지역 신문이 신혼부부에 접근해 공들여 써볼 가치가 있다고 생각했습니다"라고 말했다.

낙엽 툭툭 떨어지던 작년 11월. 서울에서 잘 살고 있는 줄 알

앉던 친구 A가 '나 부평으로 이사 간다'며 손에 쥔 소주잔을 비웠다. 평생 인천에 살면서 수많은 친구를 서울과 경기로 떠나보낸 〈인천일보〉 기자 입장에서 A를 진심으로 환영했다. 인천의 좋은 점을 어필했다. 그래도 A는 서울을 떠나는 것에 씁쓸해했다. 얼른 돈 벌어 서울로 다시 가겠다고 했다. A는 인천에 몇 없는 특별한 사례일까, 아니면 부동산 급등이 만든 무언가의 한 조각일까. 통계청 자료를 살펴보니 최근 1~2년 동안 인천은 경기와 함께 전국 17개 시도에서 신혼 감소세가 가장 낮은 도시였다. ─김원진 기자, 『2023년 지역신문컨퍼런스 자료집』에서

  김 기자는 인천으로 오는 신혼부부들이 그들의 젊은 독자가 될 수 있을 거라 생각했다. 젊은 독자층의 유입은 지역 신문에는 드물고도 좋은 에너지다. 이 독자들에게 더 친근하게 다가가기 위해 웹툰이라는 새로운 형식을 시도하기도 했다. '신혼N컷' 기사에는 인천에 자리 잡은 신혼부부들의 일상을 인터뷰해 이를 단편소설 형식으로 쓴 글과 웹툰이 함께 실려 있다. 웹툰은 인스타그램에서 육아 관련 그림을 그리는 인스타툰 작가들과 협업해 완성했다.
  겉보기에는 밝고 말랑말랑한 내용 같지만, 안을 들여다보면 실상은 꽤 우울하다. 인천에 살고 있거나, 인천에 살기로 했거나, 인천이 싫어서 떠났던 여섯 부부의 고충이 담겨 있다. 인천 외곽의 행복주택에 당첨돼 양적으로도 질적으로도 아쉬운 임

대주택에서 살아가는 부부, 유아 교육 시설이 모두 신도시로 빠져나가 아이를 키우기 힘든 원도심에서 살아가는 부부, 미추홀구의 전세 사기 때문에 혼란을 겪고 있는 부부 등 인천에서만 볼 수 있는 신혼부부들의 다양한 이야기가 실려 있다. 〈인천일보〉는 각 인터뷰이들이 인천 곳곳에서 왜 고충을 겪어야 했는지를 정부 정책의 문제와 엮어 꼼꼼히 분석한 기사도 써냈다. 예를 들어 인천에는 신혼부부들을 받아들일 정책이 충분하지 않은데, 이는 이러한 인구 유입을 서울의 인구가 흘러 들어오는 수동적인 현상으로 바라보기 때문이라 분석하고 대안을 내놓기도 했다. 〈인천일보〉는 '신혼N컷' 기획으로 2023년 지역신문컨퍼런스 대상을 수상했다.

〈경기일보〉에서는 주로 신도시 개발로 주목받는 경기도에서 인구 감소를 고민하는 마을을 찾아가 기사를 썼다. 경기도만의 이야기를 쓰고자 시작한 〈경기일보〉의 'G-Story' 기획 첫 번째 '마을' 편은 마지막 남은 택시 한 대마저 운행을 중단하고, 1년에 평균 두 명의 신생아가 태어나는 포천시 관인면의 이야기를 담았다. 기획을 주도한 이연우 〈경기일보〉 기자는 "경기도는 잘사는 동네, 항상 개발 중인 동네라는 인식이 있지만, 경기도에도 여전히 관심이 모여야 할 지역이 있다는 것을 보여주고 싶었습니다"라고 말했다.

스포츠는 지역 언론이 지역성을 살릴 수 있는 또 하나의 분야다. 특히 경인 지역에는 운동부가 잘 갖춰진 학교가 많아, 뛰어난 학생 선수의 인터뷰를 싣기에 용이하다. 예컨대 〈경기일보〉는 전 피겨 스케이팅 선수 김연아가 군포 수리고등학교에 재학하던 시기에 가족과 주변 사람들을 인터뷰하기도 했다. 서울 언론에서는 하기 어려운 지역 밀착형 보도의 사례다.

〈기호일보〉는 2017년 국토교통부의 '뉴스테이 New Stay 사업'으로 쫓겨난 인천 지역 원주민들을 취재해 기업형 임대주택 사업의 문제점에 대해 12회에 걸쳐 보도했다. 〈경인일보〉는 '수원 세 모녀 사건' 발생 이후 수원 지역에 사는 발달장애인 가정의 일상과 복지 제도의 사각지대를 지속적으로 심층 취재했다. 지역에서 발달장애 아들과 살아가는 부모의 기고문을 통해 발달장애인 가정의 현실을 생생히 보여줬다. 지역을 사건·사고로만 소비하는 중앙 언론과 달리 지역 언론 기자들이 가장 잘 할 수 있는 '우리 지역의 이야기'를 보도한 사례다.

지방 행정, 부동산, 교통 등 경인 지역 주민들이 큰 관심을 보이는 기사는 주민들에게 실질적으로 필요한 내용이기도 하다. 그 대부분이 서울과 연계된 이슈이기는 하지만, 이를 발 빠르게 전달하고 분석하는 것도 '지역 밀착형 보도'에 포함된다. 배재흥 〈경인일보〉 기자는 "웹 기사의 조회 수를 보면 독자들은 GTX와 부동산 기사를 가장 많이 읽어요"라며 그런 수요에 맞춰 관련 정보를 읽기 쉽게 제공하는 것도 자신들의 역할이라고 말했다. 특히 항만과 공항이 위치해 있는 인천 지역의 경우 그와 관련된 이슈가 많을 수밖에 없다. 우제성 〈기호일보〉 기자

| 위 | 〈중부일보〉 2022년 9월 16일 자 '다문화人스토리' 기사.
| 왼쪽 아래 | 〈인천일보〉 2021년 3월 3일 자 '인천형 청년 베이비부머 연구록' 기획 기사.
| 오른쪽 아래 | 〈기호일보〉 2017년 3월 6일 자 '뉴스테이 연계 정비사업의 그림자' 기획 기사.

는 "인천만의 특수한 환경인 인천 수출입 항만과 국제공항을 깊게 파보는 등의 방식으로 지역 정체성을 다시 확립하고 지역 주민들에게 발언권을 더 많이 돌리려 합니다"라고 말했다. 같은 맥락에서 〈인천투데이〉의 유튜브 채널은 '철도투데이', '항공투데이', '해양투데이' 등 인천의 특성에 주목한 섹션들로 구성되어 있다. 인천만의 뚜렷한 지역성에 입각하면서도 주민들의 관심을 겨냥한 선택이다.

경인 지역의 지상파 방송인 OBS는 2023년 3월 OBS 라디오를 개국해 간판 프로그램 '오늘의 기후'를 꾸준히 진행해오고 있다. 이 프로그램은 전 지구적 현안인 기후 위기를 시민 눈높이에서 다양한 각도로 조망하고, 전문가와 청취자가 함께 현실적인 답을 찾아보자는 의도로 기획되었다. 어렵게 느껴지는 기후 문제를 먹거리, 주택, 자동차 등 일상적인 소재로 접근하고, 시민들에게서 기후 관련 제보를 받는 '기후 톡파원'을 통해 지역민과의 접점도 넓혔다. 방송 첫날부터 프로그램 진행자를 청취자가 직접 투표하는 대국민 오디션 방식으로 선정해 주목받기도 했다. 경인 지역 언론의 새로운 시도들은 지역민의 삶 속으로 한 걸음씩 다가가고 있다.

중앙 언론의 지역 언론 기사 뺏기

언론 지형은 심각하게 기울어져 있지만 놀랍게도 중앙 언론사들은 종종 지역 언론의 기사를 빼앗아 간다. 지역에서 발생한 사건·사고 기사를 그대로 베껴 쓰거나 일부만 수정해 '단독'을 붙여 내보내는 일이 많다. 실제로 '전국 언론 자랑'을 통해 인터뷰한 경인 지역의 언론인 일곱 명 가운데 다섯 명이 자신이 쓴 단독 기사를 중앙 언론이 가져갔거나 동료 기자가 그런 경험을 한 적이 있다고 밝혔다. 〈경기일보〉 이연우 기자와 〈경인일보〉 신지영 기자의 경험을 차례로 들어보자.

"몇 년 전 경기도에서 큰 화재가 발생해서 서울에서도 많은 기자들이 왔습니다. 먼저 도착해서 핸드폰으로 영상을 찍고 있었는데, 서울에서 온 기자가 '우리는 큰 카메라가 있으니까, 그리고 우리 보도가 더 주목받을 테니까 잠깐 비켜봐라'라며 밀치더라고요. 지지 않으려고 했지만, 속수무책으로 밀려날 수밖에 없는 상황이었지요. 이게 경기도 기자의 삶인 것만 같은 느낌이었습니다."

"경인 지역 언론사에서 일하다가 서울로 이직한 기자들이 처음에는 서울 출입처에 대해 잘 모르니까, 아이템이 없으면 〈경인일보〉 지면을 그대로 베끼거나 인터뷰나 사례만 바꿔서 '서울판'으로 쓰는 경우도 있었어요. 그쪽 데스크는 〈경인일보〉 기사는 스크린을 안 할 테니 들키지 않고 발제할 수 있는 방법을 생각해낸 것이죠."

언론의 '단독' 경쟁은 분명 문제이지만, 보도된 지역 언론의 기사를 중앙 언론에서 출처도 밝히지 않고 빼앗아 가는 건 또 다른 차원의 이야기다. 게다가 경인 지역 언론사 대다수는 포털에 입점해 있지 않기 때문에 이런 일이 더 빈번하게 발생한다. 신지영 〈경인일보〉 기자는 "단독을 써도, 포털에 없는 언론사는 언론사가 아니라고 생각하니까 그냥 가져가는 거예요. 포털에서 검색해도 기사가 나오지 않으니까 베껴도 안 걸린다고 생각하는 거죠"라며 어려움을 토로했다.

지역 언론은 이런 문제에 일일이 대응하기 어렵다. 다른 더 큰 현실적인 문제들이 생존을 위협하고 있기 때문이다. 오랜 비판에도 여전한 '관 중심'의 출입처 취재 구조, 부족한 인력, 열악한 취재 환경과 낮은 직업 만족도로 인해 지역 언론의 기자들은 이직이나 전직이 잦은 편이다. 인터뷰 당시 입사 10년 차였던 김원진 〈인천일보〉 기자는 입사 동기가 여섯 명인데 지금은 자기 한 명만 남았다는 이야기를 들려주었다. 입사 6년 차였던 우제성 〈기호일보〉 기자도 영세한 경영 구조와 고리타분한 업무 방식 때문에 공무원이나 홍보 업무로 전직하는 경우를 많이 봤다고 했다.

서울에도 지역 언론이 있다

　경인 지역 언론은 '경기도와 인천의 언론이 무슨 지역 언론이냐'라는 불만 섞인 질문을 받는데, 그보다 더 난처한 질문을 받는 이들이 있다. 바로 서울 안에 있는 지역 언론이다. 그들은 '서울에 있는데 왜 지역 신문인가?'라는 질문을 수시로 받는다. '지역'이 '지방'과 같은 의미로 쓰이면서 서울은 지방이 아니라고 분리하거나, 수도인 서울은 전 국민적 관심사를 다루는 곳이라고 여기는 인식 때문이다. 그러나 서울 역시 경기도로 둘러싸여 있고, 부산이나 인천보다 면적이 작은 한 지역이다.

　서울과 지역을 구분 짓는 문제가 여실히 드러난 사례도 있다. 한국언론진흥재단은 2022년 지역 언론인의 전문성 향상을 위한 '지역 언론인 국내 자율 연구 지원 사업' 공고를 내며 '주 사업장이 서울 이외의 지역에 소재한 언론사에서 만 3년 이상 재직한 언론인'이라는 조건을 붙였다. 서울은 지역이 아니라고 전제하는 바람에 서울 내 지역 언론이 제외되고 말았다. 지역 언론을 지원하는 기관조차 서울은 중앙이고, 지역은 지방이라는 인식을 드러낸 것이다. 이에 서울 내 지역 신문들의 항의가 이어졌고, 이후 재단에서는 서울 내 지역 신문도 지원 대상이라고 다시 설명했다.

　서울 내 지역 언론은 중앙 언론사들이 취재하지 않는 '자치구'와 '서울시'를 제대로 취재하기 위해 만들어진 곳들로, 은평구를 취재하는 〈은평시민신문〉, 금천구를 취재하는 〈마을신문 금천in〉, 구로구를 취재하는 〈구로타임즈〉 등이 있다. 언론사는 서울에 집중되어 있지만, 정작 서울시나 특정 자치구를 집중적으로는 다루는 지역 언론은 없다는 문제의식이 이들의 출발점이다.

다만 〈은평시민신문〉은 서울시 전반의 일들을 다루는 매체 〈저널서울〉도 운영하고 있다. '전주 사람', '옥천 사람' 등 기초자치단체를 자신의 정체성으로 삼는 다른 지역 사람들과 달리, 서울 같은 대도시에 사는 사람들은 자신을 특정 구의 주민이라고는 잘 생각하지 않는다. 양천구에 살든 마포구에 살든 스스로를 '서울 사람'이라고 여긴다. 또한 거주하는 지역과 직장이나 학교가 위치한 지역이 달라 자치구에서 지역 정체성을 느끼기 어려운 경우도 많다. 이에 은평구만을 취재하는 것에 한계를 느낀 〈은평시민신문〉은 서울 전역으로 범위를 확장한 매체를 운영하기 시작했다.

가장 사적인 것이 가장 정치적인 것이라는 말이 있다. 여성이 사회 구조에 의해 겪는 차별을 사적인 문제로 취급하며 공적으로 다루지 않는 것을 비판하는 말로, 개인의 사소한 경험도 정치적, 사회적 맥락에서 비롯하므로 적극적으로 사회 문제화해야 한다는 의미를 담고 있다. 나는 '지역'을 바라보면서도 이 말을 떠올렸다. 서울이 곧 중앙이고, 서울의 이슈만 공적 이슈가 되는 사회에서 비수도권 혹은 서울 내 지역의 문제는 사소한 것으로 여겨진다. 서울의 문제는 지엽적인 부분까지 모든 언론이 나서서 다루지만, 가령 농촌의 문제는 농촌 전반이 얽혀 있더라도 공적 이슈가 되지 못한다. 서울은 농촌이 아니니 '너희 지역 문제는 너희가 알아서 해결해'라는 식이다. 그러나 지역 신문 기자들은 '지역의 문제가 곧 전국의 문제'라고 말한다. 농업, 저출생, 고령화, 기후 위기……. 지역을 위협하는 문제 가운데 우리 사회 전반과 얽혀 있지 않은 것이 없다. 우리가 서울중심주의에서 벗어나 시야를 넓혀야 하는 이유다.

특집 풀뿌리 지역 언론의 대명사 〈옥천신문〉 황민호 대표

〈옥천신문〉을 취재한 '전국 언론 자랑' 기사가 나간 후 황민호 대표에게 KBS의 대표 프로그램 '인간극장'에서 섭외 전화가 왔다고 한다. 이 소식을 듣자마자 나는 "그럴 만하지"라며 고개를 끄덕였다. 지역 공동체를 위해 주 7일을 분 단위로 꽉 채워 사는 황민호 대표. 범상치 않은 점프수트 옷차림에 파마머리 스타일, 잘 불지는 못하지만 늘 들고 다니는 단소, 호탕한 웃음소리까지 그를 궁금해하지 않을 사람이 누가 있을까. 가족의 사생활이 너무 노출될 위험이 있어 출연은 고사했다지만, 만약 〈인간극장〉을 통해 황 대표의 일주일이 전파를 탔다면 지역 언론을 속속들이 알 수 있는 다큐멘터리가 만들어지지 않았을까, 내심 아쉬웠다.

황 대표는 건강상의 이유로 다이어트를 시작해 20킬로그램 이상을 감량하는 데 성공했는데, 이 다이어트 일지를 옥천의 로컬푸드와 연결해 기사로 쓴 적도 있다. 본인의 체중 감량기까지 지역과 연결해 기사로 소화하는 '뼛속까지' 풀뿌리 지역 신문 기자인 것이다. 그는 술과 담배를 하지 않지만 〈옥천신문〉 기자들은 항상 그를 걱정한다. 분 단위로 일정을 짜서 바삐 돌아다니는 탓에 잠을 잘 자지 않기 때문이다. 황 대표가 차에서 조는 일이 잦아 기자들은 몇 번 위기의 순간을 넘겨야 했다. 만약 황 대표와 차에 동승했는데, 그가 갑자기 노래를 크게 틀고 "아……" 하고 외친다면 지금 몹시 졸립다는 뜻이다.

  황 대표의 꿈은 '24시간 옥천 사람 나오는 TV' 만들기다. 지역에서 슈퍼마켓에 가면 거의 종편 방송이 틀어져 있는데, 그 풍경을 바꾸고 싶다는 꿈이다. 그는 옥천 조기 축구를 프리미어리그처럼 중계하고, 옥천 사람들이 출연하는 '옥천 노래 자랑'이나 '옥천 런닝맨'이 나오는 '옥천TV'를 주민들이 보았으면 좋겠다고 했다.

  "'텔레비전에 내가 나왔으면 정말 좋겠네'라는 노래도 있지 않나요. 그 좋은 걸 하고 싶은 거죠. 옥천 배우, 옥천 개그맨을 보면서 아이들이 지역 안에서 다양한 미디어로 꿈꿀 수 있는 일자리를 만들고 싶습니다. 더 이상 서울로 쏠리지 않고, 지역을 떠나지 않을 수 있게요. 각 지역의 고유성이 발현돼서 다양한 문화를 만들 수 있으면 좋겠습니다."

  기자가 이렇게까지 해야 할까. 힘들지 않느냐는 말에 그는 "일과 삶과 놀이가 하나가 돼서 바빠도 재미있어요. 여기서 얻은 것들로 기사를 쓰고, 정책 제안도 하고, 토론회에서 이야기도 하면서 주민들의 마음을 모으려고 합니다. 내가 무엇을 하면 피드백이 바로 오고, 지역 사회에 일정 부분 기여도 할 수 있으니 그런 것들이 저를 여기에 뿌리내리게 하는 것 같아요. 기자는 깨어 있는 시민, 활동하는 시민이죠. 저는 시민의 역할을 하고 있는 겁니다"라고 말했다.

2025년 창간 30주년을 맞은 〈미디어오늘〉의 창간 기념호에 지역 신문 몫으로 황민호 대표에게 축사를 부탁했다. 황 대표가 금세 적어준 축사에 중앙 언론에 대한 신랄한 비판이 담겨 있어 나는 이마를 탁 치고 말았다. 지면의 한계로 전체의 반의반밖에 싣지 못했던 축사의 전문을 여기에 소개하려고 한다.

풀뿌리 언론은 이 땅의 지방 자치가 시작되기도 전에 민의를 받들어 꿈틀거리며 바닥의 공론장을 만들어왔다. 그럼에도 불구하고 언론으로 인정받지 못하고 촌동네 사람들이 언론 흉내 내는 것으로 취급받아왔다. "기자실이 어쩌구저쩌구", "기자증이 어쩌구저쩌구" 지들끼리 몰려다니면서 뭐가 된 것마냥 우쭐거릴 때 우리는 군림하지 않고 변방 밑바닥까지 찾아다니며 말 못 하는 사람들의 말에, 글 못 쓰는 사람들의 말에 귀 기울여왔다. 그것은 사명보다는 오히려 풀뿌리 언론의 생존에 가까웠다. 관에서 나눠주는 광고에 길들여지지 않고 민의를 받들려는 소명 의식은 구독으로 이어져 자연스레 선순환의 구조가 어렵게 만들어졌다.

〈미디어오늘〉이 최근 몇 년 동안 다층적인 풀뿌리 언론을 조명한 것은 마땅한 일이었지만, 반가운 마음이 일었다. 주민과 맞닿아 있는 본질적인 언론이 어떠해야 하는지 다시 성찰하고 돌아보는 계기가 되었다. 건강한 지역 언론 없는 풀뿌리 민주주의는, 지방 자치는 상상할 수 없다. 〈미디어오늘〉 30주년을 축하한다. 아직도 이 땅에는 사이비 언론이 득실거리고, 건강한 언론 하나 없어 부패와 부조리가 창궐한다. 〈미디어오늘〉이 해야 할 일이 그만큼 많다는 뜻이다.

앞으로 건강한 풀뿌리 언론과 연대해 이 땅의 언론 생태계를 한바탕 뒤집었으면 좋겠다. 옥석을 가리고, 동학농민혁명 하듯 원탁의 기자단을 모아 암행어사처럼 전국 각지의 부조리를 싸그리 걷어내 민들레 홀씨를 고이 심어 풀뿌리 언론의 싹을 키우는 데 함께했으면 한다. 앞으로의 30년은 풀뿌리 언론과 함께 새로운 언론 생태계의 주춧돌을 쌓는 데 힘을 모아보면 좋겠다. 〈미디어오늘〉의 건투를 빈다.

축사에 언급된 '원탁의 기자단'은 내가 〈옥천신문〉을 찾았을 때도 그가 했던 말이다. 황 대표 개인의 목표를 묻자 그는 "풀뿌리 공론장을 지키는 원탁의 기자단을 만들어 서울까지 진격하는 것이오. 지역 신문이 없는 지역에 공론장을 하나하나 인큐베이팅해서 지역을 다 바꾸고 언론계 패러다임을 바꿔놓는 게 목표입니다"라고 말했다.

2021년 대표로 취임한 그는 2024년 8월 대표직을 연임했다. 새로운 3년의 목표는 안정적 경영 기반 갖추기다. 그는 지역 신문의 사정이 녹록하지 않다며 〈옥천신문〉의 빚을 다 청산하고 잘 매듭지어서 후배들에게 좋은 환경을 마련해주고 싶다고 말했다.

3부   세상에 이런 신문이!

어쩌다 특종!

괴산 송면초등학교
어린이 신문

'어린이'라는 새로운 세상을 이해하려는 언론의 노력은 드물다. 정치·사회·경제·문화 어느 섹션도 어린이의 목소리를 적극적으로 담지 않는다. 소수자 문제는 중심이 아니라 주변의 것으로 치부되는 언론 환경에서 '어린이'는 더더욱 환영받지 못하는 주제다. 관심 있는 개별 기자가 발제를 하는 정도이고, 그조차도 거의 주목받지 못한다.

소수자들에 관한 기사를 많이 쓰겠다고 다짐한 나조차도 어린이에 대한 기사를 쓴 적은 거의 없다. 특별한 이유가 있지 않은 이상, 어린이날이 되어서야 어린이에 대한 기사를 고민해보곤 했다. 아마 대부분의 기자들이 이와 비슷하거나 이조차도 하지 않을 것이다. 실제로는 '어린이날이 되어서야'였지만, 그래도 나는 '어린이날을 맞아서라도' 어린이를 제대로 이해할 수 있는 기사를 쓰고 싶었다. 그렇게 어린이날 기획을 준비하던 중 충북 괴산의 작은 마을인 '솔맹이마을'에 위치한 송면초등학교에 어린이 기자들이 직접 만드는 어린이 신문 〈어쩌다 특종!〉이 있다는 소식을 들었다. 어린이 기자들이 직접 만드는 신문이라니 고민할 필요도 없이 바로 괴산을 찾았다.

따뜻한 날씨의 2023년 4월 말, 오랜만에 초등학교를 찾아가니 설렘 반 걱정 반이었다. 기자로 일하면서 매일같이 많은 사람과 만나고 소통하지만 어린이들을 만나 이야기를 들어본 적은 거의 없었다. 나의 취재원은 거의 모두 성인이었다. 사람과 대화하는 게 직업인데도 어린이와 대화할 기회는 흔치 않았다.

'어린이 기자들이 나랑 이야기하는 걸 불편해하지 않아야 할 텐데…….'

평소 누구와도 편하게 대화할 수 있다는 자신감을 갖고 있던 나에게도 이번 인터뷰는 제법 긴장되는 일이었다. 경험해보지 않아 예측이 어려웠기 때문이다.

어린이 기자들과 편하게 대화하기 위해 함께 간 선배 기자와 룰을 하나 정했다. 바로 '어린이 기자들에게 존댓말 쓰기'였다. 성인 취재원과 대화할 때는 당연히 존댓말을 쓰면서도 어린이 취재원에게는 쉽게 반말을 쓰는 상황에 대한 문제의식이었다. 방송사 뉴스 인터뷰에서 이런 점이 불편하게 느껴질 때가 많았다. 선배가 어린이에게 존댓말로 말을 걸면 좀 더 쉽게 마음을 열고 편하게 대화를 나눌 수 있다는 경험을 들려주기도 했다. 어른들과 마찬가지로 어린이들도 당연히 대화를 할 때 상대가 나를 존중하는지 아닌지를 판단하고 있을 터였다. 호칭은 다른 기자 취재원들을 대할 때와 마찬가지로 '○○○ 기자님'으로 하기로 했다.

 가는 길에 마을 하나로마트에 들러 간식거리를 종류별로 한 아름 사 들고 송면초를 찾았다. 인터뷰 섭외를 할 때 통화했던 '자람터'의 박성수 돌봄 교사가 우리를 맞이했다. 박성수 돌봄 교사는 〈어쩌다 특종!〉 박지담 기자의 아버지이자 돌봄 교실 자람터의 대표인 일명 '돌멩이쌤'이다. '솔맹이 마을학교 자람터'는 송면초 학부모 돌멩이, 민들레, 보름달이 직접 운영하는 돌봄 교실이다. 일반적으로 각 초등학교에는 국가 단위 돌봄 정책의 일환으로 교육청에서 돌봄 전담사를 파견하는데, 충청북도에서는 교육청 시범 사업으로 마을 돌봄 사업을 실시하고 있었다. 송면초 학부모들은 2021년 자람터라는 단체를 만들어서 교육청과 용역 계약을 맺고 직접 학교로 들어와 어린이들을 돌보고 있다. 보통 오후 6시까지 어린이들을 돌보고, 학교의 방과 후 수업도 자람터 돌봄 교사들이 맡는다. 어린이 기자들도 자람터 안에서 우리를 기다리고 있었다.

 우리는 어린이 기자들을 만나 인사를 나누고 명함을 건넸다. 큰 책상에 둘러 앉아 과자를 먹으며 이야기를 나누었다. 걱정과 달리 어린이 기자들은 우리를 편하게 대했다. 두 시간가량 어린이 기자들이 아이템을 찾아 취재를 하고, 기사를 쓰고, 종이 신문을 만들어 배포하는 과정에 대해 들었다. 또 그들이 뉴스에 대해 어떻게 생각하는지, 학교 안에서 '신문'이 어떤 역할을 하고 어떤 위상을 가지고 있는지에 대해서도 자세히 들었다. 그동안은 들으려고 노력하지 않았기 때문에 듣지 못했다는 것을 깨달았다. 어린이 기자들의 이야기는 너무나 새롭고 생생했다.

"교직원분들은 참여 불가능합니다"

〈어쩌다 특종!〉은 송면초등학교 전교생 51명(취재를 갔던 2023년 4월의 현황이고 2025년 10월 기준으로는 38명이다) 가운데 5학년 학생 한 명(유담)과 6학년 학생 세 명(박지담, 박주원, 이혜인)이 함께 만드는 어린이 신문이다. 이들은 자람터의 신문반 동아리 학생들로 어린이들이 점점 글쓰기를 어려워해 초등학교에 신문반이 사라져가는 현실에서 어린이의 목소리를 기록하고자 신문 만들기를 시작했다. 학교에서 발행되는 어린이 신문은 '어른들이 원하는 어린이 이야기'로 채워지거나 학교 홍보용인 경우가 많지만, 〈어쩌다 특종!〉은 어린이가 직접 어린이의 이야기로 지면을 채우며 신문의 주인이 된다.

섭외할 때 내 이목을 잡아끌었던 〈어쩌다 특종!〉이라는 톡톡 튀는 이름도 어린이들이 직접 지었다. 1호가 나올 때까지만 해도 이름이 〈송면초 신문〉이었는데, 1호에 바로 "교직원분들은 참여 불가능합니다"라는 엄중한 공지와 함께 신문 이름 공모를 실어 지금의 이름을 정했다. 기자들은 매주 수요일 오후에 모여 편집회의를 한다. 아이템 선정부터 새 코너 기획, 취재, 기사 최종 퇴고까지 꼼꼼하게 열과 성을 들인다.

학교에서 신문반이 점점 없어지는 추세인 것처럼, 송면초에서도 신문반은 그리 인기 있는 동아리가 아니다. 그래서 기자들은 글쓰기를 좋아하고 책임감 있어 보이는 친구들을 스카우트해 데려오기도 한다. 이혜인 기자가 신문반에 들어온 사연도 재미나다.

"어느 날 학교 끝나고 신문반 언니가 갑자기 와서 들어와 달라고 무릎을 꿇는 거예요. (웃음) 하루만 생각해보겠다고 했는데 재밌을 것 같더라고요. 저는 작가가 돼서 소설을 쓰고 싶은데, 글쓰기와 관련이 있기도 하고요."

기자들은 직접 면접관으로도 참여한다. 글쓰기에 대한 책임감이 없는 지원자는 가차 없이 탈락이다.

어린이 기자들이 기사를 쓰는 방법도 궁금했다. 당연히 기사는 타자를 쳐서 쓸 것이라는 내 예상과 달리, 기자들은 공책에 손글씨로 한 글자 한 글자 써 내려갔다. 박지담, 이혜인 기자는 직접 손으로 쓴 기사를 자랑스럽게 펼쳐 보여주었다. 빼곡하게 쓰인 글자에 그들의 진심이 엿보였다. 어린이 기자들은 아이템을 찾을 때도, 사전 취재를 진행할 때도 생각나는 것들을 선생님의 수첩에 다 함께 손으로 쓰거나 자기 수첩에 메모를 한다.

어린이들이 모여 하나의 주제에 대해 토의하는 대담 코너 기사를 쓸 때는 어린이 잡지 〈고래가 그랬어〉를 참고해 주제를 선정한다. 대담 코너의 경우 특히 섭외할 때 신경 쓸 게 많다. 이야기를 잘하는 친구들을 섭외해야 하고, 만약 두 친구의 사이가 안 좋으면 고심해 한 명을 포기해야 한다. 섭외가 정 어려우면 기자들 중 한 명이 대담에 참여하기도 한다. 주로 신문 하나에 기사 네 개를 넣는데, 기자 넷이 각자 하나씩 맡아서 작성한다. 기사는 나눠서 쓰지만, 탐방 기사나 인터뷰 기사의 경우 네 명의 기자가 늘 함께 현장에 가서 경험을 공유한다.

어린이 기자들이 기사를 쓸 때 가장 중요하게 여기는 지점은 무엇일까? 박주원 기자는 "학생들이 봐도 이해할 수 있는 쉽게 쓴 기사", 이혜인 기자는 "지루하지 않고 재밌는 기사", 유담 기자는 "맞춤법이 틀리지 않고 문장이 어색하지 않은 기사", 박지담 기자는 "내가 하고 싶은 이야기가 다 담긴 기사"라고 말했다. 이는 현직 기자들에게도 중요한 내용이다. 특히 "이해할 수 있는 쉽게 쓴 기사"는 내가 항상 목표로 두지만 가장 어려운 부분이어서 바로 공감의 탄식이 새어 나왔다. 어린이 기자들의 생각을 들으며 잠자코 내 기사 쓰기 방식을 반성했다.

기자들은 신문 배포도 직접 한다. 최종 인쇄된 신문을 손수 접어 나누어 주는 '신문 나오는 날 아침'은 기자들이 가장 좋아하는 시간이다. 총 100부를 인쇄해 80부는 학교에, 나머지 20부는 도서관·경로당 등 마을 곳곳에 기자들이 찾아가 직접 배포한다. 기자들이 함께 신문을 돌리기로 약속했는데, 언젠가 한번은 전날 다른 선생님이 먼저 돌리는 바람에 화가 났던 적도 있다.

"신문이 반대로 접혀 있어서 화났어요. 완성본을 나눠 줄 때 제일 뿌듯해서 신문을 직접 안 나눠 주면 슬퍼요. 아침에 신문 접으면서 1교시도 조금 날리고……. (웃음) '저희 일하고 있어요' 이렇게 말할 수도 있고요."

이혜인, 유담 기자가 천진난만하게 웃으며 말했다.

열심히 돌린 신문이 버려지면 기자들은 '시위'를 벌이기도 한다. 쓰레기통에서 발견된 두 동강 난 신문을 테이프로 칠판에 다시 이어 붙이고, '〈어쩌다 특종!〉의 분노'라는 제목으로 기사를 써 내려가는 형식의 이른바 '칠판 시위'다.

> 7, 8호에 이어 또 신문을 버린 ○○○에 분노한 기자들은 이제부터 신문을 주지 않기로 했다. ─칠판 시위 경고문 중에서

칠판 한쪽에는 독자들의 여론을 반영할 수 있는 네모 모양의 '댓글 창'도 마련했다. 댓글 창에는 '○○○ 진짜 나빴다', '너무하다' 등등 어린이들의 원성이 빗발친다.

칠판 시위를 주도한 기자들은 칠판에 사인을 남기기도 했다. '〈어쩌다 특종!〉 어린이 기자단: 박지담, 유담, 박주원, 이혜인.' 칠판 시위를 왜 했는지 묻자 박지담 기자는 "우린 신문반이니까 기사로 시위하는 거예요. 신문 나오면 버리는 친구가 꼭 있거든요. 그럼 그거 가지고 노는 거예요. 재밌으니까!"라

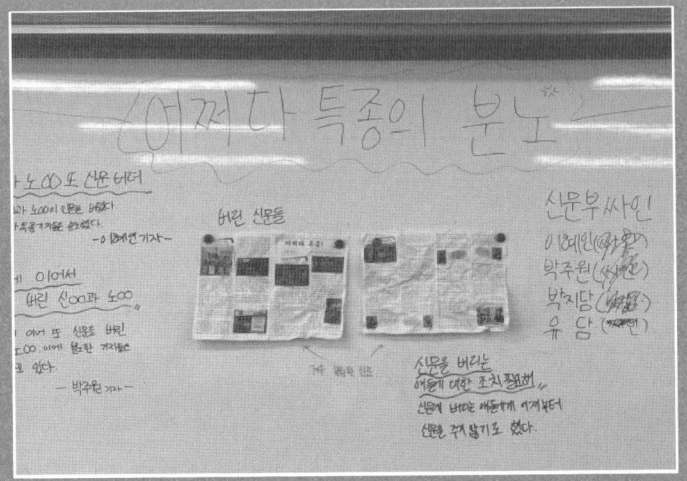

위 〈어쩌다 특종!〉 기자들의 칠판 시위.
아래 송면초등학교 자람터 공간에서 〈미디어오늘〉과 인터뷰하는 〈어쩌다 특종!〉 박지담, 유담, 박주원, 이혜인 기자.

고 활짝 웃으며 대답했다. 어린이들의 비상함과 영특함이란! 〈어쩌다 특종!〉기자단 인터뷰 기사를 마감하던 날, 나는 돌멩이쌤이 보내준 그날 아침의 칠판 시위 사진을 보고는 소리 내어 웃을 수밖에 없었다.

어린이가 주체인 신문

어린이가 주인인 만큼 〈어쩌다 특종!〉에는 어린이들의 목소리가 가득하다. '무엇이든 물어보세요' 코너에서는 어린이들이 궁금해하는 것들을 기자가 대신 묻고, '대담' 코너에서는 한 가지 주제에 대한 어린이들의 대화를 그대로 담아 솔직한 생각을 드러낸다. 기자들이 직접 취재한 자람터 활동 이야기 '우리들 소식'과 마을 현안이 있는 곳을 탐방하고 취재해보는 '우리 마을에 이런 곳이'도 꾸준히 연재 중인 코너다.

2022년 7월 20일 자(7호) 대담은 '차별'을 주제로 유담, 이혜인 기자가 참여해 진행했다.

"학교에서 생존 수영 갔을 때 선생님들이 페트병 안고 뜨는 거 할 때 남자애들 먼저 시켜서 남녀차별 받아본 적이 있어."

"선생님만 국그릇을 주고 우리는 국그릇이 없어서 불편해."

"비빔밥 같은 거 먹을 때도 선생님들만 큰 그릇 주시고."

"동생이 언니 오빠보다 항상 용돈을 적게 받는 게 억울해."

"반대도 있어. 치킨 먹을 때 닭다리가 하나밖에 없으면 동생이 어리다고 동생한테 줄 때가 있어. 그런 걸 많이 당해봤어."

"할머니가 뭔가 모르게 둘째는 까불이, 형은 엄마 많이 도와주는 사람, 그렇게 알고 있어. 실제로는 형도 까불인데!"

어린이들의 입장에서 본 차별이 무엇인지 읽으며 그들의 생각을 이해할 수 있었다. 어린이들이 읽어도 좋지만, 선생님이나 양육자 등 어른들이 읽으면 아이들과 소통하는 데 도움이 될 것 같았다. 어린이 기자들은 차별금지법이 무엇인지 설명하고, 이에 대한 생각을 공유하기도 했다.

같은 호의 '우리들 소식'에서 유담 기자는 송면초 학생자치회가 주최한 '기네스북 만들기' 행사 현장을 스케치했다. 멀리뛰기, 혓바닥 세 개 만들기, 최단 시간에 큐브 맞추기 등 실내 종목뿐만 아니라 스카이콩콩, 공 멀리 던지기, 공 멀리 차기 등 운동장에서 진행한 야외 기네스북 현장도 기사에 담았다.

이날 날씨가 매우 더운 탓에 참가자들이 평소 자신의 기록을 넘지 못해 아쉬워했다. 특히 스카이콩콩은 땡볕에서 뛰며 경기를 했기 때문에 숨도 차고 덥기도 해서 참가자들이 많이 힘들어했다.

직접 가서 봐야만 쓸 수 있는, 생생한 현장 분위기가 물씬 느껴지는 기사다. 또한, 당사자의 시각에서 쓴 기사이기 때문에 이런 행사에서 어린이들이 무엇을 느끼고 어떤 어려움을 겪는 지가 잘 담겨 있다. 추후 기네스북 행사를 다시 열 때 참고할 만한 내용이기도 하다.

2022년 1월 4일 자(5호) '무엇이든 물어보세요' 코너에서 박지담 기자는 "인생은 무엇인가요?"라는 한 학생의 질문에 헬렌 켈러, 스티브 잡스, 공자 등 위인의 명언 11개로 답을 대신했다.

"누가 인생은 무엇인지 물어봐서 제가 명언들을 찾느라고 고생했어요."

2021년 11월 22일 자(4호)에선 "저 잘생겼나요?"라는 친구들의 질문을 반 아이들에게 대신 묻기도 했다. 어린이 기자들의 눈으로만 찾을 수 있는 재치 있는 아이템이다. 우리 학교 학생들이 취재원이 되고 독자가 되는 신문이라는 점에서 〈어쩌다 특종!〉은 독자들에게 가장 밀착한 신문이기도 하다.

9호에는 기자들이 다 함께 옥천의 〈월간 옥이네〉 잡지사를 방문해 박누리 편집장을 인터뷰한 기사가 실렸다(이혜인 기자 작성). 8호의 '우리 마을에 이런 곳이' 코너에서는 기자들이 다 함께 대야산의 버려진 채석장을 방문했는데, 박주원 기자가 채석이 중단돼 방치된 채석장 앞에서 현장 소장에게 전화를 걸어 이야기를 들었다. 어린이 기자들의 적극적인 취재력이 돋보이는 기사들이다.

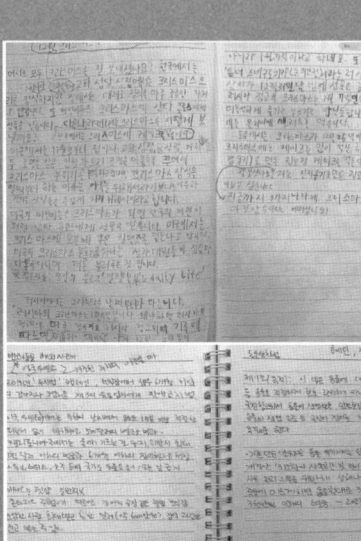

위 박지담 기자가 공책에 손글씨로 쓴 기사.

아래 박주원 기자가 공책에 정리한 반려동물 관련 해외 사례들.

《어쩌다 특종!》 어린이 기자단 제공

위 《어쩌다 특종!》 2022년 7월 20일 자(7호)에 실린 '송면초 기네스북' 소식.

아래 《어쩌다 특종!》 2023년 5월 1일 자(9호)에 실린 《월간 옥이네》 박누리 편집장 인터뷰.

'놀 권리' 보장을 위해 나선 학부모들

어린이 기자들은 인터뷰 내내 '돌멩이쌤 덕분'이라는 말을 반복했다. 돌멩이쌤, 즉 박성수 돌봄 교사는 직접 아이템이나 코너 아이디어를 제안하거나 기사를 수정하며 신문을 함께 만들어가는 〈어쩌다 특종!〉의 일등 공신이다. 신문반은 자람터 활동의 일환으로 진행되고 있는데, 신문반 이외에도 송면초 어린이들은 자람터를 통해 자전거 여행, 산에 올라가 야생동물 흔적 찾기, 캠핑, 기지 만들기 등 다양한 활동을 한다. 모든 활동은 선택이고, 어린이들의 자율에 맡긴다. '이렇게도 저렇게도 놀 수 있게 판을 만들어주는 것'이 자람터 교사들의 목표다.

박성수 돌봄 교사는 시골에 사는 어린이들이라고 하면 자연에서 뛰어놀 것 같지만 그렇지 않다고 말했다. 집들이 띄엄띄엄 있다 보니 오히려 나갈 곳이 없어서 집에서 휴대폰으로 유튜브를 보는 아이들이 더 많다는 말이다. 도시에서보다 야외활동이 더 열악한 측면이 있다고 말하는 박성수 돌봄 교사는 자람터를 통해 어린이들이 자유롭게 뛰어놀 수 있는 기회를 만들어주고 싶다고 전했다.

학교 한쪽에 마련된 자람터 공간에는 어린이들이 자발적으로 운영하는 '자람터 매점'과 직접 만든 벙커 침대가 있다. 매점은 '자람 화폐'로 이용할 수 있는데, 첫 칠판 시위 이후 어린이들이 너무 신문을 보지 않는다는 생각에 내건 '신문에서 틀린 글자 찾기' 이벤트 상금으로 자람 화폐를 주기도 한다. 돌멩이쌤은 자람터가 생긴 첫 해부터 3년째 신문반을 맡고 있었다. 그는 아이들이 스스로 읽고 쓰는 시간이 많지 않은 요즘, 학교 교육 안에서 글쓰기 자체가 어린이들에게 큰 장벽이 되어버렸다고 말했다. 모든 게 디지털화되는 시대이다 보니 아이들이 연필 잡고 글을 쓰는 것 자체를 너무 힘들어한다는 뜻이다. 박성수 돌봄 교사는 어린이들이 유튜브에 노출되면서 겪는 위험을 '종이접기'를 예로 들어 설명했다.

"유튜브가 아이들에게 계속 노출시키는 것은 한 주제의 극단까지 가는 영상들이에요. 예를 들어, 종이접기를 하고 싶은 아이들은 이제 책이 아니라 유튜브를 찾아보는데, 유튜브를 보기 시작한 아이들은 더 이상 종이접기를 하지 않아요. 유튜브에는 종이접기 최강자가 있으니까 나 자신이 초라해지거든요. 끊임없이 내가 재미있어하는 게 무엇인지, 나는 뭘 좋아하는지 돌아보고 그걸 직접 손발로, 글로 표현해야 하는데 거기서부터 막히는 거죠."

박성수 돌봄 교사는 신문을 통해 어린이의 목소리를 공론장에 내놓고 싶다고 말했다. 어린이 기자들을 인터뷰하고 싶다는 요청을 흔쾌히 받아준 것도 이 때문이었다.

"나는 이런 고민이 있고, 이런 해결책을 시도하고 있다는 걸 일기를 넘어서 공론장에 내놓는 순간, 내 이야기만이 아닌 객관적인 무엇인가가 되잖아요. 공적인 글을 쓰는 훈련이 아이들에게 더욱 값진 경험이 되지 않을까요."

공적인 글쓰기의 경험이 아이들에게 끼친 영향 덕분일까. 어린이 기자들은 여전히 쓰고 싶은 기사가 너무 많다. 박지담 기자는 누리호 연구원들을 인터뷰하고 싶다고 말했다.

"누리호 발사 성공을 보고 왔는데, 집에 오는 기차가 고향으로 돌아가는 연구원들로 꽉 차 있었어요. 그분들을 인터뷰해보고 싶었는데 내린 다음에 그 생각이 나서 아쉬웠어요."

이혜인, 박주원, 유담 기자도 쓰고 싶은 기사를 앞다투어 말했다.

"동물을 좋아해서 동물을 잘 아는 사람들을 인터뷰하고 싶어요."

"동네 역사를 잘 아는 어르신들 이야기를 듣고 싶어요."

"지금 이거(〈미디어오늘〉 인터뷰)요. 원래 우리가 인터뷰를 하는데, 우리가 인터뷰 대상이 되니까 너무 신기해요. 큰 신문사에서 우리를 인터뷰하러 왔다고 쓰고 싶어요."

〈어쩌다 특종!〉 인터뷰 당시 기자 네 명 가운데 세 명이 졸업을 앞두고 있는 상황이었다. 기자들의 가장 큰 고민은 기자단을 계속해서 유지할 수 있을까였다. 유일한 5학년인 유담 기자는 "아무리 생각해봐도 학교에 신문반을 할 사람이 없어요. 마음으로는 신문반을 계속 하고 싶은데 막상 할 사람이 없으니까 너무 고민이에요"라고 털어놓기도 했다. 그때 박지담 기자가 "송면초 신문이랑 송면중 신문을 합쳐서 마을 신문으로 만드는 거 어때?"라고 제안했다. 기자들은 "그래, 나도 돌멩이쌤이랑 계속 신문 만들고 싶어"라며 제안에 적극 동의했다. 어린이 기자들은 초등학교를 졸업하고 나서도 돌멩이쌤과 함께 그들의 목소리가 담긴 〈어쩌다 특종!〉을 계속 만들고 싶어 했다. 그들의 바람대로 〈어쩌다 특종!〉 활동이 계속됐으면 좋겠다고 생각하며 늦은 오후 다시 서울로 발걸음을 돌렸다.

어린이 기자들의 인터뷰 요청

송면초를 방문하고 4개월쯤 지났을 무렵, 돌멩이쌤에게 메시지가 왔다.

"윤유경 기자님이 인터뷰이로 최종 결정되었습니다. ^^"

〈어쩌다 특종!〉 어린이 기자들이 다음 신문의 인터뷰 대상자로 나를 선택했다는 소식이었다. 충북 괴산에서 서울에 있는 〈미디어오늘〉 사무실까지 찾아와 나를 인터뷰하겠다는 기자들의 요청에 함박웃음을 짓지 않을 수 없었다. 고민할 필요도 없이 섭외 요청을 수락했다.

약속한 9월이 되어 〈어쩌다 특종!〉 기자들이 〈미디어오늘〉에 도착했다. 비가 부슬부슬 내리는 가을날, 우리가 처음 만났던 그날처럼 간식거리를 한 보따리 준비해놓고 회사 앞인 서울 당산역에서 기자들을 기다렸다. 새벽에 일어나 6시경 학교를 출발해 괴산 시외버스터미널에서 7시 10분 버스를 타고 왔다는 어린이 기자들은 현장 체험 학습을 온 듯 신이 나 보였다. 잔뜩 들뜬 그들과 함께 사무실로 들어왔다.

사실 〈어쩌다 특종!〉과의 인터뷰는 내 생애 첫 인터뷰였다. 〈미디어오늘〉이라는 매체의 특성상 나는 기자들을 많이 인터뷰하는 편인데, 그때마다 기자들은 "제가 다른 사람 인터뷰는 많이 했어도 인터뷰를 당해본 적은 없어서……"라며 걱정을 내비치곤 했다. 이번에는 내가 어린이 기자들 앞에서 그 말을 똑같이 되풀이하고 있었다. 떨리지 않는 척했지만, 어떤 질문이 나올지 예상할 수가 없어 내심 긴장했다.

어린이 기자들은 '기자 윤유경', '윤유경의 삶', '사람 윤유경' 등의 테마로 나에 대해 질문했다. 파트를 나누어 인터뷰 대상자를 꼼꼼히 알아가는 모습이 인상적이었다. 한 파트당 여덟 개 정도의 질문을 수첩에 빼곡하게 적어온 정성도 감동적이었다. 기사에 사용할 사진은 동행한 돌멩이쌤이 맡았다. 인터뷰를 진행하는 동안 녹음을 하긴 했지만, 기자들은 각자 가져온 수첩에 인터뷰 내용을 꼼꼼하게 적었다.

기자가 된 계기, 기자라는 직업의 장단점, 가장 기뻤을 때와 힘들었을 때가 언제였는지 같은 질문에 대답하면서 내 기자 생활 전반을 돌아보게 되었다. 평소 막연하게 품고 있던 기자라는 직업에 대한 생각이 차분하게 정리되는 순간이었다. 내가 직접 인터뷰이가 되어보니 인터뷰의 역할이 무엇인지 더 잘 알 수 있었다. 누군가에게 자신의 삶과 생각을 이야기하며 지난 시간을 돌이켜 보는 일, 그렇게 기꺼이 나눠준 삶을 차분히 글로 정리해 세상에 내놓는 일이 인터뷰의 역할이지 않을까.

마침 그날 사무실에 있었던 당시 편집국장 선배도 기꺼이 어린이 기자들의 인터뷰에 응했다. 4개월 뒤인 다음 해 1월에 받아 본 〈어쩌다 특종!〉 11호에는 나와 편집국장 선배에 대한 기자들의 솔직한 소감이 담겼다.

> 윤유경 기자님을 인터뷰해보니 성격도 외향적이시고 자신의 생각을 사람들에게 글로 전하는 걸 좋아하셔서 기자님의 성격이 직업과 잘 맞는 것 같다고 느꼈다. 뒤이어 만난 편집국장님도 성격이 털털하시고 유쾌해서서 재밌게 이야기를 나누었다. 기자님도 항상 다른 사람을 인터뷰했지 인터뷰를 당한 건 처음이라 어색하다고 했는데 생각보다 많은 이야기를 해주셔서 놀랐다. 다음에 또 괴산에 놀러 오시면 좋겠다.

〈어쩌다 특종!〉 11호가 담긴 서류 봉투에는 기자들 한 명한 명이 직접 쓴 작은 편지들도 담겨 있었다. 기사를 적던 공책처럼 작은 글씨로 빼곡하게 채운 편지 하나하나가 참 소중하게 느껴졌다. 생애 첫 인터뷰가 〈어쩌다 특종!〉 어린이 기자들의 인터뷰라니. 내 기자 생활의 가장 자랑스러운 순간 중 하나로 남지 않을까 싶다. 내가 인터뷰했던 취재원이 거꾸로 나를

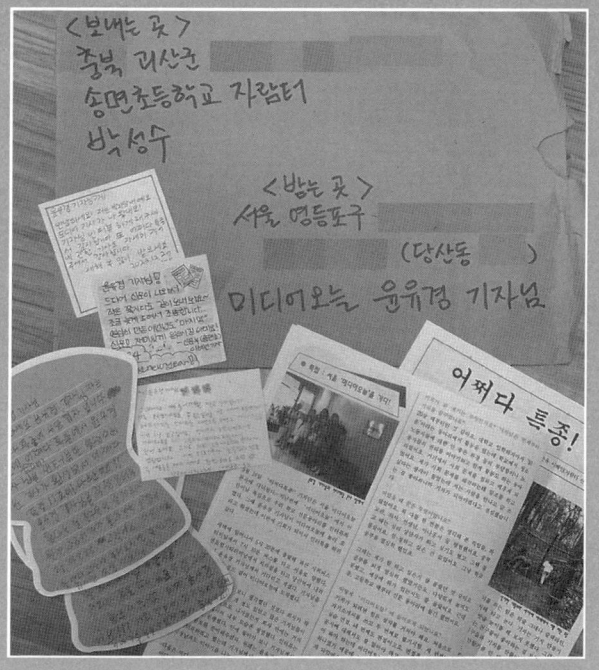

위 2023년 9월 15일 〈미디어오늘〉을 방문해 윤유경 기자를
인터뷰하는 〈어쩌다 특종!〉 기자들.

아래 4개월 후 〈미디어오늘〉에 도착한 인터뷰가 실린 신문(11호)과
어린이 기자들의 편지.

인터뷰하고 싶다고 찾아온 전례 없는 일이었고, 그렇게 찾아온 어린이 기자들이 다른 어떤 기자들보다 솔직하고 재미있게 내게 말을 걸어주었기 때문이다.

내가 쓴 '전국 언론 자랑'의 〈어쩌다 특종!〉 기사가 공개된 후 JTBC 뉴스의 '밀착 카메라' 코너에서도 〈어쩌다 특종!〉 기자들을 인터뷰했다. 기성 언론이 어린이 기자들에 주목한 일은 이들의 기사가 공적 언어로서 인정받는 의미이기도 해서 더욱 반가웠다. "어린이가 자신이 쓴 글을 공론장에 내놓는" 경험이 중요하다는 생각에 어린이 기자단을 만들었다는 돌멩이쌤의 생각이 한 걸음 더 앞으로 나아간 순간이었다. JTBC 방송 화면에 등장한 '〈미디어오늘〉 탐방, 인터뷰' 일정이 적힌 어린이 기자의 수첩을 보면서 내심 뿌듯함을 느꼈다.

돌멩이쌤은 〈미디어오늘〉 인터뷰 기사가 나간 직후 "내가 공론장에서 뱉은 말을 곧 나 자신이라고 느끼고, 상대에게 내 말의 권리를 주장하는 경험이 아이들에게 얼마나 큰 자산이 될까요. 〈어쩌다 특종!〉의 어린이 기자들이 '어린이날 아이템'으로 활용되지 않아서 좋았어요. 어린이를 이해해주었다는 느낌을 받아 감동적이었습니다"라며 내게 고마움을 전했다. 어린이날 기획으로 시작한 인터뷰이기는 했지만 '어린이'라는 세상을 이해하고 싶었던 내 목표가 어느 정도 이루어진 듯해 기뻤다.

사실 〈어쩌다 특종!〉 어린이 기자들을 인터뷰한 나의 기사에는 전혀 예상하지 못했던, 어린이 기자들을 향한 혐오성 댓

글이 달리기도 했다. 어린이 기자들이 기쁜 마음으로 기사를 읽고 있다는 소식을 들은 직후였는데, 나는 너무 당황해 댓글 창을 폐쇄해야 할지 고민했다. 사회적 약자에 대한 사람들의 혐오는 늘 예상을 훌쩍 뛰어넘었다. 무엇보다 댓글에 상처받을 어린이들이 걱정되었다. 그러나 당황한 나와 달리 어린이 기자들은 차분하게 회의를 진행한 끝에 댓글 창을 닫지 않아도 된다는 의견을 전해주었다. 그에 더해 〈미디어오늘〉의 기사가 그들의 모습을 있는 그대로 애정을 담아 써주어서 고맙다는 소감을 보내 오기도 했다.

김소영 작가는 『어린이라는 세계』에서 "어린이의 직관은 무엇을 꿰뚫어 보는 신통한 능력이 아니라, 있는 것을 그대로 보는 힘"이라고 했다. "어린이는 정치적인 존재"이며 "어린이와 정치를 연결하는 게 불편하다면, 아마 정치가 어린이에게 보내는 메시지가 떳떳하지 못하기 때문일 것"이라는 작가의 이야기는 우리 사회의 공론장에서 어린이의 목소리가 더 커져야 하는 이유를 보여준다. 내 기사에 달린 혐오성 댓글들은 어린이를 정치적인 존재로서 인정하지 않는, 떳떳하지 못한 이 사회의 단면을 보여준 것이 아닐까. 그럴수록 언론은 어린이의 목소리가 더 커질 수 있도록 충실한 공론장의 역할을 해야 할 것이다.

중도일보

지역 문화 발굴을 위해
수중 다이빙까지?

한 신문사가 주로 취재하는 지역 이외의 또 다른 지역을 취재하는 기자를 '지역 주재 기자'라고 부른다. 규모가 있는 대부분의 종합 일간지는 서울에 소재하며 서울을 중심으로 취재하면서 대구·경북, 부산·경남과 같이 지역을 큰 단위로 묶어 주재 기자를 둔다. 지역 일간지에도 주요 취재 지역 인근을 취재하는 주재 기자가 있다. 가령 대전광역시에 본사가 있는 〈중도일보〉는 충북 제천과 단양 등에 주재 기자를 두고 있다.

지역 주재 기자에 대한 고정된 이미지가 있다. 본사에서 멀리 있어 영향을 덜 받다 보니 취재를 성실하게 하지 않고, 대낮부터 취재원과 술을 먹으며 시간을 때우는 '한직' 기자라는 이미지다. 이들을 두고 '막걸리 정치를 하는 지역 기자'라는 말도 흔히 쓰인다. 물론 이런 이미지가 완전히 허구는 아니다. 실제로 지역 주재 기자들 중 일부는 군청 등에 상주하며 무리하게 광고를 요구하거나 사실 관계가 잘못된 비판 기사를 들고 가서 광고와 맞바꾸는 등의 행태를 보여 거센 항의를 받기도 한다. 나도 지역 언론 관련 기사를 쓰는 동안 비슷한 유형의 제보를 자주 받곤 했다. 이런 일들이 어려운 환경에서도 열심히 취재하는 지역 신문 기자들의 노력을 깎아 먹기 때문에 지역 언론에서는 지역 주재 기자에 대한 부정적 인식이 적지 않다.

역설적이게도 내가 '전국 언론 자랑'이라는 기획을 시작하게 된 이유도 소위 '사이비 기자'라고 불리는 지역 기자들에 대한 비판 기사 때문이었다. 그 기사를 읽으며 지역에도 분명 사이비 기자라는 오명을 견디며 열심히 취재하는 기자가 있을 거라는 생각이 들었다. 일부 기자들의 부도덕한 전횡 때문에 지역 언론 기자들의 노력이 너무나 쉽게 폄훼되고 있으니 그들의 취재와 생각을 조명하는 기획이 필요하지 않을까 싶었다. 그렇게 취재를 이어오던 중 2022년 겨울 〈중도일보〉의 손도언 기자를 만났다. 〈중도일보〉는 대전에 본사를 두고 대전·세종·충청 지역을 취재하는 지역 신문으로, 손도언 기자는 그곳에서 충북 제천과 단양을 담당하는 주재 기자였다.

손 기자와의 만남은 그가 보도 자료와 함께 보낸 이메일 한 통으로 시작되었다. "한번 살펴봐주셨으면 해서…… 이렇게 양해 없이 보도 자료를 드려서 죄송합니다"라는 짧은 한 줄과 함께 첨부한 보도 자료에는 그가 직접 만든, 국내 최대 규모의 국악 단체 '제천 청풍승평계'에 관한 다큐멘터리를 소개하는 내용이 담겨 있었다. 두 페이지의 짧은 글이었지만, 1893년에

창단한 국악 단체를 18개월간 혼자 추적해 보도했고 다큐멘터리의 촬영, 기획, 시나리오, 연출까지 모두 혼자 했다는 설명이 눈길을 끌었다.

이미 해당 보도 자료를 똑같이 옮겨 짧은 스트레이트 기사를 쓴 언론사가 있었지만, 나는 손 기자를 직접 취재해야겠다고 생각했다. 역사 속으로 사라져가던 국악 단체를 혼자 발굴하고 취재해 54편의 시리즈 기사를 보도했다는 데서 그의 엄청난 의지가 느껴졌다(손도언 기자는 이후 2024년 1월까지 총 70편의 기사를 썼다). 게다가 취재 기자가 혼자 영상 작업까지 하는 것은 웬만한 열정이 아니고서는 절대 할 수 없는 일이다. 이메일 아이디마저도 '하면 된다'인 그에게 더 자세한 이야기를 듣고 싶다고 답장을 보냈다. 그렇게 '막걸리 정치 하는 지역 기자'라는 소리를 듣지 않으려 더 혹독하게 취재했다는 손도언 기자와의 인터뷰가 시작되었다. 건조한 보도 자료에는 다 담지 못한 그의 노력과 진심이 봇물 터지듯 쏟아져 나왔다.

취재를 위해 수중 다이빙까지

손 기자가 충청도의 국악에 관심을 가진 건 대학 시절부터다. 한국음악과를 나온 그는 졸업하고 갈 수 있는 직장이 마땅치 않자 어린 시절 자전거를 타고 신문 돌리는 아르바이트를 하며 꿈꿨던 기자가 되기로 했다. 기자 생활을 하는 중에도 국악과 판소리에 대한 관심을 놓지 않았다. 매일같이 기사를 쓰느라 바빴지만 틈틈이 국악 관련 자료를 모았다. 지역의 유무형 문화 자산이 점차 소멸되고 있어 누군가는 관심을 가지고 기록해야 한다는 생각에 지속해온 일이다. 몇 차례 이직을 하는 중에도 취재는 계속되었다.

10년간의 취재 내용을 기사화하기 시작한 것은 2021년부터다. 2021년 3월 23일 〈중도일보〉 지면에 「[10년간의 취재 기록-1] … 판소리의 원류는 충청도다」라는 제목의 첫 기사를 썼다. 100편의 시리즈로 예정된 기획이었다. 하나의 기획에 100편의 기사라니. 보통의 기자들로서는 상상조차 할 수 없는 규모다. 릴레이 인터뷰 형식의 기사가 아닌 이상 보통은 한 가지 기획에 많아야 세 편 정도의 기사를 쓴다. 그러나 손 기자는 이미 해놓은 취재가 탄탄했기 때문에 100편의 내용을 모두 구성한 상태에서 기획을 시작할 수 있었다. '이런 이야기가 있다'는 제보를 들으면 서울, 경기, 충청, 전라, 경상 등 현장이 어디든 무조건 달려갔다. 노재명 국악음반박물관장, 김영운 국립국악원장 등 손 기자가 만난 국악학자와 역사학자만 해도 100명이 넘는다. 현장에서 만난 주민들까지 합하면 수백 명이다.

그는 한국이 국악에 너무 무관심하다고 지적했다. 그가 10년 넘게 취재를 이어온 이유도 한국 사회의 무관심 때문이었다.

10년간의 취재 기록 판소리의 원류는 충청도다 〈1〉

우리나라 전통소리인 판소리가 유네스코 세계무형문화유산으로 등재된 지 벌써 18년째다. 그러나 판소리는 현재 대중에게 다가서지 못하고 수백년 전, 그 모습에 머물러 있다. 공부나 자치단체는 관심 밖이다. 중도일보는 '2003년 판소리 유네스코 세계무형문화유산 등재 18주년'을 기념해 충청도 전통소리의 가치를 재조명할 시리즈 '10년간의 취재 기록'-판소리의 원류는 충청도다'를 기획 보도한다. 이번 기획 시리즈는 모두 100회가량 지면과 인터넷 등을 통해 연재될 예정이다. 특히 이번 기획 시리즈는 'K-컬쳐 K-판소리의 대중화' 및 '판소리 전라도 동·서편제와 충청도 중고제와의 관계', '충청도에서 활동한 판소리 명창은 누구인가', 그리고 '판소리 고향은 실제 어느 지역인가' 등을 집중 조명할 예정이다. 충청토민들의 삶과 닮아있는 판소리 중고제. 이번 기획 시리즈를 통해 충청민들의 정체성과 가치를 다시 돌아볼 수 있는 계기가 되길 기대한다. 이번 기획 시리즈는 노재명 판소리학자, 조경안 판소리 명창 등과 전국의 명창 등을 10년간 직접 만나고 이들의 생생한 증언 등을 기본으로 보도할 예정이다. 〈편집자 주〉

골동품점 구석서 발견한 명창의 소리북

2000년대 초반 전라도 광주서 '충북 청주군 청주읍 박팽출' 한문으로 쓴 글씨 세겨져 있어 1931~1946년 사이 제작 추정 명인 박팽출 친인척 가능성 커

2000년대 초반, 전라도 광주지역의 허름한 골동품 상점. 도자기부터 고서(古書)까지 오래된 물건들이 골동품 상점을 가득 채웠다. 일부 골동품은 아무렇게 방치돼 이리저리 굴러다녔다. 국악평론가 노재명(52·서울) 국악원판매품관인은 삼선 구석에 유심히 살폈다. 그는 소리 관련에서 먼지 쌓인 '판소리 북'을 발견했고, 예사롭지 않다는 것을 느꼈다. 판소리 북 체편에서 '13자'의 글씨를 발견했기 때문이다. 한문으로 써내려간 글씨는 '충청북도 청주군 청주읍 박팽출'이라 적혀 있었다. 이 소리 북이 언제, 어떻게 만들어졌는지는 명확하지 않다. 다년 1931~1946년 사이에 제작된 것으로 추정된다는 게 국악계의 견해다. 국악계는 그러나 글씨와 명기된 박팽출이 충북 청주지역을 토대로 '명창 판소리 명창'의 소리 북이라고 감정할 수 있다고 말했다. 조선시대 말을 판소리 고수들의 '북'은 현재까지 제작 등을 통해 전해지고 있다. 대부분 전라도 관소리 고수(소리 장단을 맞추는 사람)들의 것이다.

이렇게 충북 청주라는 지명과

이용한 선물에게 세계진 소리 북의 발견은 충청지역 국악계를 흥분시켰다. 전라도뿐만 아니라 충북에서도 명창이 활동했다는 증거가 소리 북을 통해 다시 한번 발견된 것이다. 조선후기시대에도 '충청도 명창'이 등장했지만 이제 넘 충청도 명창의 국악기에 흔적을 남긴 것은 드문 예다.

그러나 '박팽출'이라는 명창은 국악 관련 고사(古書) 등에서 등장하지 않는 인물이다. 다른 국악가 아닌 신소리 명인 박팽출(1882년~1940년) 명인의 관인척일 가능성이 크다. 실제 박팽출 명인은 충북 청주출신이다. 당시 본원한국악인이 아닌 현재는 청주시로 통합됐다. 박팽출 명인은 '충청도 명문서(明門書)'라는 독자에서 산조가야금을 넘습었던 인물이고, 국악예서 큰 스승으로 불린다.

노재명 국악학자는 "당시 신분 사회에서 그것도 최하위 계층인

노학명 관소리 학자의 저서 '충편제 심장가 혼적을 찾아서(매출스의 발명)' 신간. 노재명 36년간 수집해서 쓴 한 권인대, '충청도 관소리 의미'일이 활동지역을 찾고 있다.

소리꾼이 자신의 이름과 지명을 소리 북에 남겼다는 것은 극히 드물다"고 말했다.

그러면서 "예를 들면 옛날 명창들은 자신을 밝힐 때 전라도 명창 누구다'라고 말하는데, 이름 앞에 지명을 넣으며 이야기 했다"며 "이런 천하에서 볼 때 박팽출 명인도 소리 북에 지명을 손수 자신이 이름을 새기지 않았나 생각된다"고 말했다.

한편 노재명 국악학자는 36년간 자료를 수집해 싸놓까지 간다낸 다년 '중편제 심장가 혼적을 찾아서'는 판소리 심청가의 뿌리를 엿볼 수 있다. 심청가의 뿌리는 '충청도 판소리 중고제'에서 시작했다는 게 그의 설명이다.

손도언 기자

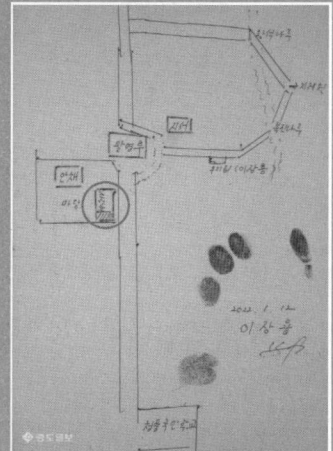

위 청풍승평계에 관한 첫 구술 증언자 이장용 씨를 인터뷰하는 손도언 기자.
왼쪽 아래 〈중도일보〉2021년 3월 23일 자 '10년간의 취재 기록' 첫 번째 기사.
오른쪽 아래 이장용 씨가 기억으로 직접 그린 청풍승평계 연습 장소의 위치.

"판소리가 '유네스코 인류구전 및 무형유산 걸작'에 지정된 지 올해(2023년)로 20주년입니다. 외국에서는 국악에 대한 호응도가 아주 높아요. 우리만 모르는 거예요. 정치·경제·사회·문화 등 모두 전문 기자가 있지만 국악은 전문 기자도 없습니다. 청주에 있는 조동언 명창은 스웨덴 왕립음악대학에서 직접 전화로 초청을 해서 공연을 하고 왔는데도 누구 하나 관심이 없었어요."

그는 누군가는 해야 하지 않겠나 하는 생각으로 취재를 시작했고, 긴 호흡으로 기사를 풀어냈다. 시멘트의 도시라는 딱딱한 이미지가 강한 제천에서 1893년 한국 최고最古의 국악 단체가 창단되었다는 사실을 집중 보도했다. 충청도 국악계 명인의 후손을 단독 인터뷰하는 등 국악계나 역사학계에서도 만나지 못했던 인물을 인터뷰하고, 새로운 사실들을 발굴해냈다. 이후 계속된 보도로 제천에서는 처음으로 '제천 청풍승평계 학술 세미나'도 열렸다. 100편을 채우겠다는 욕심보다는 한 편 한 편 정성을 들여 기록으로 남기자는 마음으로 연재를 이어갔다.

손 기자가 직접 제작한 다큐멘터리 〈129년 전, 물속에 잠긴 전설 속 국악단체—청풍승평계를 찾아서〉는 청풍호에 잠기고만 청풍승평계에 관한 기록을 파헤친 영상이다. 청풍승평계는 악성 우륵 선생의 정신을 이어갈 목적으로 1893년 제천시 청풍 지역에서 창단된 국악 단체다(1918년 속수승평계로 이름을 바꾸었다). 청풍승평계 단원들은 6·25전쟁 이후 각 지역으로 흩어졌고, 악기와 악보 등은 1980년대 충주댐 건설, 청풍호(충주호를 제천시에서 부르는 이름) 개발 등으로 모두 물에 잠겼다. 손 기자는 청풍승평계의 실체를 추적하는 과정에서 아흔 넘은 어르신들을 만나 증언을 들었다. 이 구술 증언을 영상으로 남겨야겠다는 생각에 다큐멘터리 작업을 시작한 것이다.

그는 촬영을 결심하고는 곧장 서울의 테크노마트까지 가서 카메라 장비를 샀다. 휴대폰으로도 좋은 화질의 영상을 찍을 수 있는 시대이지만, 그에게 장비 마련은 마음가짐의 문제였다. 그전까지 한 번도 영상을 다뤄본 적이 없던 손 기자는 주변에 어떤 장비가 좋은지 물어 당시 전 재산이었던 800만 원을 들여 전문 장비를 샀다. 회사에도 영상팀이 있었지만, 충북·강원권에 붙어 있는 제천 지역 주재 기자의 기획에 회사는 큰 관심이 없었다. 누구의 어떠한 도움도 없이 손 기자는 혼자 힘으로 사비를 들여 작업을 시작했다. '펜 기자'가 시나리오를 쓰고, 영상을 찍고, 편집을 하기란 쉽지 않았다. 새벽까지 영상과 씨름하고 컴퓨터와 싸워야 했다. 전문가용 카메라는 어떻게 다루는지부터 어떻게 찍어야 사진이 더 보기 좋게 나오는지까지, 하나하나 사진부 기자들에게 묻고 유튜브로 독학하며 배워나갔다.

취재도 촬영도 밤을 새워가면서 했다. 평일의 일과 시간에는 그날그날 발생하는 일들에 대한 기사를 써야 했기 때문에 새벽이나 주말을 이용해 작업을 이어갔다. 낮에는 틈틈이 취재하고, 퇴근 후에는 집에서 여섯 살 딸과 잠시 놀아준 후 영상 편집을 시작했다. 시에서 영상 제작용으로 지원받은 소액의 비용 외에는 따로 예산이 없었기 때문에 다큐멘터리의 음악은 왕해경 판소리 명창, 내레이션은 정지성 전 KBS 아나운서의 재능기부를 받았다. 준비부터 영상 완성까지 1년 6개월이 걸렸다. 그는 "한 편 한 편이 저에게는 굉장히 소중합니다. 이게 다 기록이고, 인터넷에 검색해도 나오지 않는 단독이고 특종 보도예요."라고 자랑스럽게 말했다.

손 기자는 작업 과정에서 스트레스 때문에 소화 불량이 심해 응급실에 두 번이나 실려 갔고, 정신적으로도 힘든 날들을 보냈다.

"실체를 찾아야 답이 나오는데, 몇 개월은 허송세월했지요. 그냥 계속 쳐다만 보는 거예요. 영화〈살인의 추억〉을 보면 송강호가 맨날 사건 현장에 가잖아요. 저도 현장에 가면 답을 찾을 것 같아서 매일 갔습니다. 물에 잠긴 청풍승평계 마을 인근을 계속 취재하다가 어떤 날은 '저 물속에 진짜 있을까?' 생각하며 하루 종일 청풍호 물속만 들여다봤지요. 그러고 있으니 저기 빠지고 싶다는 생각이 들 정도였어요."

그렇게 매일같이 청풍호를 찾던 중 마침내 인근 도화리 메주마을에서 청풍승평계의 실체에 대해 증언해줄 수 있는 주민을 만났다. 메주를 만들기 위해 모인 동네 주민들에게 청풍승평계에 대해 들어본 적이 있느냐고 묻다가 "내가 어릴 적에 들어봤다"며 한 단원에 대해 이야기하는 할머니를 만난 것이다. 그 말 한마디에서 출발해 청풍승평계 단원이었던 이태흥 씨의 4대 후손인 이화연 씨를 찾았다. 청풍승평계 관련 내용이 일부 담겨 있는 고문서 「제천군지」속 명단의 이름과 제적등본 기록이 정확히 일치했다. 청풍승평계의 실체가 드러나는 순간이었다.

"닭살이 돋는 건 기본이고, 흥분돼서 저녁을 못 먹었어요"라는 손 기자의 말에 당시의 감정이 고스란히 전해졌다. 그때부터 시에서 관심을 가졌고, 처음으로 학술 세미나도 열렸다. 마을 주민들에게 수소문해서 청풍승평계가 연습하던 곳의 옆집에 살아서 단원들의 연습 장면을 실제로 보았다는 이장용 씨를 첫 구술 증언자로 찾아내기도 했다. 이화연, 이장용 씨의 인터뷰는 다큐멘터리에 각각 10분이라는 긴 시간을 할애해 담았다.

"그분들 말씀이 다 역사이기 때문에 한 마디도 뺄 수가 없었어요. 그분들을 찾아냈다는 사실 자체가 청풍승평계 기사의 핵심이었지요."

이렇게 각고의 노력 끝에 완성한 작품이지만 손 기자에게는 아쉬움이 남는 대목도 많다. 전문가가 아니다 보니 영상 편집이나 구성에서 보여주고 싶은 것을 전부 다 구현하지 못했다. 그래서인지 그는 취재 내용에 대해서는 자부심을 보이면서도 영상에 대해서는 "속된 말로 허접하죠", "보잘것없지요", "펜

위 국악계의 암행어사라 불리는 〈중도일보〉 손도언 기자.
아래 충북 제천 청풍호 전경.

기자가 영상을 다룬다는 게 많이 어렵고, 스스로 창피함을 느낍니다"라는 말을 반복했다. 특히 손 기자는 '청풍호 수중 다이빙'을 가장 아쉬운 점으로 언급했다. 그는 이장용 씨가 직접 그린 지도와 『청풍부읍지사료집성』에 기록된 실제 장소를 종합해 청풍호 속 청풍승평계 연습 장소의 위치를 추정했다. 그런 다음 청풍호에 직접 들어가서 청풍승평계의 흔적을 찾고자 했으나 날씨 문제로 들어가지 못했다.

"물 안에 들어가면 악기라도 좀 있지 않을까, 흔적이라도 있지 않을까 하는 막연한 생각이었지만 꼭 들어가고 싶었습니다. 2022년 5~6월에 옆에서 수중 다이버들의 도움을 받아 청풍호에 들어가려고 시도를 했었지요. 보트를 띄워서 내가 수중 장비를 입은 채로 물속에 들어가려고 날짜도 잡고 준비를 다 했는데, 비가 너무 많이 와서 못 들어갔어요. 부유물 때문에 시야 확보가 안 되더라고요."

인터뷰 당시 손 기자는 물이 빠질 때쯤 반드시 다시 시도할 거라며 의지를 다졌으나, 이후 거듭 시도할 때마다 수중 다이버들이 만류하여 물에 들어가지 못했다고 한다. 충청도 국악의 역사적 기원을 찾기 위해 수중 다이빙에 도전하다니 과연 그는 범상치 않은 기자였다. 그 이야기까지 들으니 그의 열정에 두 손 두 발 다 들 수밖에 없었다.

'국악계의 암행어사'라 불리는 괴짜 기자

기획 시리즈를 시작한 이후 주변에서는 '한번 시작하면 끝까지 판다'는 의미로 손 기자에게 '국악계의 암행어사'라는 별명을 붙여줬다. 손 기자는 "다음 기사는 또 언제 나오느냐"는 국악학자들의 연락도 받고, "몰랐던 사실을 알게 해줘서 고맙다"는 독자들의 격려 전화도 받는다고 했다. 물론 격려가 아닌 항의 전화도 많다. 대부분은 "판소리의 원류가 왜 호남이 아니라 충청도냐, 이게 말이 되느냐"는 내용이다. 그럴 때마다 손 기자는 자신이 취재한 내용을 찬찬히 설명해 결국에는 "당신 말이 맞다"는 대답을 듣곤 했다. 그는 개인적인 영광보다 우리나라 국악의 대중화, 세계화가 첫 번째 목표라며 국악이 좀 더 노출되어 많은 사람이 관심을 가져주었으면 한다고 말했다.

회사에서 그는 "독특한 놈"이다. 흔히들 '제대로 취재도 안 하며 시간만 보내는 한직'이라고 여기는 지역 주재 기자가 대단한 성과를 이루어냈기 때문이다.

"주재 기자는 지역에서 속된 말로 '막걸리 정치'를 하는 사람들이라고 불려요. 맨날 낮부터 술 먹으러 가는 기자, 돈 뜯어내는 기자 등 나쁜 이미지가 강하죠. 본사에서 누가 뭐라 하는 사람도 없고, 내 시간이 많다는 얘기입니다. 어찌 보면 한없이 편한 데가 주재 기자인데, 그런 소리 안 듣고 싶어서 더 혹독하게 했던 것 같아요. 나름대로 본사 기자가 주재 기자로 왔는데 '저

놈도 촌 기자 되는구나' 하는 소리를 듣기 싫었습니다."

그래서였을까. 그는 '전국 언론 자랑' 기사가 나간 다음 "47년 만에 나 자신을 알게 되었습니다"라며 연신 고맙다는 말을 전했다. "힘이 많이 나고, 더 열심히 해야겠다는 생각이 들었습니다. 진심으로 고맙습니다"라는 인사를 들으며 그가 얼마나 성실히 노력하는 사람인지 다시 한번 확인할 수 있었다. 며칠 후 그는 "히말라야에 가서 그쪽 전통 음악인 '렛쌈 삐리리'와 우리의 '아리랑'의 음계를 비교 분석해보려는 계획을 세우고 있습니다"라는 포부를 전해왔다. 여섯 살 딸아이와 아내를 생각하면 진짜로 히말라야에 갈 수 있을지 고민이 된다고 하면서도 "할 얘기가 아주 많아요"라는 그의 목소리에서 단단한 집념이 느껴졌다. 손 기자는 지역 언론이 가장 잘할 수 있는 일은 당연히 '지역을 취재하는 일'이라고 강조했다.

"지역에 대해서는 지역 기자들이 제일 잘 압니다. 이런 풀뿌리 기사를 모으는 게 지역 신문이 살아갈 방향이에요. 지역의 숨겨진 보물들, 무형의 자산들을 제일 잘 취재할 수 있는 사람도 지역 기자들이고요. 그들이 열심히 움직이면 지역이 소멸되는 것이 아니라, 더 튼튼하고 건강해질 거라고 생각합니다. 내가 해보니 그래요. 나도 맨땅에 헤딩한 거 아닙니까. 지역 기자들의 역할이 그만큼 중요합니다."

이는 전국의 지역 기자들을 향한 당부나 마찬가지다. 지역 주재 기자에 대한 편견을 스스로 깨뜨린 그는 지역 주재 기자들이 어떤 부분에서 더 노력해야 할지 나아갈 방향을 제시했다. 세간의 부정적인 인식 속에서 제대로 취재하지 못하는 것은 기자 개인만의 문제는 아닐 것이다. 많은 언론사가 지역 주재 기자에게 별다른 기대를 하지 않거나 아예 관심 밖에 둔 채로 취재가 아니라 지역의 광고 영업을 떠맡기는 현실이 이들의 입지를 비좁게 만들고 있다. 손 기자의 사례를 통해 기자 개인도, 그들을 지역에 보낸 언론사도 지역 주재 기자의 역할에 대해 다시금 성찰해볼 수 있기를 기대한다.

거제신문

지역사의 초고를 쓰다

훈민정음

역사는 기록하는 자의 것이라는 말이 있다. 무슨 일이든 기록을 해야 남고, 남아야 역사가 될 수 있다는 뜻이다. 그러나 기록할 혹은 기록될 기회는 누구에게나 주어지지 않는다. 발언권을 가진 권력자나 언론의 선택을 받은 일부 사람들의 발언만이 역사가 된다. 이를 서울과 지역에 대입해보자. 서울의 일은 그 자체로 발언권을 얻어 기록되지만, 지역의 일은 목소리조차 되지 않는다. 서울의 일은 전국의 모든 사람에게 중요한 일로 여겨지지만, 지역의 일은 오직 그 지역만의 일이 된다. 문화평론가 정지은이 "서울에서 일어난 일은 기록되고 평가받으며 사람들의 입에 오르내리지만, 상대적으로 이외의 지역에서 일어나는 일은 기록되지도 않으며 의미를 부여받지도 않고, 몰라도 그만"(「서울만 있고 지역은 없다」, 〈경향신문〉 2014년 2월 9일 자 '별별시선')이라고 지적한 것처럼 말이다. 그러니 지역 언론의 역할이 중요하다. 지역 언론이 정확하고 성실하게 기록해야 지역의 일도 역사가 될 수 있다.

경상남도 거제시의 지역 주간지 〈거제신문〉은 내가 만난 지역 언론 중 '역사와 기록'에 가장 충실한 언론이다. 거제 역사의 초고를 만들겠다는 기자들의 신념도 크지만, 여기에는 거제만의 특징도 영향을 끼쳤다. 거제는 외지인의 비율이 높다. 1950년대에는 전쟁으로 기존 주민들이 떠나고 그 자리에 피란민이 몰려왔으며, 1970년대에는 조선소가 들어서면서 외부 인력이 늘었다. 조선업이 호황이던 시기에는 조선업 직간접 종사자의 비율이 70퍼센트나 되었다고 한다. 인구 구성이 외지인 중심으로 바뀌다 보니 거제의 지역 문화가 점차 사라지고 있다. 일례로 박물관의 경우 관광형 테마 박물관만 있을 뿐 거제 역사를 체계적으로 수집·전시하는 시립박물관은 없다.

외지인 중심의 경제 구조에 지역 전반의 인프라도 부족해 거제 주민 가운데는 고향을 떠나는 이들이 많다. 대표적으로 거제에는 대학이 거제대학교뿐이다. 대학에 진학할 나이의 학생들은 더 많은 기회를 찾아 거제를 떠나고, 떠난 이들은 대개 다시 돌아오지 않는다. 말 그대로 '물 건너 유학'을 떠나는 셈이다. 거제는 한때 경남에서 청년 비율이 가장 높은 곳이었으나 그 대부분은 조선소에 일만 하러 오는 사람들이었다. 그래서 거제에는 유독 원룸촌이 많다. 거제에 유일하게 남은 종이 신문인 〈거제신문〉은 이러한 현실을 외로이, 그러나 꿋꿋하게 목격하고 기록하는 역할을 하고 있다.

지역의 역사를 기록하는 지역 신문

〈거제신문〉은 그간 제대로 조명받은 적이 없는 거제의 지역사를 충실히 기록하고 있다. 취재한 내용을 기반으로 자체 제작한 거제시의 역사·관광책만 다섯 권이 넘는다. 모든 책의 편집과 디자인을 도맡아 하고 있는 김은아 〈거제신문〉 편집 기자는 "독자들에게 서비스로 해줄 다른 게 없잖아요. 그래서 연말이나 명절에 선물로 직접 만든 책을 보내고 있습니다"라고 말했다. 책은 지역의 학교, 도서관, 시청 등에 무상으로 배포해 따로 수익을 얻지는 않는다.

2019년에는 거제의 14개 섬을 다니며 음식·문화·역사를 발굴해 『거제 섬&섬길을 걷다』라는 책을 제작했다. 각 섬마다 특색 있는 음식, 즐길 수 있는 문화, 섬 속의 역사를 정리해놓은 책이다. 2020년에는 『거제 다크투어』라는 책을 만들어 임진왜란·정유재란·2차대전·한국전쟁 등 거제의 아픔과 치욕의 역사에 관해 취재한 내용을 담기도 했다. 2021년에는 『거제 성곽답사여행 ― 성곽박물관 거제』를 펴내 거제의 성곽 문화재와 봉수대 등을 조명하고, 이를 거제 역사와 엮은 관광 코스를 발굴했다. 거제는 우리나라 최대 성곽 유적 보유지(광역 및 서울 제외, 면적 대비) 중 하나로 총 24개 가운데 12개는 문화재로 지정되어 있고, 나머지 12개는 훼손이 심해 형태만 겨우 유지하고 있다. 〈거제신문〉에서는 이러한 현실에 더해 타 지역에서 성곽을 관리하고 홍보하는 방법까지 취재해 책으로 발간한 것이다. 그 밖에도 〈거제신문〉이 기사를 통해 꾸준히 기록해둔 거제 역사를 바탕으로 만든 책 『교과서에 없는 거제 역사 이바구』는 2016년 처음 제작한 이래로 매년 수정·보완을 거쳐 배포하고 있다.

이러한 노력의 일환으로 〈거제신문〉은 그동안 잘 알려지지 않았던 거제포로수용소의 역사를 보도한 기획 기사로 지난 2019년 지역신문컨퍼런스 대상을 수상했다. 거제포로수용소는 한국전쟁 당시 포로들을 수용하기 위해 1951년 2월부터 거제시 고현·수월지구를 중심으로 설치했는데, 시인 김수영이 갇혔던 곳으로도 유명하다. 거제포로수용소의 기록물을 세계기록유산에 등재하려는 과정에서 유네스코 분담금을 많이 내는 일본의 입김 등으로 심사를 위한 내부 규정이 변경되는 사건이 있었는데, 〈거제신문〉은 이를 비판하며 포로수용소가 세계기록유산에 등재되어야 하는 당위성을 보도했다.

〈거제신문〉 기자들은 기록에서 끝나는 것이 아니라 직접 강연도 다닌다. 2023년 나와 만났을 당시 16년 차 기자였던 최대윤 기자는 8년 동안 학생들과 거제 역사 탐방을 다니고 있었다. 학생들을 대상으로 역사 강의를 한 지 4년째, 강의 횟수만 1년에 20회 이상이라고 했다. 강의할 때 쓰는 교재에 오류가 많아서 고증을 거쳐 거제 역사 교재도 직접 만들었다. 또 거제시 연혁 중 틀린 부분을 고쳐주다가 거제 역사 연표를 1년에 걸쳐 직접 다시 만들기도 했다. 최 기자는 따로 사학과 대학원까지 다니며 공부할 만큼 역사에 진심이었다.

그가 이렇게까지 역사 강의에 열심인 이유는 또 있다. 학생들이 거제를 떠나면 거제 역사를 배울 기회가 없기 때문이다. 학교에서 쓰는 교과서에는 지역사가 거의 등장하지 않고, 거제의 역사만을 담은 책이 따로 만들어진 적도 없다. 지역사는 자기 동네에 유리하게 기록하는 경우가 많은데, 최 기자는 학생들에게 최대한 객관적이고 정확한 거제의 역사를 가르쳐주자는 생각으로 강의에 임하고 있다. 강의에 나가면 학생들의 반응이 예상보다 뜨겁다. 처음 배우는 거제 역사이기 때문에 질문이 많이 나오는데, 〈거제신문〉이 십수 년 동안 취재하며 모은 사료를 바탕으로 답해주고 있다.

거제의 역사뿐만 아니라 언어도 기자들의 취재 대상이다. 〈거제신문〉은 2023년 3월부터 '거제 사투리 니우스—뭐라쿠노! 보이소, 이기 뭔 말이고 알아 듣것소'라는 기획을 통해 매주 한 편씩 거제 사투리로 쓴 기사를 싣는다. 거제 시민의 헌혈 참가율을 보도한 2025년 4월 14일 자 기사「우리 시민이 헌혈을 마이 한닷꼬」를 살펴보자.

> 대한적십자사 경남혈액원의 자료에 따르모, 지난 2014년에 6919명의 거제 시민이 헌혈에 참가해가이꼬, 그 전해에 비해서 121퍼센트로 큰 증가를 보여줬따카는 거 아입니까? 에나로 고마븐 일이요. 헌혈이라 카모, 피 빼는 기 아프고, 귀찮고, 그렇

고 하겟찌마는, 귀중한 남의 생명을 구하는 박애의 길이요, 우리 자신이, 아니면 우리의 가족이, 또 언제, 어떻게 다칠지도 모르는 상부상조 같은 거 아이겠씁니까.

지면 기사에는 QR코드도 같이 게재해 표준어로 바꾼 글과 비교할 수 있도록 했다. 〈거제신문〉은 2022년 전국의 사투리 활용 사례를 취재해 사투리가 잊혀가는 거제의 상황과 비교한 적도 있는데, 〈거제신문〉의 꾸준한 보도 이후 거제시에서는 사투리를 소재로 한 도시 재생 사업 등을 시도하고 있다.

표준국어대사전에 따르면 사투리는 '어느 한 지방에서만 쓰는, 표준어가 아닌 말'을 뜻한다. 한편 문화체육관광부 고시 표준어 규정 제1장 제1항에 따르면 표준어는 '교양 있는 사람들이 두루 쓰는 현대 서울말로 정함'이라고 규정돼 있다. 국가가 정한 '표준'에 의하면 서울말을 쓰지 않는 사람들은 교양 없는 사람이 되고 만다. 서울말을 써도 사투리 억양이 남아 있으면 희화화되기 쉽다. 교과서나 정부 발표, 뉴스 등 공식 언어에서는 사투리를 찾을 수 없고, 사투리가 익숙한 '지방 사람들'은 '서울 사람들'을 만날 때 사투리를 쓰지 않으려 애쓴다. 반대로 '지방 출신'인 것이 알려지면 첫 대면부터 사투리를 써보라는 요구를 받는 일도 많다.

언어는 일상생활과 문화, 의식, 관념 등 인간의 거의 모든 것을 담아서 전달하는 수단이기 때문에 언어에 우열을 두면 다른 영역에서의 차별이나 불평등을 낳을 수 있다. 따라서 언론이라는 공적인 장에서 사투리를 공적인 언어로 사용한 〈거제신문〉의 시도는 사회 정의의 실현이라는 측면에서도 큰 가치가 있다. 우리 신문을 보는 우리 지역 사람들이 실제로 사용하는 언어로 기사를 쓰지 못할 이유는 또 무엇인가. 국가로부터 시작되어 미디어에 의해 확산된 언어 및 지역 차별을 깨뜨리는 것도 지역 언론이 할 수 있는 역할임을 〈거제신문〉은 분명하게 보여주었다.

신문 1면이 두 개라고?

〈거제신문〉에는 유독 톡톡 튀는 아이디어가 돋보이는 기획 기사가 많았다. 2023년 당시 취재 기자 네 명, 편집 기자 한 명, PD 한 명인 적은 인력에도 불구하고, 수많은 기획이 숨 가쁘게 진행되고 있었다. 기획 취재 아이템은 전체 인원이 다 모이는 회의를 통해 정하는데, 사정상 모두가 모이지 못한다면 30분씩이라도 소회의를 열어 논의를 이어간다. 무슨 아이디어라도 던져야 회의가 끝난다는 게 기자들의 설명이다.

가장 눈에 띈 기획은 신문 1면이 두 개인 '거꾸로 신문'이다. 앞면부터 12면까지는 〈거제신문〉이고, 맨 뒷면인 16면부터 시작해서 네 번째 면까지는 면·동 소식을 다루는 '마을 신문'이다. 정확히 말하면 하나의 신문이지만, 두 개의 신문이 합쳐진 형태다. 9면·9동으로 이뤄진 거제시에서 인구가 3000명 이하인 작은 면 지역의 소식까지도 주요하게 다루어보자는 뜻으로 시작한 기획이다. 2022년 12월에는 거제시 하청면 소식을 취재해〈하청신문〉을 만들었다. 마을 신문은 직원들이 직접 신문을 거꾸로 접어서 끝 면이 1면으로 나오도록 해 배포한다. 인력 문제로 자주 발간하지는 못하지만, '거꾸로 신문' 형식은 거제시에 있는 단체를 소개하는 등 여러 가지 내용으로 꾸준히 시도해왔다. 김은아 편집 기자는 '거꾸로 신문'으로 2023년 바른지역언론연대 편집 부문 최우수상을 받았다. 김 기자의 말을 통해 이런 아이디어가 어떻게 나오게 되었는지 알 수 있었다.

"섹션지 형식으로 본판과 따로 인쇄하면, 사람들이 섹션지만 가져가고 우리 신문은 안 보잖아요. 그래서 일부러 하나의 신문으로 인쇄했어요. 작은 면·동 소식은 평소 지면에 많이 담지 못하니 독자들이 실어달라고 요청하기도 해요. 우리 마을 소식만 다루는 신문이 나오니 많이들 좋아하세요. 매달 이렇게 신문을 내고 싶어요."

책 출간부터 '거꾸로 신문'까지,〈거제신문〉에서 편집 기자의 역할은 특히 중요해 보였다. 혼자서 모든 편집을 도맡아 하고 있는 김 기자는 작은 사무실 안에서도 별도로 마련된 편집실에서 일한다. 과거 조선소 비판 기사를 쓰면 조선소 직원들이 신문을 배포하던 기자들을 따라다니며 신문을 수거해 간 경

2022년 12월 '거꾸로 신문' 형식으로 제작한
〈하청신문〉+〈거제신문〉.

힘이 있어 편집실은 따로 만들었다. 김은아 기자는 "이미 넘어간 기사로 지면을 만들고 있는 편집실만큼은 흔들리지 않기 위해서죠"라고 힘주어 말했다.

2021년부터 연재 중인 '류정남 사진작가와 거제 한 컷 찾기' 기획은 거제의 숨은 명소를 알려주는 내용으로 단연 '조회수 1등' 기사다. 기사를 모아 『MZ세대를 위한 인생샷 가이드북 #거제핫플 요 어때?』라는 책도 만들었다. 이 기획은 30년간 사진으로 거제를 기록해온 류정남 작가와 〈거제신문〉 기자들이 조선업 이미지로만 굳어져 있는 거제의 다양한 아름다움을 알리려 시작했다. 기사에는 기본적인 지역 설명 외에 가는 경로, 전문 사진작가가 알려주는 사진 잘 찍는 팁 등을 담는다. 명소를 찾은 관광객의 사진을 찍어주고 그 사진을 싣기도 하고, 요즘은 〈거제신문〉 기자들도 모델로 많이 참여한다.

〈거제신문〉을 찾은 2023년 가을, 나도 '거제 한 컷 찾기'의 모델로 참여할 수 있는 영광을 누렸다. 해 질 녘인 오후 4시경 최대윤 기자, 류정남 작가와 함께 거제 둔덕기성을 찾았다. 류 작가는 사진이 잘 나오는 장소와 구체적인 자세를 가르쳐주며 내 사진을 찍었다. 왜 이렇게 거제 사진을 열심히 찍는지 이유를 묻자 류 작가는 곧장 "거제 사랑"이라고 말했다. 사람들이 거제의 아름다움을 너무 몰라서 안타깝다는 말과 함께. 그가 찍은 사진들은 이제 전국적으로도 유명해져 거제 알리기에 큰 역할을 하고 있다.

유일한 종이 신문을 기다리는 지역민들

〈거제신문〉은 거제의 유일한 종이 신문이다. 거제 지역에 우후죽순 생겨난 인터넷 언론만 30여 개, 대부분 1인 미디어에 가까운 언론사들 사이에서 〈거제신문〉은 창간 이후 36년간 지역 언론의 중심 역할을 해왔다. 1989년에 발행된 〈거제신문〉 창간 소식지에서는 "우리 신문을 만듭니다"라는 한 문장으로 지역 신문의 필요성을 역설했다.

> 지금 있는 신문도 다 못 보는데 뭐 하러 또 신문을 만드느냐고요? …… 일간 신문 한 모퉁이에 거제 관련 기사가 나면 남다른 관심으로 읽을 수밖에 없는 사람들. 바로 우리끼리 꼭 해야 할 이야기가 있습니다. …… 그런데 어디 이런 이야기 맘 놓고 할 터가 있었습니까? 우리 이야기 전부를 할 수도 없었고, 우리 목소리도 아니었습니다. 지금 〈거제신문〉은 이런 우리의 이야기터, 바로 우리 신문이 되고자 합니다. ―〈거제신문〉 1989년 7월 20일 자 창간 소식지 1호 「우리 신문을 만듭니다」에서

최대윤 기자는 "지금도 그때 창간 소식지에 담긴 내용처럼 노력하고 있습니다. 거제 시민의 목소리를 대변하는 게 우리의 사명이에요"라고 말했다. 최근 〈거제신문〉은 점점 심각해지는 지역 신문의 인력난과 지역 언론에 대한 차별적인 시선 속에서

위 〈거제신문〉 1989년 7월 20일 자 창간 소식지 1호의 머리기사.
아래 〈거제신문〉이 출간한 책들.

도 거제 시민들의 목소리를 오롯이 담는 보도를 하기 위해 노력하고 있다. 〈거제신문〉은 거제 바닷가에서 '차박(차에서 잠을 자면서 머무르는 것)'을 하는 캠핑족을 추적해 차박 문화의 명암과 지자체의 미비한 대책을 지적했고, 낙동강에서 거제로 밀려오는 쓰레기와 어업 등에서 나오는 해양 쓰레기를 중점적으로 다루며 지역민의 환경 인식에 경종을 울렸다. 또 거제의 조선업으로 유입되는 외국인 노동자 문제를 파헤치기 위해 직접 베트남을 찾았고, 거제 곳곳에 붙은 '해루질(밤에 얕은 바다에서 맨손으로 어패류를 잡는 일)은 불법입니다'라는 플래카드를 보고 불법 해루질에 관한 탐사보도를 시작했다.

지역민은 기자들이 신문을 만드는 원동력이자 신문의 주인이다. 〈거제신문〉은 2008년부터 10년간 매주 거리에서 지역민을 만나 현안을 묻는 '길거리 인터뷰' 코너를 1면에 실었다. 전 직원이 출동해 성비, 연령, 지역별로 나누어 시민을 만났다. 과거 인터뷰했던 사람들을 다시 찾아가 만나기, 동네 어르신들 집을 찾아가 집밥 한 끼 얻어먹으며 이야기를 듣는 '밥 한 그릇 주이소' 등 작지만 재미있는 기획들도 시도해왔다. 최 기자는 "1면이 동네잔치 기사, 경로잔치 기사라도 좋습니다. 사람들 목소리를 충분히 담아내는 동네 신문이 되고 싶어요. 지역 신문이 이장까지는 아니어도 통반장 역할은 해야 하지 않을까요?"라고 말하며 호탕하게 웃었다.

〈거제신문〉의 전 직원은 지역민의 목소리를 담은 소중한 신문을 매주 월요일 오전에 직접 배달한다. 9면·9동을 다섯 개의 구역으로 나눠 각자 신문을 100부씩 들고 마을을 찾는다. 동네를 한 바퀴 돌면서 동네 사랑방인 농협에도 가고, 면사무소와 경로당도 찾는다. 어르신들께 신문을 드리면서 매주 얼굴을 보고 이야기를 나눌 수 있는 시간이다. 새로운 길로 가보거나 버스를 타는 것도 평소 지나쳤던 동네 모습을 보기 위한 나름의 방법이다.

　어르신들은 지역에 하나 남은 종이 신문을 받으려고 미리 나와서 기다리기도 하고, 〈거제신문〉의 변화 하나하나에 즉각 반응을 보인다. 타블로이드판(일반 신문인 대판의 절반 크기)으로 찍었을 때는 "이거는 밥상도 못 덮는다"라며 무어라 하고, 베를리너판(대판과 타블로이드판의 중간 크기)으로 찍었을 때는 "신문이 뭐 이리 장난감 같냐"라고 하셔서 결국 다시 처음의 형태인 대판으로 바꾼 일화도 있다.

　〈거제신문〉 기자들과 이야기를 나누며 거제를 누비는 동안 내내 신기했던 점이 있다. 기자들이 모두 에너지가 넘친다는 것이다. 적은 인력과 자본이지만 기자들은 계속해서 아이디어를 내고, 아이템을 발굴하며 〈거제신문〉만의 특색을 만들어가고 있다. 〈거제신문〉 하면 단번에 '역사'와 '사투리', '톡톡 튀는 아이디어'가 생각나는 건 모두 기자들의 끝없는 노력 덕분이다. 사명감을 가지고 지역민을 위해 끊임없이 새로운 시도를 하는 것, 이것이 바로 우리가 바라는 지역 신문 기자의 모습이 아닐까.

원주투데이

신문사 일의 30퍼센트는
공익사업에 할애한다

"원주 시민사회로부터 존중받는 신문."

강원특별자치도 원주시의 풀뿌리 지역 주간지 〈원주투데이〉 오원집 대표는 내게 〈원주투데이〉를 이렇게 소개했다. 오 대표와 내가 〈원주투데이〉에 대해 나눈 첫 대화에서였다.

'기레기'라는 단어가 만연한 지 오래이고 언론에 대한 불신이 날이 갈수록 높아지는 지금, 언론이 '시민으로부터 존중받는다'는 표현 자체가 어색하게 느껴졌다. 도대체 어떤 경험이 있기에 자신이 몸담고 있는 신문사가 시민으로부터 존중받는다는 말을 당당히 할 수 있는 걸까? 그 자신감이 부러웠다. 다른 한편으로는 내가 '존중'이라는 단어를 이렇게 낯설게 느끼며 의구심을 갖는다는 사실에 새삼 놀랐다. 나는 언제부터 '언론'과 '시민' 사이에 '존중'이라는 단어가 자리하는 것을 어색하게 느끼게 되었을까. 지난 4년간 나는 기자로서 무엇을 보고 듣고 경험했던 걸까. 오원집 대표는 시민사회의 존중을 받는 언론으로 자리 잡은 게〈원주투데이〉30년의 결실이라고 거듭 말했다.

어떤 면에서 존중받는다고 느끼느냐는 내 물음에 오 대표는 지역 언론의 역할을 이야기하기 시작했다. 그는 지역 언론이 권력을 감시하고 비판하는 역할에만 머물러 있어서는 안 된다고 했다. 신문을 알차게 잘 만드는 것도 중요하지만, 나아가 언론이라는 미디어를 통해 지역 사회를 바꾸는 '시민운동'의 주체가 되어야 한다는 것이다. 원주 시민들은 그동안〈원주투데이〉가 지역 사회를 더 나은 방향으로 바꾸는 데 기여하는 모습을 지켜보았기에 자연스럽게 '존중'의 마음을 갖게 되었다고 한다. 그가 자랑스럽게 이야기하는,〈원주투데이〉가 이끌어온 시민운동과 원주시의 변화를 들으며 결국 나는 고개를 끄덕이게 되었다.

에너지의 30퍼센트는 공익사업에 쏟는다

〈원주투데이〉입사 조건에는 다른 언론사에서는 볼 수 없는 특이한 사항이 있다. '30퍼센트 정도의 에너지는 공공 프로젝트에 쏟는다. 그 일 역시 당신이 할 일'이라는 조건이다. 모든 입사 지원자가 면접에서 듣게 되는 이 조건에는〈원주투데이〉가 중요하게 생각하는 가치가 녹아 있다. 바로 언론을 통한 시민운동, 공익사업을 통한 지역 공동체 활성화가 그것이다. 이는 곧 〈원주투데이〉만의 경쟁력이기도 하다.

　〈원주투데이〉의 대표적인 공익사업은 '한 도시 한 책 읽기 운동'으로 무려 22년째 진행하고 있다. 〈원주투데이〉의 기획으로 시작된 이 사업은 현재 '원주 한 도시 한 책 읽기 운동 본부'와 〈원주투데이〉 등이 함께 주관하며 오원집 대표가 본부의 운영위원장을 맡고 있다. 본부에서는 매년 한 권의 책을 선정해 1년 동안 그 책을 중심으로 북 콘서트, 글쓰기 대회, 독서 대토론회 등 다채로운 프로그램을 진행하고, 여기에는 개인은 물론 학교, 직장, 동아리, 아파트 부녀회 등 다양한 단체의 시민들이 참여한다. 아울러 본부에서는 공동체의 책 읽기를 지원하기 위해 선정된 도서를 대출해주기도 한다. 참가비는 모두 무료다. 2025년 올해는 이금이 작가의 장편소설 『너를 위한 B컷』을 '한 도시 한 책'으로 선정했다고 한다.

　이 운동은 어떻게 시작하게 되었을까? 지역 공동체가 좀 더 성숙해지는 방안을 고민하던 〈원주투데이〉 기자들은 '책 읽기'를 떠올렸다. 지역 사회의 양극화에 대한 우려가 커지면서 공동체가 같이 대화하고 토론할 수 있는 분위기를 만들기 위해서는 '독서 문화'가 필요하다는 데 의견이 모였다. 단순히 '책을 읽어보자'가 아니라 '책을 읽고 의견을 나누자'가 〈원주투데이〉의 목표였다. 활자를 잘 읽지 않는 시대라고 하지만, 신문을 펴내는 언론사인 만큼 '종이 매체'의 힘을 믿고 시작한 사업이

기도 했다. 같은 책을 읽으면 공통의 화제가 생겨 대화를 시작할 수 있고, 새롭게 출간되는 책들을 읽으며 사회의 변화를 따라갈 수 있으리라는 기대로 '1년에 한 책' 읽기를 시작했다.

원주시에서는 보통 1년에 약 3만여 명 정도가 '한 도시 한 책 읽기 운동'에서 선정한 책을 읽는다. 원주 시민 약 36만 명 중 10퍼센트 가까이가 선정 도서를 읽는다는 뜻이다. 문화체육관광부의 국민실태조사와 동일한 방식으로 외부 여론조사 기관을 통해 2016년 '원주 시민 독서실태조사'를 진행한 결과, 원주 시민 중 1년에 한 권 이상 책을 읽은 사람의 비율은 80퍼센트로 전국 평균 독서율 65퍼센트보다 약 15퍼센트가량 높았다. 2019년 원주시가 '유네스코 문학 창의도시'에 가입하는 과정에서도 원주의 문학 잠재력 평가 항목 중 하나로 '한 도시 한 책 읽기 운동'이 포함됐다. 또한 이 운동은 도서관이 많은 도시를 만드는 데도 결정적으로 기여했다. 원래 시립도서관이 한 개뿐이었던 원주시는 13년 만에 시립도서관 일곱 개를 가진 문화 도시로 거듭났다. 〈원주투데이〉가 바꾼 지역 사회의 모습이다.

〈원주투데이〉의 기획으로 시작해 약 16년 동안 진행하고 있는 또 하나의 공익사업으로 '가족봉사운동'이 있다. 이 기획은 학생들이 점수를 얻기 위해 학교에 '자원봉사 확인서'를 제출해야 했던 시절에 시작되었다. 오 대표는 재력이나 인맥이 있는 부모들이 아이가 자원봉사를 하지 않았는데도 봉사처로 인정되는 기관에 영향력을 행사해 확인서를 받는 상황에 문제의식을 느끼고, 지역 내에 건강한 자원봉사 문화를 만들어야겠다고 결심했다. '부모가 자녀에게 주는 최고의 선물'이라는 캐치프레이즈를 내걸고 시작한 가족봉사운동은 많아야 50가족 정도가 참여하리라는 관계자들의 예상을 깨고 첫 해에만 777가족이 참여했다. 참여 가족은 계속 늘어서 1500가족이 참여한 적도 있다. 가족봉사운동의 확산으로 원주시에는 자원봉사 문화가 자리 잡았다. 그 결과 2019년 원주시와 원주시자원봉사센터는 강원도에서 실시한 2019 시·군 자원봉사 활동 실적 평가에서 최우수상을 수상했다. 대학 입시에 자원봉사 점수를 반영하지 않게 되면서 참여율이 조금 하락하기는 했지만, 여전히 매년 500가족 이상이 가족봉사운동에 참여하고 있다. 이 밖에도〈원주투데이〉는 원주시걷기협회와 함께 '원주사랑걷기대행진'을 공동 주최한다. 6박 7일간 원주의 길을 걷는 이 행사는 시민들의 건강을 지키고, 지역 사랑을 북돋우며 21년째 계속되고 있다.

〈원주투데이〉가 진행하는 공익사업의 특징은 '민관 협력' 체계라는 점이다. 다시 말해서〈원주투데이〉만의 힘으로 이끌어가는 게 아니라,〈원주투데이〉가 기획 아이디어를 내고 사회적 분위기를 만들면 이어서 행정 기관에서 관심을 갖고 예산을 배정해 함께하는 구조다. '한 도시 한 책 읽기 운동'은 원주교육지원청에서 참여하고 있고, 원주사랑걷기대행진과 가족봉사

운동은 원주시가 함께한다. 이런 움직임은 언론의 기사만으로는 만들어지기 어렵다. 지역 신문이 계속해서 변화의 방향을 제시하고, 이를 직접 사회운동으로 만들어내며 시민들을 참여시켰기에 가능했던 일이다. 지역 신문이 사회적 분위기를 조성해 시민들의 단체와 모임, 행정의 협력을 이끌어내는 것, 이것이 바로 〈원주투데이〉가 지역을 위해 일하는 방식이다.

마을 신문 만들기

원주시는 1993년부터 2023년까지 한 해도 빠짐없이 인구가 증가한 지역이다. 오원집 대표가 처음 〈원주투데이〉에 합류한 29년 전의 원주시 인구는 약 15만 명이었지만, 지금은 36만 명이다. 수도권으로 인구가 집중되는 와중에도 이 지역은 인구가 꾸준히 증가해온 것이다. 이는 분명히 긍정적인 현상이지만, 토착민보다 외지인 비율이 높아지다 보면 자칫 도시의 정체성이나 공동체 의식이 희미해질 수 있다. 〈원주투데이〉는 지역이 성장하는 가운데 공동체 의식도 지켜내기 위해 2021년부터 '마을 신문 만들기' 사업을 진행하고 있다. 오 대표는 〈원주투데이〉 혼자 지역 공동체를 활성화하려 할 게 아니라, 각 마을에서 주민들 스스로가 직접 마을 신문을 만들고 이를 연결한다면 지역의 의제를 공론화하고 정체성을 확립하는 일이 더 수월하리라 생각했다. 지역 정체성이 자리 잡지 못하는 것은 주민들이 자기가 사는 마을에 대해 잘 모르기 때문이므로, 마을 신문을 통해 마을의 역사와 현황, 사람들의 이야기를 나누면 좋겠다고 여겼다.

〈원주투데이〉는 마을 신문 만들기 사업을 통해 마을 신문 활동가 교육도 하고, 신문 제작비도 지원하며, 연말이면 '원주시 마을 신문 콘테스트'를 개최해 우수한 신문에 시상도 한다. 이 사업에는 현재 25개 읍·면·동 중 아홉 곳이 참여하고 있다. 〈원주투데이〉가 마을 신문 만들기 사업을 시작한 후, 시의회는 마을 미디어 활성화 지원 조례를 만들어 읍·면·동별로 관련 예산을 500만 원씩 편성하고 있다. 또 〈원주투데이〉에서 지역신문발전위원회 지원 사업을 통해 신문 발행 비용을 일정 부분 지원하기도 한다. 이렇게 제작된 마을 신문은 〈원주투데이〉 인터넷 홈페이지에서도 볼 수 있다. 마을마다 상황이 조금씩 다르지만, 분기별로 신문을 발행하고 현판까지 내걸어 마을 신문 만들기가 완전히 정착된 마을도 있다.

주민들의 입장에서 마을 신문 만들기는 쉬운 일이 아니었다. 대부분의 사람들이 신문이라고 하면 어려운 말이 많이 나오고, 유명한 사람들이 등장해야 한다고 생각했기 때문이다. 오 대표는 참여자들에게 마을 신문을 사랑방이라고 생각하고 지역 주민의 이야기를 넣어야 한다고 강조했다.

"지역 주민 20명에게 물어봤다면 주민들 사진을 조그맣게

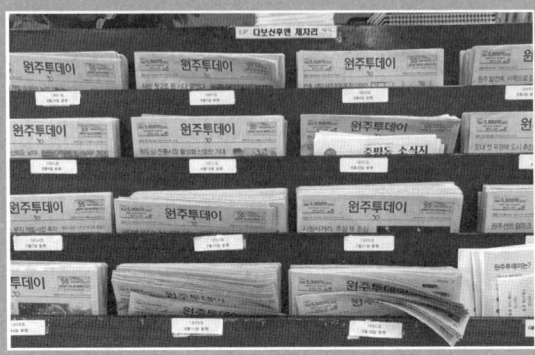

〈원주투데이〉 제공

위 　주 1회 발행하는 〈원주투데이〉의 최신호들이 꽂혀 있는 책꽂이.
가운데 　〈원주투데이〉의 '마을 신문 만들기 사업'으로 발행된 다양한 마을 신문들.
아래 　2019년에 진행된 '한 도시 한 책 읽기 운동' 선정 도서 선포식 현장.

넣고, 그 사람들의 이야기를 한두 문장씩 넣어 한 면을 만드는 거예요. 그러면 동네 사람들이 '누구 나왔네' 하며 그 신문을 볼 거 아니에요. 그게 마을 신문이에요. 너무 어렵게 접근할 필요 없어요. 평범한 사람이 신문의 주인공이 될 수 있어요. 〈원주투데이〉는 저명성은 안 따져요. 지역 신문이나 마을 신문은 모두가 주인공이 될 수 있어요."

〈원주투데이〉가 공공 프로젝트에 진심인 이유는 '공동체'가 곧 지역 신문의 존재 의미와 직결되기 때문이다. 내가 사는 곳에 대한 공동체 의식을 가진 사람들이 지역 신문의 독자가 된다. 따라서 공동체가 잘 유지되어야 지역 신문이 존재할 수 있고, 그 역할도 커질 수 있다. 〈원주투데이〉는 지역 사회 공동체와 지역 신문이 서로가 서로를 필요로 하며 선순환 작용을 하는 관계임을 잘 알고 있기에 공동체 의식을 키울 수 있는 방향으로 취재를 하고 기사를 쓰며 다양한 공공사업을 추진해왔다.

한편 〈원주투데이〉는 지역 언론계의 문화도 바꿨다. 대표적인 것으로 '계도지 폐지'를 들 수 있다. 계도지는 지자체가 세금으로 통반장(및 이장)의 신문 구독료를 대납하는 관행으로 군사 정권 시절부터 신문사의 안정적인 수입원으로 기능했다. 행정 기관과 신문사의 유착 가능성에 대한 우려가 계속해서 제기되었지만 서울시의 25개 자치구, 강원도의 16개 시·군(원주 지역 제외) 등은 여전히 계도지 예산을 폐지하지 않고 있다.

원주시에서 계도지 예산이 폐지될 수 있었던 이유는 〈원주투데이〉의 문제 제기와 2000년 한상철 당시 원주시장의 결단이 있었기 때문이다. 〈원주투데이〉는 1995년 창간 때부터 계도지 예산을 받지 않겠다고 선언하며 그런 관행의 폐해를 지적했다. 오원집 대표는 〈은평시민신문〉과의 인터뷰에서 "계도지가 있었다면 강원도 내 지방지 등에 예산이 지급되고 지역지의 역할도 지금과 같지 않았을 것"이라며 "그런 왜곡 현상이 없으니까 원주에서는 〈원주투데이〉가 제일 큰 역할을 하고 있습니다. 지역 언론의 여론 주도력이 높아진 거죠. 내가 돈을 내고 보는 신문과 공짜로 받아 보는 신문은 그 영향력에서 큰 차이가 있습니다"라고 말했다.

〈원주투데이〉는 접대와 관련해서도 엄격한 규칙을 적용하고 있다. 〈원주투데이〉 인트라넷에는 직원들이 글을 올리는 '선물·접대' 코너가 있다. 식사 등의 접대는 '3만 원 이내'로 받아야 하고, 받고 나서는 누구로부터 얼마 상당의 무엇을 받았는지 세세한 정보를 모두 작성해야 한다. 〈원주투데이〉의 이런 엄격한 기준이 널리 알려져 지금은 선물이나 접대 자체가 거의 없다고 한다.

〈원주투데이〉를 보며 건강한 지역 언론의 중요성을 다시금 깨달았다. 지역 사회를 위해 제 역할을 하려 노력하는 건강한 지역 신문 하나가 지역의 문화를 바꾸고, 공동체를 만들고, 나아가 지역 언론까지 달라지게 할 수 있다. 수백수천 개의 언론사가 같은 기사를 쏟아내며 경쟁하는 중앙 언론에서는 이런 작은 언론사의 활약이 잘 와닿지 않을 테지만, 〈원주투데이〉 같은 곳을 보면 왜 지역마다 각각의 언론사가 있어야 하는지 분명히 알 수 있다. 지역 언론은 단순한 정보 전달자가 아니라, 지역 공동체의 일원으로서 지역의 내일을 함께 만들어가고 있다.

기자는 심판관이 아니다

기자의 역할을 두고 '심판관'이라고 말하는 사람들이 있다. 하나의 사건을 다양한 관점으로 들여다본 뒤 객관적인 판단을 내리는 사람들이라는 뜻이다. 그러나 오원집 대표는 기자는 심판을 내리는 것이 아니라 대안을 제시해야 한다고 강조했다.

"밖에서 안을 들여다보면서 이게 문제고 저게 문제고 지적만 하는 걸로 그쳐선 안 돼요. 적어도 대안을 제시할 수 있는 언론이 돼야 해요. 그래서 〈원주투데이〉는 비판보다 대안에 더 많은 무게를 둡니다. 비판은 편하고 쉬워요. 그런데 작은 지역 사회에서는 비판받는 사람도 지역 주민이에요. 그 사람이 비판을 받은 후에도 지역 사회의 일원으로서 같이 살아가려면 가급적 대안에 초점을 맞춰야 해요."

오 대표는 2025년 9월 불거진 원주시와 시의회의 외유성 국외공무연수 논란을 사례로 들었다. 원주시 공무원 10명과 시의원 여섯 명이 '해외 선진 도시 우수 사례 견학과 벤치마킹'을 취지로 이탈리아 국외공무연수를 계획했는데, 그 일정이 관광지 위주로 짜여 비판을 받았다. 이들은 시민사회의 거센 비판에 직면해 출국 예정일을 4일 앞두고 연수를 전면 취소했다. 〈원주투데이〉는 사설에서 이 문제가 반복되지 않을 방법을 제시했다. 이번 논란이 "낡은 해외연수 관행을 버리고 시민에게 당당하게 설명할 수 있는 연수 문화를 정착시키는 출발점"이 되어야 한다는 문제의식을 던진 후 "형식적 사후 보고가 아닌 정기적으로 해외연수 결과가 실제 정책에 어떤 도움이 됐는지 공개하는 시스템이 필요하다"는 구체적인 제언도 내놨다.

신문의 발행 부수와 유료 부수를 인증해 신문의 영향력을 평가하는 한국ABC협회의 2024년 1월 발표(2022년 발행분 기준)에 따르면, 〈원주투데이〉는 전국의 지역 주간 신문 중 유료 부수 1위를 차지했다. 발행 부수 6451부 가운데 유료 부수가 4206부로 그 비율이 65.2퍼센트나 되었다. 〈원주투데이〉의 구독자들은 대체로 공공 프로젝트를 통해 유입된 사람들이다. 신뢰를 기반으로 구독을 시작했기 때문에 구독 해지율도 낮은 편이다. 돈을 내고 보는 사람이 많은 신문은 그만큼 여론 영향력이 높을 수밖에 없다.

'지방 자치'의 관점에서 지역 언론 바라보기

오원집 대표는 〈원주투데이〉 창간 1년 후인 1996년에 입사해 기자 일을 시작했다. 대학 신문 기자로 일했던 것이 그가 기자의 길에 들어선 결정적인 계기였다. 편집부장 직책으로 일을 시작한 그는 5년쯤 지나서부터 대표를 맡았고, 2025년 현재 풀뿌리 지역 주간지들의 연대체인 바른지역언론연대 회장으로도 일하고 있다.

그는 지역 언론 지원을 '지방 자치'의 관점에서 바라봐야 한다고 말했다. 현재의 구조는 대부분의 정책을 중앙 정부가 결정하고 지방 정부는 그것을 수행하는 정도에 지나지 않는 '무늬만 지방 자치'일 뿐이라며, 이런 구조에서는 주민들이 지역 신문을 봐야 할 필요가 없다고 지적했다. 지역 신문을 보지 않아도 먹고사는 데 전혀 지장이 없기 때문이다.

오 대표는 지방 정부, 지방 의회와 함께 지방 자치의 한 축으로 지역 언론이 있어야 한다고 강조했다. 지역에서는 사실상 지자체장이 대통령보다 막강한 '황제'와도 같은 권한을 누린다. 이를 견제하려면 제대로 된 지역 언론의 감시가 있어야 한다. 지방 정부의 단체장이 한 지역을 좌지우지하는 지금의 상태는 '지방 자치'라고 말할 수 없다. 그는 지방 자치가 제대로 작동하려면 건강한 지역 언론이 육성될 수 있도록 환경을 만들어주고 제도와 예산을 통해 지원해줘야 한다고 강조했다.

오 대표는 〈원주투데이〉와 함께한 지난날을 돌아보며 "30년을 버텼어요. 넘쳐본 적이 없습니다. 항상 모자랐지요. 그래도 살았어요"라고 말했다. 부지런히 달려왔지만, 지역 신문으로 하고 싶었던 일을 아직 절반도 하지 못했다는 오원집 대표. 그의 원래 꿈은 〈원주투데이〉를 일간 신문으로 발행하는 것이었다. 8년간 주 2회 발행을 시도했고 직원도 22명이나 될 만큼 조직을 키운 적도 있지만, 결국 현실적인 벽에 부딪혀 일간지로 분류되는 주 3회 이상 발행은 시도하지 못했다(현재는 주 1회 발행). 오 대표는 원주 시민 모두가 구독하는, 웬만한 원주 사람은 다 보는 신문을 만들고 싶었다며 지금 수준에서 만족할 수 없다고 말했다. "시민의 생활이 되는 신문을 만들고 싶습니다"라고 말하는 그의 꿈, 그의 여정은 지금 이 순간에도 계속되고 있다.

달 그 리 안

섬 속의 섬에도
신문이 온다

지역 안에도 지역이 있다. 서울에 비해 지역의 소식이 외면받는 것처럼, 지역 안의 더 작은 지역의 이야기는 언론의 주목을 받지 못한다. 2025년 현재 약 1500명의 주민이 살고 있는 제주의 면 단위 작은 섬 우도가 그런 곳이다. 제주에 종합 일간지가 있기는 하지만 작은 섬마을 우도의 소식까지는 다루지 않는다. 그래서 우도 주민들은 우도만의 이야기를 싣는 언론을 직접 만들기로 했다. 동네 소식을 전하는 신문 하나 없던 지역에 2017년 마침내 마을 신문 〈달그리안〉이 창간되었다. 〈달그리안〉 창간호에는 바다 속에서 물질하는 해녀의 얼굴이 큼지막하게 담겼다.

계간으로 발행되는 〈달그리안〉에는 물질, 땅콩 농사, 민박 등을 하며 살아가는 주민들이 직접 기자로 참여한다. 현재는 총 여섯 명의 기자가 활동하고 있는데, 이들은 모두 우도가 고향이거나 우도에 정착해 창간 즈음부터 꾸준히 활동하고 있는 정예 멤버다. 기자들은 모두 현업과 취재를 병행한다. 김영진〈달그리안〉대표는 민박업을 하고, 김애경 기자와 강윤희 기자는 2년 차 새내기 해녀다. 땅콩 농사를 짓는 강계헌 기자는 2024년부터 주민자치위원장을 맡았고, 이승희 기자는 편의점을 운영한다. 연극배우 출신 송희정 기자는 학교의 예술 강사와 주민들의 문화 공간인 작은도서관 사서로 활동하고 있다.

'달그리안'은 우도 사람들이 우도팔경 중의 제1경인 '주간명월書間明月'을 부르는 말이다. 배를 타고 우도 남쪽의 절벽 아래 있는 해식 동굴에 가면, 그 천장에 햇빛이 바닷물에 반사되어 밝은 달이 뜬 것처럼 보이는데 이를 주간명월이라고 부른다. 이 이름에는 '어렵게 찾은 보물'이라는 의미도 담겨 있다.

나는 2024년 4월 말 우도의 대표 행사인 '우도소라축제'가 열리는 시기에 맞춰〈달그리안〉기자들을 찾았다. 제주 성산항에서 탄 배는 우도 천진항에 나를 내려주었다. 항구 바로 앞에 마련된 행사장에 가보니〈달그리안〉기자들이 부스를 만들어 운영하고 있었다. 마을 주민 대부분이 모여 함께하는 행사인 만큼 지역민과 독자를 자연스럽게 만날 수 있을 것 같았다.

3일에 걸친 축제 기간 동안〈달그리안〉부스를 찾은 독자를 여럿 만났는데, 그중에서도〈달그리안〉창간호 1면에 담긴 해녀 사진을 촬영한 이성은 사진작가와의 만남이 인상 깊었다. 창간호 작업에 직접 참여하기도 한 이성은 작가는 바다 속에서 해녀와 서로 마주 보며 사진을 찍었다고 회상했다.

"해녀들이 바다에 물질 가는 걸 마중할 때 늘 해녀의 뒷모습을 보는데, 이땐 내가 바다에서 해녀들을 기다리고 있었어요. 〈달그리안〉이 주민들과 얼굴을 마주 보고 공감하는 신문이 되자는 의미의 사진이었습니다."

이성은 작가의 말처럼, 창간호 1면에 큼지막하게 담긴 해녀의 얼굴에는 주민들이 〈달그리안〉을 창간한 이유와 목표가 모두 담겼다. 주민과 마주 보며 소통하는 신문이 되자는 것이다. 이는 대부분의 지역 신문이 표방하는 '주민의 목소리를 대변하자'는 목표와는 사뭇 다른 내용으로, 작고 고립된 섬마을이라는 지역적 특성에서 비롯한 것이다. 폐쇄적인 문화 속에서 자기 목소리를 잘 내지 않는 이곳 주민들에게는 무엇보다 스스로 목소리를 낼 계기가 필요했다. 우도에 언론이 절실하게 필요했던 이유이기도 하다.

〈달그리안〉 부스는 김영진 대표 혼자 지키고 있었다. 다른 기자들은 음식 준비, 공연 준비 등을 하며 각자 마을 주민으로서도 축제에 참여하고 있었기 때문이다. 김 대표와 인사를 나누고 축제 준비 현장을 둘러보면서 기자들 한 명 한 명과 만나 인사를 나누었다. 기자들은 분주히 움직이는 와중에도 나를 반갑게 맞이했다.

〈달그리안〉 부스의 한쪽 벽면은 창간 이래 7년간의 고군분투가 담긴 21개의 신문 1면이 채우고 있었다. 우도의 풍경을 담은 큼지막한 사진과 시로 채워지는 1면은 글자로 빽빽한 다

《달그리안》 제공

위 2024년 4월 26~28일에 열린 우도소라축제 현장의 《달그리안》 부스.
가운데 부스 앞의 포토존에 모인 김애경 기자, 강윤희 기자, 양희범 독자, 김영진 대표.
아래 부스 안쪽 테이블에 놓인 《달그리안》 창간호와 책자들.

른 신문과 차별화되는 〈달그리안〉만의 특징이다. 빳빳하고 하얀 종이와 조화로운 색깔의 디자인도 눈길을 잡아끌었다. 부스 곳곳에는 우도 해녀들의 사진과 물질 도구들이 놓여 있었다. 어디 다른 곳을 둘러볼 새도 없이 천진항에서 내리자마자 도착한 행사장이었지만, 내가 우도에 왔다는 사실이 흠씬 실감이 났다. 나는 부스에도 앉았다가, 다른 부스에도 찾아갔다가 하며 기자들의 이야기를 듣기 시작했다.

관광지로 변한 우도를 지키고자 하는 사람들

주민들이 마을 신문을 제작하자고 뜻을 모은 것은 급격히 이루어진 관광 개발 때문이었다. 개발이 절정에 달한 2017년에는 주민이 2000명도 안 되는 섬에 연간 200만 명의 관광객이 몰려왔다. '동네 개들이 5만 원짜리 지폐를 물고 다닌다'는 농담까지 돌던 시절이었다. 아침마다 성산항에서 배를 타고 밀물처럼 들어온 관광객들은 마지막 배와 함께 썰물처럼 빠져나갔다. 섬은 낮이면 자동차와 오토바이 소리로 가득 차고 저녁이 되면 다시 고요해졌다. 카페, 음식점, 숙박 시설 등 다양한 건물이 들어섰고, 해안가를 빙 둘러쌌던 돌담길이 하루아침에 포클레인으로 파헤쳐졌다. 김영진 대표는 수백 년 전에 쌓은 돌담이 어느 순간 사라지고 건축물이 들어서는 모습에 "가슴이 아리고 분노가 치솟았죠"라며 당시를 회상했다.

적은 인구가 끈끈하게 뭉쳐 있던 마을 공동체도 빠르게 붕괴되었다. 우도는 급속하게 관광 산업을 중심으로 하는 마을로 변했고, 외부에서 들어오는 사람과 물자가 많아지면서 크고 작은 갈등이 반복되었다. 자연경관 보전지구 1등급인 '톨칸이해안'에 대규모 개발이 추진되는 등 여러 가지 사업이 무리하게 추진되었다. '넋 놓고 바라보기만 할 것인가' 시름하는 날이 계속되자 이런 변화를 알릴 언론이 필요하다는 목소리가 나오기 시작했다. 기성 언론은 작은 섬마을인 우도의 상황에 관심이 없었다. 마침 제주도 영상위원회에서 진행하는 '마을 공동체 미디어 지원 사업' 공고가 나왔다. 강윤희 기자와 김영진 대표는 사람들을 모으기 시작했다. 강 기자는 "10명 중 한 명이라도 신문을 보고 '우리 예전엔 이랬는데 잊고 살았구나' 하고 생각한다면 변화가 가능하겠다고 생각했어요"라며 신문 창간을 결심한 배경을 전했다.

뜻 맞는 주민 10여 명이 모여 신문 만들기 교육을 받았다. 시인, 사진작가 등 외지에서 온 문화 예술인과 우도 현지인이 반반 비율로 모였다. 그러나 섬의 폐쇄성은 〈달그리안〉을 '비판 기능'이 있는 신문으로 만드는 데 장벽으로 작용했다. 주민들의 목소리를 적극적으로 싣고 싶었던 현지인들과 달리, 외지인들은 오히려 우도를 비판하면 주민들에게 피해가 갈까 부담을 느끼며 문화지를 만들자고 주장했다. 결국 창간호는 문화지

성격으로 나오게 되었지만, 2호부터는 마을 신문의 정체성을 분명히 하고 발행되었다. 지금의 〈달그리안〉은 마을 기자 여섯 명이 도맡고 있고, 외지인들은 종종 칼럼과 사진을 기고하는 방식으로 참여한다.

비판 기능 외에도 우도에 언론이 필요한 이유는 차고 넘쳤다. 날씨가 궂어 배가 다니지 않거나 마을 어디에서 행사가 열릴 때면 방송이나 신문이 없으니 주민들끼리 문자를 주고받거나 현수막을 붙이거나 면사무소에서 방송을 해서 상황을 알려야 했다. 〈달그리안〉 기자들이 처음 신문을 만들기로 결심한 2017년에 마을 미디어 교육을 담당했던 마을미디어연구소장 정수진 씨는 당시 기자들의 열의가 지금도 생생히 기억난다고 했다.

"그동안 마을 미디어 교육을 통해 다양한 시민을 만나왔지만 이분들은 달랐어요. 교육 기회가 잘 없다 보니 열정과 기대가 엄청나게 컸지요. 우도를 사랑하는 마음이 클수록 깨끗한 환경과 마을 공동체를 지키고자 하는 마음이 깊었어요. 그러나 이런 걱정을 말할 곳이 없었으니 이분들에게 정말로 신문이 필요하구나 생각했지요."

내가 처음 〈달그리안〉을 알게 된 것은 서울 은평구의 지역 신문 〈은평시민신문〉의 박은미 편집장을 통해서였다. 〈달그리안〉 기자들이 지역 신문을 만들고 운영하는 방법을 배우기 위해 〈은평시민신문〉을 찾아왔고, 그들을 인상 깊게 본 박 편집장이 인터뷰를 해보면 좋겠다고 추천해준 것이다. 〈달그리안〉 기자들은 현업과 취재를 병행하는 게 쉽지 않지만 "그래도 재미있다"고 입을 모았다. 타 지역에서 미디어 교육이 있으면 다 함께 신청해서 배우러 가고, 건강하게 운영되는 지역 언론사를 방문해 고민을 나누기도 한다. 김 대표는 "기사 쓰는 게 두려웠는데 이젠 재미있어요. 경험하지 못했던 이야기를 들을 때는 귀가 쫑긋해지고 눈이 커지죠. 할머니들이 기자들과 이야기하며 그야말로 헤벌쭉 웃을 땐 쾌감을 느낀답니다"라며 활짝 웃었다.

경남 통영 출신으로 2015년 우도에 정착한 새내기 해녀 김애경 기자는 마을 '삼춘(제주 지역에서 성별에 관계없이 친족이나 이웃 어른을 부르는 말)'들과 친해진 것이 가장 큰 자랑거리다. 이제 해녀 삼춘들은 직접 기사의 오탈자를 잡아주기도 한다. 김 기자의 핵심 출입처도 삼춘들 집이다. 김 기자가 눈을 반짝이며 말했다.

"그전엔 수박 겉핥기로 알았다면 지금은 수박을 파내는 느낌이에요. 삼춘들 반응도 좋고, 길 가다 삼춘들에게 인사할 땐 우도가 고향인 분들도 어떻게 모르는 삼춘이 없느냐며 놀라요. (웃음) 물질을 하고 나면 체력적으로 엄청 지치지만, 기자 일만큼 저를 채워주는 게 없어요."

"우리 동네 취재 오지 맙서"

섬이라는 공간의 폐쇄성은 취재에 큰 장벽이 되기도 한다. 이는 우도에 지금까지 신문이 없었던 이유이기도 하다. 주민이 1500여 명뿐인 우도에서는 서로 모르는 사람이 없다. 대부분이 지역 선후배 관계라 건강한 비판도 쉽지가 않다. '지역의 좋은 이야기만 다뤄야 한다'는 주민들의 인식도 기자들이 자주 마주하는 난관이다. 목소리를 내기 부담스러워하는 분위기 탓에 신문 기고를 받기도 어렵다. 김영진 대표는 주민들에게 "우리 동네 취재 오지 맙서"라는 말을 자주 듣는다고 했다.

특히 지역 개발 사업을 비판할 땐 날 선 반응이 돌아온다. 바다 속에 원형 전망대를 설치하는 해중 전망대 사업을 비판한 뒤에는 기자들의 생업이 흔들리기도 했다. 주민 제보를 받은 기자들이 이 사업에서 '주민의 주주 참여' 허용 조항이 빠진 이유를 따지면서 해녀에게 가는 보상이 너무 적다고 지적했는데, 최종 심의가 늦어지자 '〈달그리안〉이 우리 돈벌이 사업을 못 하게 한다'는 소문이 퍼졌다. 강윤희 기자는 "본래 삼춘들 몫인 것을 정작 삼춘들은 1, 누군가는 10을 가져가는 걸 지적한 건데, 삼춘들은 1도 못 받게 되니까 우리를 미워하게 됐어요. 아는 사람이 아는 사람을 공격하는 상황이 힘들었지요"라고 털어놨다. 그 일을 계기로 본래 〈달그리안〉이 사용하던 역사 문화 공간에서도 쫓겨났고, 당시 편집장은 계속되는 민원으로 고통받다가 결국 다니던 직장을 나왔다. 기자들이 진짜 두려워하는 건 민원이나 항의보다는 주민들이 격렬하게 대립하다가 돌아올 수 없는 강을 건너 결국 화해하기 힘든 지경까지 가는 것이다.

소라축제 현장에서도 개발 사업에 반대하는 〈달그리안〉을 향한 한 주민의 비판을 들을 수 있었다. 당시 우도에는 '하우목동항 권역 어촌 뉴딜 300 사업'이 진행되고 있었다. 낙후한 어촌을 지역 특성에 맞게 개발해 해양 관광을 활성화하는 사업으로, 우도도 그 대상지로 선정됐다. 2017년을 정점으로 한 급속한 관광 개발로 환경 파괴가 이어지던 중 해당 사업을 접한 〈달그리안〉은 기사를 통해 구체적 의견을 제시했다. 사업에 최종 선정된 2019년 겨울호에는 「'우도 하우목동항 권역 어촌 뉴딜 300 사업'에 대하여」라는 제목의 기사를 냈다. 주민들에게 구체적인 사업 내용과 주민 참여의 필요성을 알리는 취지였다. 사업을 강하게 비판했다기보다는 자연 훼손을 경계하며 방향성을 제안하고 사업 진행 시 주민과의 소통이 필요함을 강조하는 기사였다. 그러나 곧바로 사업에 찬성하는 주민들의 거센 저항을 맞닥뜨렸다.

소라축제에서 만난 우도면의 한 주민은 "살고 있는 대다수 지역민이 하겠다고 하면 반박은 하지 말아야 합니다. 우도를 사랑하는 마음이야 다 똑같지요. 그렇다고 우리가 1, 2차 산업으로 돌아갈 수는 없지 않습니까"라고 말했다. 개발할 건 개발하면서 보호도 해야 한다는 입장이다. 그는 "작은 섬에서 우리가 같이 가야 하는데, 안 좋은 건 숨기고 발전적인 걸 써줬으면 합니다. 환경이니 뭐니 모든 걸 건드리니까 지역 사람들은 불편해한다고요"라는 이야기를 하기도 했다. 20분 남짓의 대화에서 섬의 폐쇄적인 문화와 인식을 바로 느낄 수 있었다.

김영진 대표는 "개발 문제 관련해서는 우리 신문에서 표현되는 게 아직 많이 미약합니다. 문제점을 드러냈을 때 계속 얼굴을 마주하고 살아갈 주민들과 갈등이 생겨 부담이 크거든요"라고 털어놓았다. 나도 〈달그리안〉에 섭외 연락을 한 뒤에 1년이 넘게 기다린 끝에야 우도를 찾을 수 있었다. 기사가 나간 뒤 혹시라도 문제가 생기면 어쩌나 하는 기자들의 고민 때문이었다. 이런 조심스러운 태도를 보며 '신문이 다양한 이슈를 제대로 다루지 못한다'라고 평가하는 독자들도 있다. 섬마을 신문 〈달그리안〉이 안고 가야 할 어려운 숙제 중 하나였다.

해녀 삼춘과 어른들의 지혜에서 우도의 미래를 찾다

점차 사라져가는 우도의 자연과 역사를 기록해 보존하는 일은 마을 신문 〈달그리안〉의 중요한 역할이다. 우도는 '해녀의 섬'인 만큼 〈달그리안〉은 '해녀를 기록하다'라는 코너를 만들어 어린 나이부터 평생 물질로 가정을 이끌어온 우도 해녀들의 인터뷰를 싣는다. 그리고 '삶의 도서관' 코너에는 우도에서 평생을 살아온 어른들을 만나 역사와 문화 이야기를 담는다. 배를 타고 태평양을 항해하는 선장을 꿈꿨던 90세 강철석 씨는 "너희 아버지도 바다에서 배 타다 죽었는데 너도 바다에서 죽을래"라며 펑펑 울던 어머니 앞에서 차마 용기를 낼 수 없었던 이야기를 전했다. 89세 고응옥 씨는 제주 4·3사건으로 아버지를 여읜 열두 살 어린 시절을 회상했다.

우도 삼촌들의 '물 길러 가는 길' 기사는 별도 책자로도 발간했다. 과거 우도는 지하수에 염수가 섞여 식수로 이용할 수 없었다. 기자들은 물이 늘 귀했던 우도에서 삼촌들이 매일 새벽 30킬로그램 무게의 물허벅을 지고 하루 네 번 이상 물을 길어 온 세월에 주목했다. 이후에는 집집마다 빗물을 모으기 위한 물통을 설치해 식수 문제를 해결했다. 이러한 물통들은 이제는 거의 다 사라져 찾기 어려운데, 기자들은 여전히 물통에 빗물을 받아 마시는 92세 강성호, 강한승 삼촌 집을 찾아가 과거 물을 길어 오던 시절의 이야기를 들었다.

운 좋게도 나는 강성호, 강한승 삼촌 집에 찾아가 물통을 보고, 물도 마셔볼 수 있었다. 우도를 알려야 한다며 나를 데리고 두 시간가량의 '우도 투어' 가이드를 자처한 우도면 지역사회보장협의회 위원장 고성종 씨 덕분이다. 그는 나를 곳곳으로 데리고 다니며 우도의 역사를 소개했다. "우도는 해가 뜨고 배가 다니기 시작하면 관광객의 섬이고, 배가 끊기면 오롯이 우

위 〈달그리안〉 2017년 겨울 창간호 1면과 2019년 여름호 1면.
아래 우도소라축제 현장의 〈달그리안〉 부스 벽면을 채운 역대 〈달그리안〉 1면들.

도 주민들의 섬이 됩니다"라는 그의 말이 현재 우도의 상황을 가장 잘 표현해주는 듯했다. 〈달그리안〉의 대표 독자이기도 한 그는 그렇기 때문에 우도의 역사와 문화를 기록하는 〈달그리안〉의 역할이 중요하다고 내게 몇 번을 힘주어 강조했다.

〈달그리안〉 기자들은 삼춘들 집에 찾아가 우도 음식 요리법을 배우며 나눈 이야기를 담는 '우도 밥상' 코너도 이어오고 있다. 또 '놀멍 배우멍 마을 배움터' 코너에서는 삼춘들의 일상에서 배울 수 있는 모든 것을 기록한다. 이승희 기자는 "윗세대 어르신들은 우리를 오래 기다려주지 않아요. 어르신들이 손과 발로 만든 우도라는 터전을 〈달그리안〉이 제대로 기록해야 잘 지켜낸 우도를 후손들에게 오롯이 넘겨줄 수 있을 거예요"라고 말했다. 주민들의 인터뷰는 대부분 제주어 그대로 싣는다. 기사 제목에서도 제주어를 살리는 경우가 많다.

코로나19 이전까지는 기자들이 구역을 나누어 800호에 이르는 주민들의 집을 직접 찾아가 신문을 배포했다. 이를 두고 이성은 작가는 "다른 신문은 기다려야 오는데, 〈달그리안〉은 주민을 직접 찾아가는 신문이에요"라고 말했다. 그만큼 〈달그리안〉은 주민들과 매우 가까이에 있다. 축제 현장에서 만난 주민들은 〈달그리안〉을 취재하러 왔다는 내 말에 〈달그리안〉을 향한 애정을 숨김없이 내보였다. 음식 준비 등으로 바쁜 와중에도 인터뷰 요청에 적극적으로 임해주었고, 사진 촬영도 흔쾌히 수락했다.

축제 첫날 일찌감치 〈달그리안〉 부스를 찾은 전 우도면장 여찬현 씨는 "처음에는 이게 될까 싶었지만 계속 발행되고 있잖아요. 주민들도 신문 덕분에 몰랐던 사실을 알게 되어 우도가 새롭게 느껴집니다. 옛 생각이 새록새록 나고 '신문이 참으로 좋은 거로구나' 생각하고 있습니다. 우도의 역사와 문화가 계속 이어질 수 있도록 해줬으면 좋겠어요"라고 말했다. 주민 강세붕 씨는 "쟁점 사안이 있으면 공론에 붙이고 얼마나 좋아요"라며 칭찬했다. 해녀 김혜숙 씨도 "지금 아이들은 모르지만 우리는 고생했던 세대라 새록새록 피부에 와닿지. 잘 기억했다가 나중에 후세대들에게 알려야 되겠다는 자부심도 있고. '아이고, 맞다 맞다' 하면서 봐요. 이 신문이 있다는 것에 얼마나 자부심을 느낀다고"라는 말을 전했다. 개발 이슈에서는 〈달그리안〉을 비판하던 주민도 "기자들이 우도의 옛것을 지금 세대들에게 알려주고, 옛 사람들한테는 추억을 상기시켜주고 얼마나 좋은가"라며 〈달그리안〉이 기록하는 역사의 의미를 짚었다.

마을에 신문이 있다는 것에 자부심을 느낀다는 김혜숙 씨의 말이 마음을 울린다. 우도에서 평생을 살아온 주민들에게 마을신문 〈달그리안〉은 처음으로 접한 '우리 동네' 신문이다. 우리 동네 이야기를 기록하는 언론이 있다는 사실은 주민들에게 그 자체로 큰 자부심이 되고 있다. 나의 목소리가 신문에 기록되고, 그 기록은 사라지지 않고 역사에 남는다. 고성종 씨도 "신문이 있는 마을이 몇이나 되겠어요. 나는 타 지역에 가서 우리 마을에 〈달그리안〉이라는 신문이 있다는 걸 제일 먼저 자랑합니다"라며 웃어 보였다.

초등학교와 중학교밖에 없는 우도에서 고등학교에 진학하려면 타지로 가야 한다. 출향한 이들에게 〈달그리안〉은 우도 소식을 알 수 있는 유일한 창구다. 주민 윤찬국 씨는 "우리같이 밖에 나간 사람은 고향에 대해 들을 수가 없어요. 그래서 신문이 도착하면 '오늘은 무슨 소식이 들었을까' 설레는 가슴으로 봅니다"라고 말했다. 주민들은 〈달그리안〉 부스에 놓인 신문과 사진들을 보며 옛 기억을 떠올렸다. 『물 길러 가는 길』 책자를 보던 윤양식 우도 부면장은 과거 빗물을 받아 먹던 기억을 떠올렸다. 고성종 씨는 부스 벽면에 걸려 있는 우도 해녀들의 어릴 적 사진을 보며 한 명 한 명 이름을 읊었다. 그들에게 〈달그리안〉은 잊히지 않는 기억을 성실히 담아내는 기록집이나 마찬가지였다.

〈달그리안〉의 지속 가능성을 걱정하는 주민들

2025년 9월 기준 〈달그리안〉의 구독자는 1300여 명이다. 구독료는 무료이고, 운영비는 모두 후원금과 지자체 지원 사업으로 충당한다. 〈달그리안〉 사무실은 소 외양간을 개조해 만들었다. 최근 3년은 주민 참여 예산을 통해 연간 2000만 원을 지원받았지만, 이전에는 대표의 사비로 충당하거나 외상으로 신문을 낸 뒤에 후원금을 모아 갚은 적도 있다. 구독료를 받을 생각은 없을까. 기자들은 "아직 우도에서는 유료로 신문을 낼 수 있는 환경이 안 됩니다"라며 한사코 고개를 저었다.

후원자들의 가장 큰 걱정거리도 〈달그리안〉의 지속 가능성이다. 목소리 내기를 어려워하는 분위기 탓에 기고 하나 받기 어렵고, 새로운 기자를 모집하는 건 하늘의 별 따기다. 내가 부스에 있는 3일 동안에도 부스를 찾은 독자들은 〈달그리안〉을 유지할 수 있는 방법에 대해 종종 토의하곤 했다. 고성종 씨는 기자들이 후원금을 예측할 수 있게끔 10만 원씩이라도 정기적으로 동창회 등에서 후원하자고 제안했다. 주민 양희범 씨는 성산항에서 우도로 배를 운영하는 도항선이 〈달그리안〉을 후원해야 한다고 말했다. 〈달그리안〉은 우도를 알리는 역할을 하고 있기 때문에, 관광객이 많이 들어와 돈을 버는 도항선이 그 돈을 공적인 데 투자해야 한다는 의견이다.

기자들은 제 목소리를 내지 못할까 하는 우려에 광고도 생각해본 적이 없다. 〈달그리안〉을 시작한 이유도 섬 안에서 쉽게 목소리를 내지 못하는 주민들이 필요한 것들을 스스로 요구할 수 있도록 하기 위해서였다. 강윤희 기자는 해녀 삼춘들과의 일화를 통해 우도 주민들이 자기 생각을 밖으로 꺼내고, 무언가를 요구할 수 있게 된 것이 어떤 의미인지 설명했다.

"해녀 삼춘들은 은퇴하고 집에서 TV만 봐요. 평생 물질만

하고 밭일만 해왔던 분들이다 보니 '해녀 그만두니까 사람이 아니다'라고들 하시고요. 그래서 원예 선생님을 모셔 와서 삼촌들 10명을 모아 복지관에서 수업을 했지요. 처음엔 절대 안 하겠다던 삼촌들도 4회 차쯤 되니까 내년에도 하고 싶다고 말하더라고요. 그래서 동네 동장님한테도 이런 거 해달라고 요구하시라고 하죠. 우도 주민들은 평생 혜택을 받아보지 못해서 무언가를 요구할 줄을 몰라요. 이렇게 스스로 깨우치면 요구할 수 있게 되는 거죠. 우도는 폐쇄적이고 외부와 단절돼 있어 변화하기가 진짜 힘들거든요. 주민들에게 의미를 만들어주고, 우도의 가치를 생각하게 하는 게 우도가 살 길이에요."

기자들의 가장 큰 목표는 꾸준한 신문 발행이다. 〈달그리안〉을 좋지 않게 봤던 주민들도 7년 동안 이어온 〈달그리안〉의 정성을 알아보고 있다. 기자들은 더 넓은 지역에 우도를 알리는 일도 하고 있다. 강윤희 기자는 우도 소식을 전하는 뉴스 영상을 만들어 JIBS제주방송의 '제시카(제주시청자카메라)' 코너에 2년간 보냈다. 강계헌 기자는 KBS제주의 '풀뿌리K' 코너에서 6주에 한 번씩 우도 소식을 전하는 우도 통신원으로 활동했다. 2023년 12월에는 이성은 작가와 사윤수 시인, 〈달그리안〉 기자들이 함께 '다이내믹 우도'라는 사진전을 열기도 했다.

〈달그리안〉을 취재하며 마을 신문의 어려움, 희망, 필요성을 모두 보았다. 그 안에서 온갖 한계에도 불구하고 기자 역할을 재미나게 해나가는 모습이 참 대단해 보였다. 그들이 이루어낸 것들을 보며 마을 미디어의 역할과 중요성도 되새길 수 있었다. 마을에서 함께 살아가는 사람들이 이야기를 나눌 수 있는 창구로 기능하고, 내가 사는 마을을 내가 주체가 되어 꾸려갈 수 있게 돕는 것이 바로 마을 미디어다. '주민들이 스스로 요구해야 한다'는 강윤희 기자의 말은 비단 폐쇄적인 섬 지역에 국한된 이야기가 아니다. 우리는 우리가 살고 있는 지역에 대해 얼마나 알고 있고, 얼마나 참여하고 있는가. 나와 내 이웃의 이야기를 다루는 마을 미디어를 통해 시민으로서 자신이 살고 있는 지역에 대한 주체성을 회복해야 하지 않을까.

특집 지역 신문 창간하는 방법

 혹시 이 책을 읽고 풀뿌리 지역 신문을 창간하는 방법이 궁금한 독자들이 있을까 싶어 〈옥천신문〉 황민호 대표에게 구체적인 방법을 물었다. 황민호 대표는 더 작은 지역일수록 더 건강한 언론이 필요하다는 생각에 충북 영동군의 풀뿌리 지역 주간지 〈주간영동〉을 창간해 현재 대표를 맡고 있다.

 우선 기초 시·군 단위를 취재하는 지역 신문은 '주간'이 적당하다. 일간은 여건상 불가능하고, 격주간은 뉴스 시의성이 떨어지는 문제가 있다. 월간은 신문보다는 잡지에 가깝다. 매주 신문 만드는 습관을 기르고, 지역 주민들에게 신문 나오는 날을 각인시키려면 주간이 좋다.

 취재 기자는 편집국장을 포함해 최소 세 명은 있어야 한다. 한 명으로는 제보나 민원을 다 감당하기 어렵다. 적어도 세 명 정도는 있어야 직접 취재를 다니며 신문사를 운영할 수 있다. 지면은 많을수록 좋지만 여건상 대판 8면, 혹은 타블로이드

12면에서 16면 정도를 추천한다. 황민호 대표는 타블로이드보다는 대판이 좋다고 말한다. 지역에는 고령 인구가 많기 때문에 주요 독자인 어르신들이 보려면 일반 신문보다 글자 크기가 더 커야 하기 때문이다. 〈옥천신문〉은 매주 대판으로 16면을 발행한다.

신문을 창간하려면 우선 '창간준비위원회'를 열어 사람을 모아야 한다. 풀뿌리 지역 신문은 시민 사회의 공론장을 만드는 과정이기 때문에 지역의 주민들을 중심으로 뜻이 맞는 사람들을 모아야 한다. 위원회에는 300~500명 정도의 후원회원이 있는 게 좋고, 자본금은 5000만 원 정도를 마련해야 지역 신문을 시작할 수 있는 토대가 된다. 형태는 군민주 형태로 사회적기업 인증 신청을 추천한다. 비영리법인인 사회적기업으로 만들면 후원회원의 세액 공제도 가능하고, 정부에서 인건비나 사업 개발비 등도 지원받을 수 있다. 고용노동부의 청년 일자리 지원 사업도 추천한다. 정부 지원 사업을 최대한 효율적으로 이용하는 게 지역 신문을 안정적으로 유지하며 재정적 어려움을 극복해나갈 수 있는 방법이다.

한 달 신문 구독료는 최소 1만 원을 권장한다. 과거에 설정한 구독료를 올리지 못해서 지금도 6000원, 7000원을 받는 지역 신문도 많지만, 최소 1만 원은 받아야 정기적인 운영이 가능하다. 월 1만 원을 내는 구독자 300명만 확보하면 당장 정기적으로 월 300만 원의 운영 자금이 생긴다. 초기 한 달은 무료로 배포하며 신문을 알리고, 그 이후로 구독을 유도하는 방법도 있다. 복지관, 노인회관, 병원 등 지역민이 많이 모이는 곳에 무료로 신문을 배포해 이런 신문이 발행되고 있다는 사실을 알리는 것이다. 이후로는 '좋은 기사'를 통해 자연스럽게 구독으로 이어지게 해야 한다.

신문사를 운영하면 기본적으로 매달 인건비, 사무실 월세, 전기세, 인쇄비, 디자인비 등이 정기적으로 나간다. 신문 500부를 인쇄하면 한 달에 인쇄비 150만 원, 디자인비도 150만 원 정도가 든다. 인건비, 사무실 운영비 등을 합치면 못해도 한 달에 1000만 원은 들어간다. 구독자가 많아지면 광고는 따라붙게 되어 있지만, 1000만 원을 메꾸기 위해 경영진들이 부지런히 광고 영업을 해야 한다. 광고는 보통 1면 66만 원, 컬러 속면 55만 원, 흑백 33만 원, 줄 광고는 한 줄에 5000원 정도 내외로 적정한 광고 가격을 매뉴얼화해야 한다. 황민호 대표는 어떤 경우에도 취재 기자들에게 광고 영업을 시켜서는 안 된다고 강조한다. 기자가 기사가 아니라 광고 영업으로 평가받는 일은 없어야 한다. 기자는 기사 쓰는 일에만 전념할 수 있도록 하는 게 장기적으로 좋은 신문을 만들 수 있는 가장 확실한 방법이다.

운영의 토대가 마련되었다면 무엇보다 중요한 것은 기사의 질이다. 취재 기자들의 좋은 기사로 지면을 빛내야 한다. 좋은 저널리즘은 선순환 구조를 만든다. 좋은 저널리즘이 좋은 구독자를 만나고, 구독이 늘어 신문의 영향력이 커지면 광고도 붙는다. 그렇기에 황 대표는 신문사 운영비 중 인건비가 가장 중요하다고 강조한다. "결국 신문사는 능력 있는 취재 기자를 얼마나 확보하느냐에 따라 성패가 갈립니다"라는 게 황 대표의 신념이다.

기초 시·군 단위의 풀뿌리 지역 신문이 해야 하는 역할은 분명하다. 지역의 역사를 기록하는 것과 지역에 공론장을 만들고 유지하는 것이다. 지역민들이 뽑은 시장, 군수, 의원들이 어떤 활동을 하고 어떤 사업을 벌이는지, 예산은 어떻게 사용하는지 하나하나 취재하고 주민들에게 알리는 역할을 해야 한다. 결국 황민호 대표가 말하는 풀뿌리 저널리즘은 '커뮤니티 저널리즘'으로 지역 내 공론장이 살아 있도록 하는 것이다. 그는 이를 '거울'이라는 말로 표현한다. 보통 언론을 두고 '세상을 보는 창'이라고 말하지만, 풀뿌리 저널리즘은 안에서 바깥을 보며 대상화하는 것이 아니라 내가 사는 곳이 지금 어떤 상황인지, 해결해야 할 문제는 없는지 스스로 살피고 돌아보는 수단인 거울이라는 비유가 더 적합하다는 것이 황 대표의 생각이다.

따라서 기초 시·군 단위 공론장의 보루 역할을 하는 풀뿌리 지역 신문에 대한 공적 지원이 절실하다. 모두 언론 개혁이 필요하다고들 말하는데, 언론이 너무 넓어지고 많아지다 보니 그 말이 정확히 무슨 뜻인지 모호해진 듯도 하다. 나는 더 많은 지역에 풀뿌리 언론이 창간될 수 있도록 지원하는 것이 언론 개

혁의 한 방법이 될 수 있지 않을까 생각한다. 이들이 계속해서 지역민의 구체적인 목소리를 담은, 지역민의 삶을 실제로 나아지게 하는 좋은 보도를 내놓을 수 있도록 적극적인 방안을 마련하는 것, 그리고 그런 언론이 더 커지고 많아지게 하는 것이 지금의 언론 현실을 조금이나마 바꿀 수 있는 방법이 아닐까.

전국 언론 자랑

2025년 10월 31일 1판 1쇄

지은이
윤유경

편집	디자인	
이진, 이창연, 장윤호	박다애	
제작	마케팅	홍보
박홍기	김수진, 이태린, 이예지	조민희
인쇄	제책	
천일문화사	J&D바인텍	
펴낸이	펴낸곳	등록
강맑실	㈜사계절출판사	제406-2003-034호
주소		전화
㉾ 10881 경기도 파주시 회동길 252		031)955-8588, 8558

전송
마케팅부 031)955-8595, 편집부 031)955-8596

홈페이지	전자우편	
www.sakyejul.net	skj@sakyejul.com	
블로그	페이스북	트위터
blog.naver.com/skjmail	facebook.com/sakyejul	twitter.com/sakyejul

ⓒ 윤유경, ㈜미디어오늘 2025

값은 뒤표지에 적혀 있습니다. 잘못 만든 책은 서점에서 바꾸어드립니다.
사계절출판사는 성장의 의미를 생각합니다.
사계절출판사는 독자 여러분의 의견에 늘 귀 기울이고 있습니다.
이 책은 저작권법에 따라 보호받는 저작물이므로 무단 전재와 무단 복제를 금합니다.

ISBN 979-11-6981-397-6 (03300)